Claudia Mast

Effektive Kommunikation für Manager

Claudia Mast

Effektive Kommunikation für Manager

Informieren, Diskutieren, Überzeugen

 verlag moderne industrie

Die Deutsche Bibliothek – CIP-Einheitsaufnahme

Mast, Claudia:
Effektive Kommunikation für Manager : Informieren, Diskutieren, Überzeugen
/ Claudia Mast. – Landsberg/Lech : mi, Verl. Moderne Industrie, 2000
ISBN 3-478-38250-5

© 2000 verlag moderne industrie, 86895 Landsberg/Lech
Internet: http://www.mi-verlag.de

Umschlaggestaltung: Daniela Lang, Stoffen
Satz: Fotosatz Reinhard Amann, Aichstetten
Druck: Himmer, Augsburg
Bindearbeiten: Thomas, Augsburg
Printed in Germany 380 250/060083
ISBN 3-478-38250-5

Inhaltsverzeichnis

Einleitung

Die Alarmzeichen sind unübersehbar: Die Wettbewerbsfähigkeit vieler Unternehmen ist in Gefahr. Das Tempo der Veränderungen in Technik und Märkten ist ungemütlich geworden.
Wer im globalen Rennen um die besten Plätze lediglich versucht, das Erreichte zu bewahren, hat schon verloren. Gefragt
sind kommunikative Manager, die ihre Firmen fit machen. Wie
effizient sich Mitarbeiter und Führungskräfte über das weitere
Vorgehen verständigen, ist zur Überlebensfrage geworden. Das
ist die aktuelle Herausforderung an die Unternehmenskommunikation.

Je weniger Rezepte der Kosten- und Personalreduzierung
zur Verbesserung der Marktposition führen, desto lauter wird
die Kritik am Management. Führungskräfte müssen sich den
Vorwurf der Inkompetenz anhören, wenn sie Chancen ver-
schlafen. Angesichts der täglichen Informationsfülle, heißt ihre
Entschuldigung, komme man gerade noch zum Tagesgeschäft.
Erstens nimmt die Informationsmenge am Arbeitsplatz zu.
Zweitens wird ihr Verfallsdatum immer schneller überschritten.
Drittens steigen die Qualitätsanforderungen an die Kommuni-
kationsleistungen im Unternehmen. Manager müssen daher für
leistungsfähige Kommunikationsnetze sorgen. Diese sollen den
Unternehmenszielen dienen. Denn Kommunikation ist kein
Selbstzweck.

Wenn Manager zwischen 80 und 90 % ihrer Arbeitszeit in
Besprechungen verbringen, bleibt wenig Zeit zum Nachdenken, zur Personalführung und vor allem zur Überprüfung der
Kommunikationspraxis im Alltag. Ob Unternehmen den veränderten Marktanforderungen gerecht werden, lässt sich an den
Kommunikationsabläufen und ihrer Effizienz ablesen. Manager, die zur persönlichen Absicherung Informationen „horten",
sind untragbar geworden. Gleiches gilt für Führungskräfte, die
Hundertprozentlösungen anstreben und dann am Ende nichts

mehr entscheiden. Statt zu führen, gründen sie Arbeitskreise und halten endlose Besprechungen ab. So produzieren sie Kommunikationsmüll. Ihr Beitrag zum Unternehmensergebnis ist selbst unter Zuhilfenahme einer Lupe nur schwer erkennbar. Solche Kommunikationsakte mobilisieren nicht das Know-how der Mitarbeiter, sondern sind eitler Selbstzweck.

Zu viel Aktionismus in Form von Workshops, Seminaren und Tagungen vergrößert ebenfalls den Kommunikationsmüll. Deshalb ist es höchste Zeit, in den Unternehmen Konzepte zur Feinsteuerung der Informationsdusche zu ergreifen. Das ist eine Frage von Personalpolitik und Führungspraxis, aber auch von Unternehmenskultur.

Was für Medien gilt, hat auch für die Unternehmenskommunikation Gültigkeit. Botschaften müssen den speziellen Interessen und Erfordernissen gerecht werden. Wenn Ziele einer Firma zwar verabschiedet, aber in den einzelnen Ebenen kaum umgesetzt werden, liegt dies an der mangelnden Beteiligung der Mitarbeiter bei ihrer Formulierung. Oder es fehlt an der Transformation allgemeiner Vorgaben auf die Möglichkeiten spezieller Bereiche. In jedem Fall offenbaren Strukturen und Abläufe der internen Kommunikation schonungslos, ob unternehmerisches Denken und Handeln auf allen Ebenen nur rhetorisch gefordert oder wirklich gewollt ist.

Manager ersticken am selbst produzierten Kommunikationsmüll, wenn sie mit mündlicher und schriftlicher, organisierter und informeller Kommunikation nicht ebenso professionell umgehen wie mit technischen Daten, wirtschaftlichen Zahlen oder rechtlichen Vorschriften. Die Abschaffung des Sitzungsunwesens und der Abbau von Kommunikationsbarrieren zwischen Abteilungen und Bereichen stehen dabei an vorderster Stelle.

Zu glauben, allein die Etablierung einer leistungsfähigen technischen Infrastruktur löse bereits die Kommunikationsprobleme im Unternehmen, erwies sich schon in der Vergangenheit als Irrtum. Zum einen bereitet der Gebrauch oft mangels verständlicher Gebrauchsanweisungen vielen Mitarbeitern

Probleme. Zum anderen erkennen die Manager noch zu wenig, dass die systematische Planung und Organisation des Kommunikationsgeschehens im Betrieb zusammen mit der Personalführung ihr Beitrag zur Zukunftssicherung der Arbeitsplätze sein muss.

Ein leistungsfähiges Kommunikationsnetz für effiziente Abstimmungs- und Entscheidungsprozesse zu etablieren und zu pflegen ist zu einem kritischen Erfolgsfaktor geworden. Er entscheidet darüber, ob die Ressourcen für die Steigerung von Produktqualität, Kundennähe und Innovationen verwendet werden oder zur Produktion beziehungsweise zum Recycling von Kommunikationsmüll. Somit ist eine effiziente Unternehmenskommunikation die Software des wirtschaftlichen Erfolgs geworden. Ohne sie hat die Hardware keine Zukunft.

Das vorliegende Buch geht auf die neuen Herausforderungen ein, denen sich Firmeninhaber und Führungskräfte auf allen Ebenen des Unternehmens stellen müssen. Es gibt ihnen Hinweise, wie sie auch bei der schwierigen Gestaltung von Kommunikationsprozessen die Führung übernehmen können. Dazu gehört der Umgang mit Emotionen, auch wenn er für viele noch ungewohnt ist. Man mag sie ablehnen oder verdrängen – doch Gefühle wie Ängste, Unsicherheiten, Verzweiflung, Schuld, Hass oder Abneigung prägen unser Verhalten. Nur wenn außergewöhnliche Situationen nicht als Katastrophen, sondern als Phasen der Veränderung wahrgenommen werden, verlieren sie ihren Schrecken. Krisen können Chancen sein, wenn sie entsprechend genutzt werden.

Die Wege der Kommunikation sind vielfältig. Sie reichen von reinen Informationsmitteln bis zu Formen des Dialogs. Sie gezielt einzusetzen ist eine Führungsaufgabe. Dazu gehören auch neue Medien wie E-Mail, Intranet und Business TV. Für die Architektur der Medienlandschaft gibt es keine Patentrezepte. Jedes Unternehmen muss seinen eigenen Weg finden. Kopieren ist bei der Kommunikation keine gute Idee, weil für die Betriebe passende Lösungen entwickelt werden müssen. Manager sollten als Kommunikatoren ihre individuellen Stärken erkennen und fördern. Dann können sie von anderen Unternehmen lernen, welche Vorgehensweisen sich bewährt haben.

Eine Umfrage unter DAX-100-Unternehmen in Deutschland, die der Lehrstuhl für Kommunikationswissenschaft und Journalistik der Universität Hohenheim (Stuttgart) im Sommer 1999 durchgeführt hat, erbrachte dafür bereits zahlreiche Hinweise. In dem vorliegenden Buch stellen zudem Vertreter von Unternehmen an Beispielen wie Fusionen, Internationalisierung der Geschäftstätigkeit oder Ertragseinbrüchen dar, welche Erfahrungen sie mit Unternehmenskommunikation gemacht und welche Wege sich als richtig erwiesen haben.

Den Autoren aus der Unternehmenspraxis Monika Blaes (HypoVereinsbank), Thilo Neidhart (SAP), Detlef May (Webasto) und Wolfgang Orians (Rütgers) gilt mein herzlicher Dank für ihre Mitarbeit und Offenheit.

Ein herzliches Dankeschön auch den zahlreichen Unternehmen, die bereitwillig Auskünfte gaben und damit zur Praxisnähe dieses Buches beigetragen haben.

München, im Juni 2000   Claudia Mast

Teil 1

Beweglichkeit und Schnelligkeit als neue Herausforderungen der Kommunikation

1 Kommunikation – der unterschätzte Erfolgsfaktor

Wer im globalen Wirtschaftsrennen um die besten Plätze nicht schnell und flexibel agiert, hat schlechte Karten. Im weltweiten Wettbewerb fressen die Schnellen die Langsamen beziehungsweise die Informierten die Uninformierten. Die richtige Kommunikation entscheidet, ob aus einer feindlichen Übernahme letztlich noch eine freundliche wird. Wo die Kunden die Unterschiede zwischen einzelnen Produkten und Dienstleistungen nicht mehr erkennen, gewinnen sie durch Information und Kommunikation die notwendige Transparenz. Schließlich wird es immer mehr eine Frage des Vertrauens, welchem Unternehmen, welcher Konsum-Marke bzw. welchen Dienstleistungen man sich zuwendet.

Die Kommunikationslandschaft wird lauter, eindringlicher und schriller. Immer mehr Stimmen werben um Gehör für ihre Botschaft. Nicht nur auf den Märkten, sondern auch in der Öffentlichkeit gilt es einen Wettlauf um die Aufmerksamkeit zu gewinnen. Der Bekanntheitsgrad eines Unternehmens oder ein positives Image wollen hart erarbeitet werden. Wer in einer solchen Situation auf Kommunikation verzichtet, wird nicht mehr wahrgenommen. Unternehmenskommunikation, unter der man alle internen und externen Kommunikationsbeziehungen einer Firma versteht, gibt den Ausschlag, wem sich die Menschen zuwenden und wem sie den Rücken kehren.

Die Kommunikation – ob geliebt oder ungeliebt – ist zum beinharten Erfolgsfaktor geworden. In den zurückliegenden Monaten und Jahren haben viele Firmen schmerzhaft gespürt, welch hoher Preis zu zahlen ist, wenn die Akzeptanz für ihre Produkte sinkt (wenn z. B. Autos umkippen oder von der Fahrbahn abkommen), wenn Unternehmensentscheidungen, z. B. bei Personalschwankungen, nur mühsam umgesetzt werden können, wenn Verbraucher von Tarifvergleichen, beispielsweise bei Versicherungsratings, aufgeschreckt werden und überlegen, wem sie noch trauen können. Gerüchte haben in solchen Zeiten Hochkonjunktur und können zu richtigen Unternehmenskrisen eskalieren. Unternehmer und Führungskräfte sind dann mehr mit der Schadenminimierung beschäftigt als mit ihren eigentlichen Aufgaben. Journalisten fangen an zu recherchieren und Mitarbeiter zu spekulieren.

Solche Situationen kosten viel Geld. Noch schlimmer: Sie kosten Zeit und Energie und verzehren Vertrauen, Motivation und Engagement – alles Ressourcen, die im Konkurrenzkampf dringend benötigt werden.

Warnsignale für schlecht gerüstete Unternehmen

Mit Öffentlichkeit, Kunden und Mitarbeitern effektiv zu kommunizieren ist längst zum „kritischen Erfolgsfaktor" geworden. Er muss ebenso „funktionieren" wie Qualität, Service, Kundenfreundlichkeit, Rentabilität und Marktposition, wenn das Unternehmen im Wettbewerb bestehen will. Was bedeutet dies in der Praxis? Wenn technologische Überlegenheit oder Kostenvorteile allein nicht mehr ausreichen, um die Nase vorn zu haben, rücken die Mitarbeiter und das in ihren Köpfen verankerte Wissen, ihre Erfahrungen und die Bereitschaft, sich für das Unternehmen einzusetzen, in den Mittelpunkt. Von ihnen hängt es ab, dass die richtigen Produkte qualitativ hochwertig produziert werden und die Kontakte zu den Kunden vertrauensvoll stattfinden. Hier ist die interne Kommunikation gefragt.

Ebenso wichtig ist die Medienberichterstattung über ein Unternehmen. Negative Schlagzeilen sorgen für Verunsicherung, führen schlimmstenfalls zu Image-Einbrüchen oder gar zu einem Wandel im Kaufverhalten. Man kann lange darüber streiten, ob die Berichte in den Medien die Sachlage verzerren oder richtig wiedergeben. Es ändert wenig an dem Einfluss, den Medieninformationen auf die Meinungsbildung der Kunden, Mitarbeiter oder auch der Öffentlichkeit ausüben.

Sind Unternehmer und Führungskräfte gerüstet, im Zeitalter der Kommunikation nach beiden Seiten erfolgreich zu agieren? Haben sie einen Marktanteil auf dem Markt der Meinungsbildung, der auch ihrem wirtschaftlichen Erfolg entspricht? Warum klagen viele, dass die Öffentlichkeit so wenig Notiz von ihnen nimmt? Nicht wenige Unternehmen und Führungskräfte bekennen offen, dass sie bei der Kommunikation noch einen großen Nachholbedarf haben.

Immer mehr kritische Stimmen beklagen, dass vor allem die Leistungsfähigkeit der internen Kommunikation ungenügend ist. Watson Wyatt Managementconsulting (Competing in a Global Economy 1998) hat über 2000 Vorstände und Führungskräfte in 23 Ländern befragt. Ihr Votum ist trotz kultureller Akzente überraschend homogen. Die drei größten Barrieren für Veränderungen in den Unternehmen sind die innerbetrieblichen Abläufe und Routinen („Unternehmenskultur" 30 %), der Widerstand der Mitarbeiter (15 %) und fehlende Qualifikationen im Management, das mit dem Wandel nicht umzugehen weiß (13 %). Wichtigster Ansatz, um die Produktivität zu verbessern, sind für 59 % der befragten Manager weltweit die Verbesserung der internen Kommunikation, der Konsens über angestrebte Ziele und Werte (53 %) sowie eine Erhöhung der Qualifikation und des Wissens der Belegschaft (42 %).

Gegen den Aktionismus von Workshops

Zu ähnlichen Ergebnissen kommen andere Studien, z. B. von Arthur D. Little (Managing Organizational Change 1995). Hier wurden über 350 Manager befragt, die Reengineering-Projekte durchgeführt hatten. 89 % sahen in der Kommunikation einen Ansatz für bessere Ergebnisse. Damit markierten sie ungenügende Kommunikation als Hauptübel für Verzögerungen bei Projekten oder für deren Scheitern. 82 % forderten aber auch „less paper-pushing", also Kommunikation mit weniger Papier. Zur Verbesserung der Kommunikation hat sich der langjährige Siemens Aufsichtsratschef Hermann gegen die vielen Workshops gewandt. Denn sie sind in seinen Augen oft nur „purer Aktionismus, unter dem lediglich Pflichtübungen absolviert werden".

Die Warnsignale sind unübersehbar. Viele Manager geben durchaus unter vier Augen zu, dass sie mehr Zeit in die Gestaltung und Evaluation der Kommunikationsprozesse in ihrem unmittelbaren Umfeld stecken müssten. Doch diese Zeit hätten sie beim besten Willen nicht. Das ist paradox: Auf der einen Seite besteht der Tagesablauf eines Managers im Wesentlichen aus Kommunikationsformen aller Art (Gespräche, Telefonate, Meetings u. Ä.), auf der anderen Seite fehlt ihm die Zeit, um gerade diese Situation zu optimieren.

Untersuchungen belegen, dass der Löwenanteil der täglichen Arbeitszeit einer Führungskraft die persönliche Kommunikation beansprucht (vgl. Abbildung 1). Im Top-Management macht sie bereits knapp 70 % der Arbeitszeit aus (Pribilla/ Reichwald/Goecke 1996). 43 % ihrer Zeit verbringen Führungskräfte in Meetings und 26 % in persönlichem Gespräch (Dialoge). Wenn also das Sitzungsunwesen etwa die Hälfte der Arbeitszeit beansprucht, bildet es – quantitativ betrachtet – den Kern der betrieblichen Kommunikationspraxis. Fast gleichgewichtig sind persönliche Gespräche – in direkter Kommunikation oder über Telefon. Auf dem dritten Platz liegt der Umgang mit der Papierflut und den übervollen elektronischen Speichern.

Etwa drei Viertel ihrer Arbeitszeit verbringen Top-Manager mittlerer und großer Unternehmen im Durchschnitt mit interner Kommunikation (Goecke 1997, 188). Die Leistungsfähigkeit dieser Kommunikationsabläufe ist keineswegs zufriedenstellend. An erster Stelle der Kritik steht die Meetingkultur, danach folgen die Papierflut und der Zeitdruck, der durch solche Praktiken künstlich verstärkt wird, sowie die schlechte Zuarbeit durch Mitarbeiter und andere Abteilungen im Unternehmen.

Anzahl von Arbeitsaktivitäten an einem durchschnittlichen Arbeitstag eines Top-Managers

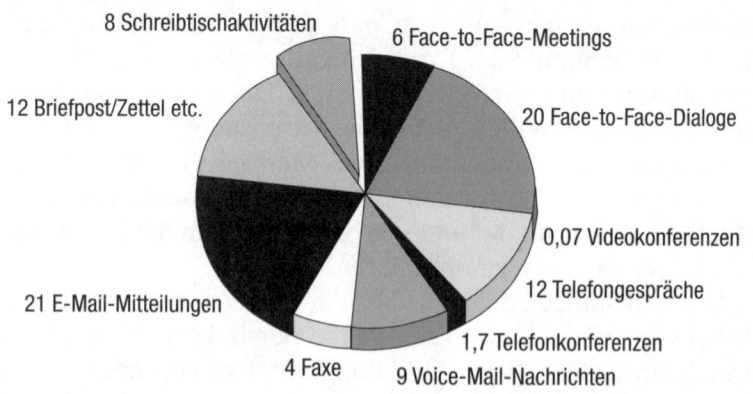

8 Schreibtischaktivitäten

6 Face-to-Face-Meetings

12 Briefpost/Zettel etc.

20 Face-to-Face-Dialoge

0,07 Videokonferenzen

12 Telefongespräche

21 E-Mail-Mitteilungen

1,7 Telefonkonferenzen

4 Faxe

9 Voice-Mail-Nachrichten

Zeitanteil der Kommunikation an einem durchschnittlichen Arbeitstag (ohne Arbeit zu Hause)

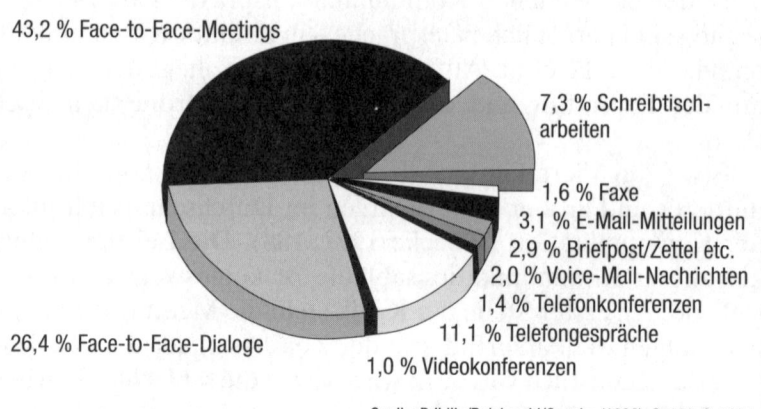

43,2 % Face-to-Face-Meetings

7,3 % Schreibtisch-
arbeiten

1,6 % Faxe
3,1 % E-Mail-Mitteilungen
2,9 % Briefpost/Zettel etc.
2,0 % Voice-Mail-Nachrichten
1,4 % Telefonkonferenzen
11,1 % Telefongespräche

26,4 % Face-to-Face-Dialoge

1,0 % Videokonferenzen

Quelle: Pribilla/Reichwald/Goecke (1996), S. 159, S. 160
(Ergebnisse der 2-tägigen Beoachtung von 14 Top-Managern)

Abb. 1: Kommunikationsprofil eines Top-Managers

Manager-Arbeitszeit stieg von 8 auf 9,5 Stunden

Untersuchungen belegen, dass die Leistungsdefizite in der Kommunikationspraxis letztlich die Tatkraft des Managements lähmen. Sie rauben die Zeit der Führungskräfte und stehen somit Innovationen im Wege. Diese Befunde sind alarmierend. Die Arbeitssituation eines Managers hat sich in den letzten 25 Jahren – aus dieser Zeit liegen empirische Untersuchungen vor – deutlich verändert (vgl. Abbildung 2). Sowohl die durchschnittliche Arbeitszeit wie auch das Arbeitsvolumen haben zugenommen. Lag die durchschnittliche Arbeitszeit vor knapp 30 Jahren noch bei etwa 8 Stunden pro Tag (ohne Wochenenden), lag sie 1995 bereits bei 9,5 Stunden (Pribilla/Reichwald/Goecke 1996). In diesem Zeitraum hat auch die Zahl der Aktivitäten drastisch zugenommen, die ein Manager pro Tag erledigt. Sie haben sich vervierfacht und sind von 22 auf 94 pro Tag im Durchschnitt gestiegen. Dieser Prozess wird sich in den nächsten Jahren sicher noch erheblich verschärfen.

Kurz gesagt wird die Arbeit des Managers hektischer, fragmentierter und anstrengender. Zudem fehlt ihm die Zeit zur systematischen Reorganisation seines Umfelds. Er kann zwei Wege aus dieser Zwickmühle wählen:

- Erstens: so weitermachen wie bisher mit der Konsequenz, dass er immer atemloser von einem Termin zum anderen hetzt und versucht, der Informationslawine davonzulaufen. Er wird damit das Opfer seiner eigenen Kommunikationsverpflichtungen.
- Zweitens: die drei wesentlichsten Zeitkiller – Meetings, Papier- bzw. E-Mail-Flut sowie schlechte Informations- bzw. Entscheidungsvorlagen – optimieren. Dadurch verschafft er sich die Chance, seine Kommunikationsvorgänge effektiv zu organisieren und Missstände zu beseitigen. Er kann sich dadurch auch Zeitgewinne erarbeiten. Allerdings müssen die Führungskräfte in diesem Fall ihre Scheu vor den so genannten weichen Faktoren überwinden.

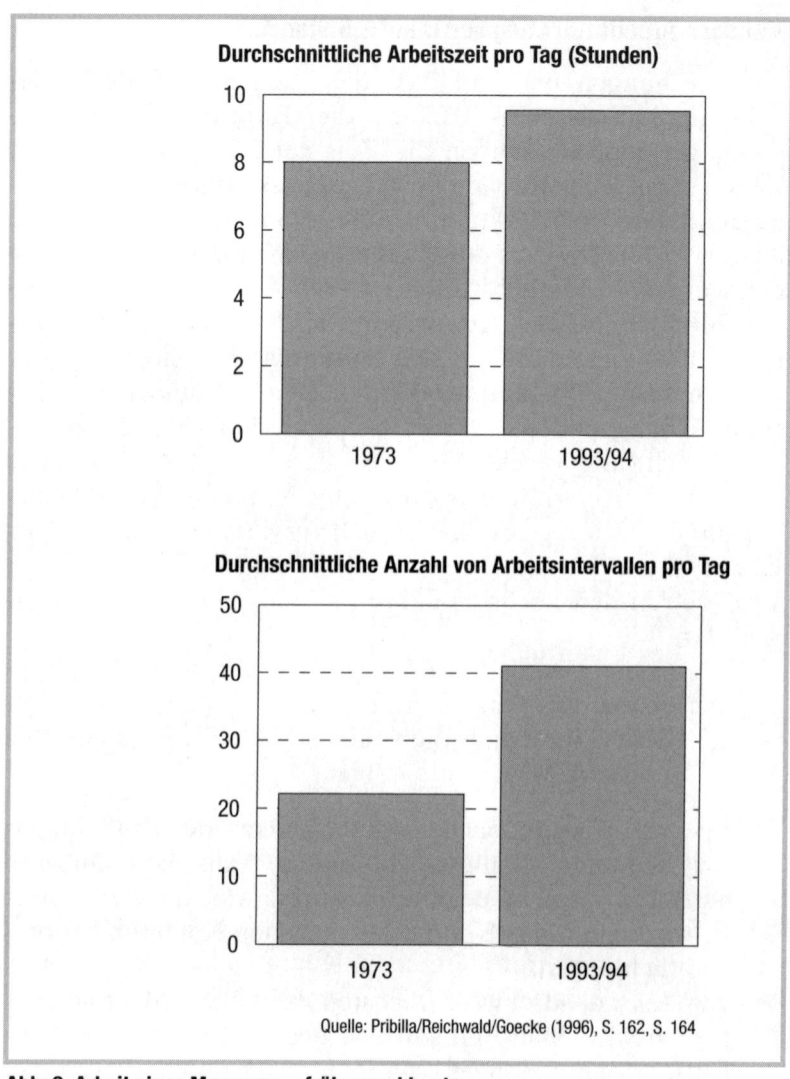

Abb. 2: Arbeit eines Managers – früher und heute

Unabhängig von der Managementphilosophie, die gerade „in" ist, haben alle Modelle eine Gemeinsamkeit: Sie enthalten harte Faktoren wie Strukturen, Strategie und Systeme sowie weiche Faktoren wie Personal, Selbstverständnis, Kommunikation und Kultur.

Angst vor weichen Faktoren

In Literatur und Praxis gleichermaßen ist ein Befund auffällig. Die meisten Manager beschäftigen sich lieber mit den harten Faktoren und meiden die weichen. Allerdings reichte es im Notfall früher auch, sich nur um die harten Faktoren zu kümmern. Wer sich nicht um die weichen Themen bemühte, konnte unter Umständen dennoch erfolgreich sein. Das ist heute anders. Nur wer die weichen Faktoren berücksichtigt, ist auch bei den harten Themen dabei. Ohne ein effizientes Management der weichen Sektoren, z. B. der internen Kommunikation, steht die Zukunft des Unternehmens auf dem Spiel. Das Gelingen von Fusionen z. B. hängt vor allem vom Zusammenführen zweier Kulturen und dem Verschmelzen der Kommunikationsabläufe ab. „Die Kommunikation ist für das Gelingen einer Fusion ein entscheidender Erfolgsfaktor", betont Thomas Pfaff (Hypo-Vereinsbank München). „Über die Hälfte aller Fusionen auf der Welt misslingen, auch weil die Bedeutung der Kommunikation zu gering geschätzt wird."

Die Scheu des Managements vor dem weichen Faktor Kommunikation hat mehrere Ursachen: Kommunikation ist schwer fassbar und erfordert eine selbstkritische Überprüfung des eigenen Verhaltens. Daher wenden sich Manager lieber den greifbaren Themen zu, beispielsweise Organisationsänderungen, und delegieren die ungeliebten Kommunikationsaufgaben an andere, z. B. die PR- oder Personalabteilung.

Das Handling der harten Faktoren ist auch vergleichsweise einfach. Dagegen führen die weichen Handlungsfelder auf das Gebiet der Meinungsbildung, der Verhaltensweisen und der

Kommunikationsabläufe. Bei ihnen spielen nicht nur fassbare Größen wie Zahlen, Statistiken, Gesetze oder Verordnungen eine Rolle, sondern auch Emotionen aller Art wie Ängste, Unsicherheit, Machtgefühle, Neid und Wut. Dieses Feld ist den meisten Managern auf Grund ihrer Ausbildung fremd. Sie wissen nicht, wie sie dort Einfluss nehmen können. Bei der Auswahl der Führungskräfte (Personalentwicklung) werden bislang soziale Fähigkeiten wie beispielsweise die Kommunikation nur wenig, wenn überhaupt, berücksichtigt. Dann bekommt der lediglich fachlich Beste die Führungsposition. Damit haben die Manager bereits ein Eigentor geschossen. Denn künftig wird der Wettbewerb über die weichen Faktoren entschieden.

Die Faszination des Messbaren, der Kennzahlen, der statistischen Auswertungen und Vergleiche verstellt den Blick auf die Basis solcher Erfolge oder Misserfolge getreu der längst überholten Managementweisheit: „Was man nicht messen kann, kann man auch nicht managen!" Bereits Albert Einstein gab jedoch zu bedenken, dass nicht alles, was gemessen wird, auch von Bedeutung ist, und dass nicht alles, was wichtig ist, auch messbar ist. Das traditionelle Managementdenken hat aber eine Schwäche für exakt quantifizierbare Aufgaben.

Die „Todesspirale" vermeiden

Der Einsatz bzw. der Ausbau technischer Systeme wie Intranet (darunter versteht man ein unternehmensinternes Informations- und Kommunikationsnetz) oder Business TV (hierbei handelt es sich um Fernsehprogramme, die ein Unternehmen für seine Mitarbeiter oder andere Zielgruppen wie Kunden oder Nachbarn ausstrahlt) werden von vielen Managern bereits als „die Lösung" der Kommunikationsprobleme angesehen. Sie meinen, dass es nun allein an den Mitarbeitern liegt, wenn sie nicht genügend informiert sind. Doch zu glauben, dass die Etablierung einer leistungsfähigen technischen Infrastruktur bereits die Probleme löst, hat sich schon in der Vergangenheit als Irrtum erwiesen. Erste Erfahrungen mit dem Einsatz von Intranets zeigen, dass die Akzeptanz und die Rentabilität dieser Systeme erst dann zur vollen Entfaltung kommen, wenn sie in eine intakte Kommunikationslandschaft eingebettet, d. h. ergänzend eingesetzt werden. Außerdem müssen sie mit hohem Aufwand ständig gepflegt werden, sonst setzt die bekannte „Todesspirale" ein – anfängliche Neugier und Euphorie unter den Mitarbeitern, hohe Erwartungen, geringer Nutzen des Gespeicherten, veraltete Informationen, beginnendes Desinteresse.

Was Chefs oft falsch machen

Wer Mitarbeiter über die Fehler ihrer Chefs befragt, bekommt immer wieder ähnliche Fälle missglückter Kommunikation geschildert. Stellen Sie sich einmal die unsichtbaren „Kosten" vor, die durch folgende Kommunikationspraxis entstehen:

- Ein Mitarbeiter erfährt durch Zufall, dass sein Arbeitsbereich neu geordnet wird. Die Gerüchteküche kocht. Immer mehr Kolleginnen und Kollegen versuchen herauszufinden, was an der Geschichte dran ist.
- Ein Mitarbeiter bekommt von seinem Chef noch am Freitagabend den Auftrag, ihm bis Dienstag eine bestimmte Aufstellung zu machen. Am Dienstag sagt der Chef dann dem „stolzen" Mitarbeiter: „Das brauche ich jetzt nicht mehr, ich habe es am Wochenende bereits selbst gemacht."
- Ein Mitarbeiter freut sich, dass er nach langer Zeit endlich einmal auf ein bestimmtes Seminar geschickt wird. Einige Tage vorher eröffnet ihm sein Chef: „Sie können nicht fahren. Wir haben Wichtigeres zu tun."
- Eigentlich sollen regelmäßig Mitarbeitergespräche durchgeführt werden. Der Chef aber sagt lakonisch: „Dazu haben wir jetzt keine Zeit. Unterschreiben Sie einfach das Protokoll, dann ist die Sache erledigt."
- Die Geschäftsleitung hat „im stillen Kämmerlein" eine völlig andere Produktpolitik beschlossen. So gut kann diese

Entscheidung gar nicht sein, dass sie von der damit brüskierten Vertriebsabteilung nicht kritisiert wird.

Auch Akzeptanzprobleme im Betrieb kosten Zeit und Geld und – was das Schlimmste ist – den Goodwill der Mitarbeiter. Die Kommunikation als Instrument der Führung von Mitarbeitern zeigt hier ihr Janusgesicht. Sie kann auf Meinungen, Einstellungen und Verhalten positiv oder negativ Einfluss nehmen. Damit hat das Management in den meisten Situationen einen enormen Handlungsspielraum. Doch diesen Handlungsspielraum muss es auch zum Besten nutzen.

Wie strategische Herausforderungen bewältigt werden

Die Anforderungen an die Binnenkommunikation eines Unternehmens sind klar definiert. Ein Blick auf die Schreibtische und in die Terminkalender zeigt, dass nicht der Mangel an Information das Problem ist, sondern der Überfluss. Das ist auch bei den elektronischen Speichern und Netzen der Fall. Ob in Intranets, Extranets (darunter versteht man die geschlossenen Informations- und Kommunikationsnetze mit Kunden) oder im öffentlichen Internet – Probleme bereiten den Nutzern die Fülle der Informationen, die fehlende Übersichtlichkeit und die mangelnde Hierarchie der Wichtigkeit. Jeder muss selbst entscheiden, was er für wichtig hält, bzw. Uninteressantes zur Seite legen. Die Hoffnung, dass interaktive Medien und der Zugriff über derartige Netze die Informationsbeschaffung erleichtern, wurde nur teilweise erfüllt. Die Informationsfülle wandelt sich leider oft zum Informationsdschungel.

Die strategischen Anforderungen an die Binnenkommunikation liegen in drei Dimensionen: Informationen, Zeit und Geld (vgl. Abbildung 3).

Wenn Kommunikationsabläufe im Betrieb effizient sein sollen, müssen die Informationen auf allen Ebenen rigide ausgewählt und bewertet werden. „Auswahl und Urteil" lautet das

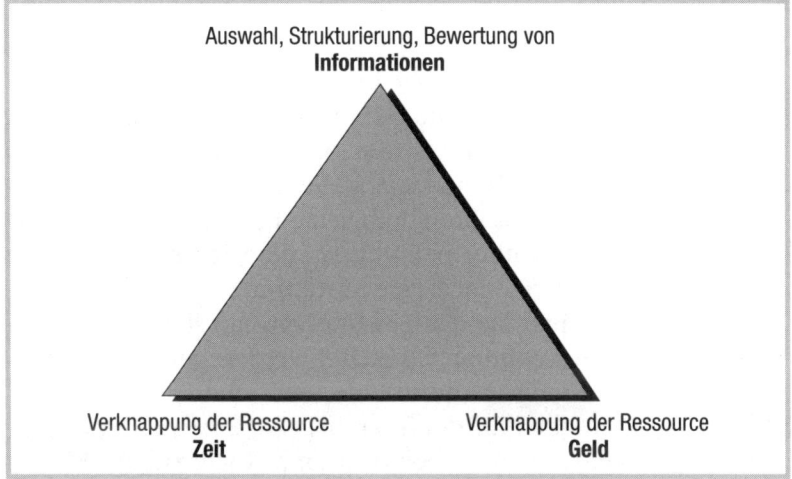

Abb. 3: Strategische Anforderungen an die Binnenkommunikation

Motto. Dabei wird das Aussondern leider aus Entscheidungs-schwäche oft vergessen. Unwichtiges gehört in den Papierkorb, nicht auf den Schreibtisch des Chefs. Langatmige Vorträge der Vorgesetzten sollten nicht in voller Länge an alle Mitarbeiter verteilt werden, sondern nur diejenigen bekommen, die sie wirklich brauchen. Kommunikationsabläufe im Betrieb müssen gezielt organisiert und umgesetzt werden, wie es auch in der externen PR-Arbeit geschieht oder wie es professionelle Massenmedien, beispielsweise die Nachrichtenmagazine oder Fachzeitschriften, vormachen. Wer würde schon in einer Zeitschrift für Surfer Artikel für passionierte Snow-Boarder anbieten?

Sich auch trauen, etwas wegzuwerfen

Untersuchungen weisen darauf hin, dass die klare Adressierung und Aufbereitung von Inhalten und Vorgängen für exakt definierte Zielgruppen im Unternehmen sowie das aktive Aufarbeiten bzw. Aussondern von Informationen aus den internen Kreisläufen noch keineswegs selbstverständlich ist. Man muss

sich auch einmal trauen, etwas wegzuwerfen! Es ist einfach är-
gerlich, wenn dicke Stöße von Druckschriften, Berichten und
Vorgängen auf den Schreibtisch kommen, die weder interessieren noch gebraucht werden. Geradezu lästig sind die vielen,
meistens überlangen E-Mails, mit denen beim besten Willen
nichts anzufangen ist. Wenn bislang die leistungsfähigen Kopie-
rer die Papierstöße erhöhten, haben sie nun tatkräftige Unter-
stützung durch Computer bekommen, die widerspruchslos die
„elektronischen" Verteilaufträge ausführen.

Durch die mangelnde Zielgenauigkeit, mit der Informationen in vielen Unternehmen verbreitet werden, geraten Firmeninhaber und Führungskräfte in eine teuflische Falle. Sie ersticken beinahe in der Flut der Termine, Papiere und Vorlagen.
Dadurch haben sie kaum noch Zeit zum Nachdenken, Planen
oder zum Verbessern von Kommunikationsstrukturen. Bei Investitionen versuchen sie in Nebensächlichkeiten Mark- und
Pfennigbeträge einzusparen. Doch bei unproduktiven Kommunikationsabläufen in den Unternehmen übersehen sie, dass hier
ein Vielfaches dieser Beträge zum Fenster hinausgeworfen
wird:

● Die Verteiler für Gedrucktes wuchern kräftig, werden aber
  nur selten gesäubert.
● Die kommentarlose Verteilung von Broschüren, Studien
  und Analysen ist ein Ärgernis.
● Workshops, die abgehalten werden ohne vorheriges Recherchieren des wirklichen Bedarfs, ohne klare Definition
  des Arbeitsauftrags oder des Nutzens für die Betroffenen
  sind reine Verschwendung von Zeit und Geld.

Die Optimierung der Unternehmenskommunikation muss den
Faktor Zeit aus mehreren Gründen berücksichtigen. Der Zeitpunkt, wann jemand etwas erfährt oder Informationen weiter-
gibt, ist von entscheidender Bedeutung für das weitere Vorgehen, z. B. für den Außendienstmitarbeiter im Kundengespräch
oder den Abteilungsleiter, der über ein Marketingkonzept ent-

scheidet. Vom Faktor Zeit hängt nicht nur die Qualität von Beratungsleistungen oder Entscheidungen ab, sondern auch – und dies wird häufig vergessen – die Wirkung von Botschaften. Ein und dieselbe Aussage, die den Mitarbeiter rechtzeitig oder erst dann erreicht, nachdem er das Thema in der Zeitung gelesen hat, hat in einem Fall positive, im anderen negative Effekte. Hinzu kommt die Streuwirkung solch missglückter Kommunikationsvorgänge. Der verärgerte Mitarbeiter wird seine Meinung ausgiebig über den Flurfunk verbreiten und dadurch die Aufmerksamkeit anderer Kolleginnen und Kollegen finden. Ein frustrierter Mitarbeiter, der sich vergeblich bemühte, von der Nachbarabteilung eine Auskunft zu bekommen, hat ebenfalls wertvolle Arbeitszeit vergeudet. Gemeinsam tauschen sie sich aus, was alles im Unternehmen nicht in Ordnung ist. Und dies bei den anerkannt hohen Arbeitskosten in Deutschland.

Eine Besprechung kostet jährlich 200 000 DM

Defizite in der Kommunikation erscheinen nicht in den Bilanzen oder Geschäftsabschlüssen. Kommunikation kostet aber nur vermeintlich nichts. Wie viel Geld und Zeit wird wohl verschwendet, wenn Hauszeitschriften und Mitarbeiterinformationen schlecht gemacht sind und deshalb nur von wenigen genutzt werden, wenn Rundschreiben so unklar formuliert sind, dass die Gerüchteküche brodelt, weil man zwischen den Zeilen lesen muss? Solche Kommunikationsakte werden aus vielerlei Gründen praktiziert: Nicht nur, um Probleme zu lösen, sondern auch, um zu beweisen, dass etwas geschieht – aus Scheu vor der Entscheidungsverantwortung oder aus purem Egoismus.

Es ist schon erstaunlich, dass Investitionen in die technische Ausstattung eines Betriebs bis zum letzten Pfennig berechnet, kontrolliert und verglichen werden, aber nach der Rentabilität von Kommunikationsabläufen fast gar nicht gefragt wird. Eine Besprechung mit fünf Mitarbeitern, die alle zwei Wochen ca. drei Stunden abgehalten wird, kostet ohne Vor- und Nachbereitungszeit sowie An- und Abreisezeiten mindestens 200 000 DM pro Jahr. Spitzenkräfte erfordern ein Vielfaches. Viele Meetings bestehen zu 90 % aus Vergangenheitsbewältigung und befassen sich nur zu 10 % mit Zukunftsfragen. Es gilt den Teufelskreis zu durchbrechen, dass die Zusammenkünfte zunehmen, die Ergebnisse jedoch abnehmen.

Sicher hat es früher auch öde Besprechungen und ergebnislose Abstimmungen gegeben, aber die Kommunikation im Unternehmen hat heute einen völlig anderen, einen zentralen Stellenwert bekommen. Kommunikation ist ins Zentrum der Unternehmensführung gerückt und damit zur Grundlage des wirtschaftlichen Erfolgs geworden.

Kommunikation als Veränderungsenergie gegen starre Strukturen

Unternehmensführung ist heute Kommunikationsmanagement geworden oder: „Management ist Kommunikation." So hat es Peter F. Drucker formuliert. Kommunikation ist zwar kein Allheilmittel gegen jede Art von auftretenden Problemen, aber eine Veränderungsenergie, die sich in der Isolation – getrennt von Personal-, Management- und Organisationsentwicklung – nicht entfalten kann. Sie wirkt wie ein Katalysator und kann Prozesse beschleunigen oder bremsen. Kommunikationsmaßnahmen werden häufig nachträglich als Mittel zur Behebung von Problemen ergriffen nach dem Motto „Wir haben eben nicht gut genug kommuniziert." Sie sollten aber schon zuvor in die Unternehmensführung und die tägliche Managementpraxis integriert werden.

Über Kommunikation öffnet sich der Zugang zum Markt, zur Öffentlichkeit und vor allem zu den Mitarbeitern im Betrieb. Erfolgreiche Kommunikation entscheidet über das Image einer Firma oder ihren Ruf als Arbeitgeber, Lieferant oder Anbieter. Über mehrere Stufen eröffnet Kommunikation den Zugang zum Wissen, aber auch zur Meinungsbildung und zum Verhalten der Menschen (vgl. Abbildung 4).

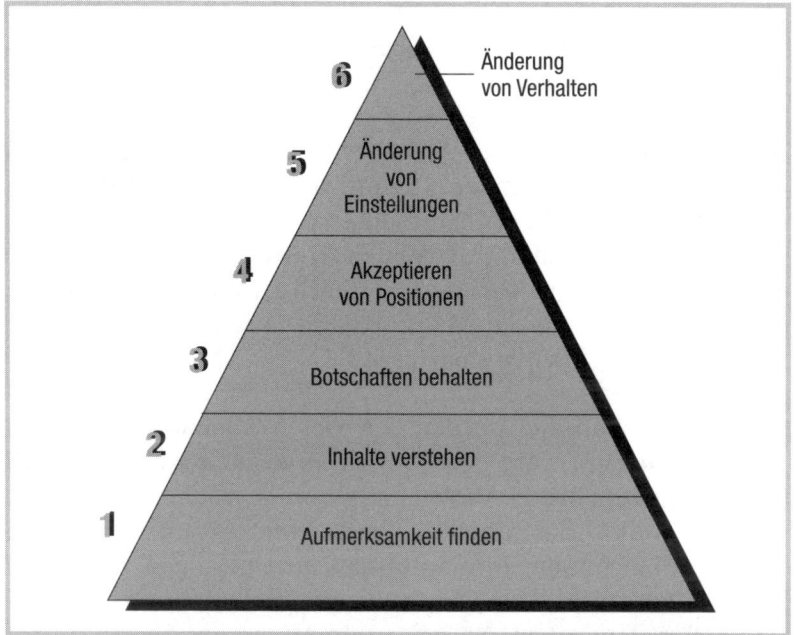

Abb. 4: Einflüsse auf menschliches Verhalten

Die Gestaltung der Unternehmenskommunikation ist angesichts der Vielzahl der Wettbewerber sehr aufwändig und oft von Fehlschlägen geprägt. Gilt es doch mühsam Stufe um Stufe von der Aufmerksamkeit bis zur Akzeptanz zu erklimmen. Es ist ein langer Weg, bis Menschen überzeugt sind und ihre Meinungen oder gar ihr Verhalten ändern. Gleichzeitig sind die Kommunikationserfolge ausgesprochen fragil. Ein Ereignis, ein Fehler oder auch nur ein Missverständnis kann alles Erreichte zunichte machen. Dann fängt man wieder von vorn an und trägt erst einmal die Hypotheken aus der Vergangenheit, die Image- oder Glaubwürdigkeitsverluste, ab. Rückschläge im Prozess der Meinungs- und Verhaltensbildung können sein:

- Unglücksfälle
- Produktfehler

● Verfehlte Informationsstrategien oder unglaubwürdige Argumentationen, die offensichtliche Probleme verniedlichen oder gar leugnen

Stufe 1 bedeutet, dass es Ihnen gelingt, die Aufmerksamkeit Ihrer Zielgruppe zu finden. In der Mitarbeiterkommunikation erscheint dieses Ziel noch verhältnismäßig einfach, da die Belegschaft von vornherein besonderes Augenmerk auf interne Informationen legt. Aber sind Sie auch sicher, dass die Mitarbeiter die wichtigen E-Mails, Papers, Protokolle, Berichte, Rundschreiben u. a. wirklich lesen?

Die Aufmerksamkeit der externen Partner ist weit schwieriger zu gewinnen. Sie werden von vielen Stimmen umworben und entscheiden, wem sie lieber zuhören oder wer ihnen den größten Nutzen bringt. Viele Unternehmer scheitern bereits im Vorfeld, weil es ihnen nicht gelingt, Aufmerksamkeit für ihre Aussagen zu finden. Ihre Informationen gelangen nicht zum Kunden oder – im Falle von Aktiengesellschaften – an die Kapitalgeber. Vor allem Aktiengesellschaften am Neuen Markt klagen über die mangelnde Resonanz ihrer PR-Aktivitäten bei Analysten, Banken und Medien. Die Aufmerksamkeitsschwelle zu überschreiten ist in einer Zeit des Medien- und Informationsüberflusses zur fachlichen Herausforderung geworden.

Stufe 2 muss gewährleisten, dass die Menschen das, was Sie sagen, auch wirklich verstehen. Das ist leichter gesagt als getan, denn erklären Sie einmal einem Laien in wenigen Sätzen den Unterschied von zwei konkurrierenden PC-Modellen. Ohne das Verstehen einer Botschaft können allerdings auch weitergehende Kommunikationsziele nicht erreicht werden. Schließlich wollen Sie ja, dass der Kunde ein Produkt kauft oder der Mitarbeiter sich eine gute Meinung vom Unternehmen bildet.

Verständlich zu kommunizieren ist dann besonders schwierig, wenn Unternehmer zu komplizierten Sachthemen Stellung nehmen oder – für sie ungewohnt – vor Nicht-Fachleuten sprechen, die ganz anderen Aufmerksamkeits- und Interpretationsregeln folgen.

Stufe 3 heißt, dass die Inhalte auch von den Menschen behalten werden und nicht schon am nächsten Tag in Vergessenheit geraten. Viele Führungskräfte machen den Fehler, zu glauben, wenn sie etwas einmal gesagt hätten, sei dies auch schon ins Gedächtnis ihrer Zielgruppe gedrungen. Diese Auffassung überschätzt das Fassungsvermögen der Menschen enorm. Wiederholungen des Gesagten über mehrere Wege – mündlich, schriftlich und vielleicht elektronisch – erhöhen die Chance, dass Botschaften auch wirklich behalten werden. Erst richtig verankert sind sie allerdings, wenn im persönlichen Gespräch darüber geredet wird und jeder die Möglichkeit hat, Fragen oder Kritikpunkte anzumerken.

Stufe 4 ist die Akzeptanz einer Position, eines Vorschlags oder eines Arguments. Dabei bewerten die Adressaten eines Kommunikationsvorgangs die Inhalte und den Absender und bilden sich eine Meinung vor dem Hintergrund der eigenen Erfahrungen, aber auch des Kommunikationskontextes. Wann habe ich die Nachricht bekommen? Wer hat sie mir gegeben? Auf welche Weise (Sprache, Stil, Umgebung u. a.) habe ich sie erhalten? Der Prozess, der zur Annahme einer Position beziehungsweise zur Zustimmung führt, ist äußerst komplex (siehe Teil 2).

Stufe 5 bedeutet die Änderung von Einstellungen, d. h. die Adressaten sind auf Grund der Kommunikationsvorgänge generell bereit, ein Unternehmen oder ein Produkt auf eine bestimmte Weise zu bewerten. Einstellungen werden aus Erfahrung erworben, sie sind nicht etwa angeboren. Doch Einstellungen sind, wenn sie sich erst einmal gebildet haben, ziemlich stabil. Wer eine positive Einstellung zu einem Unternehmen hat, wird diese in der Regel wegen einer schlechten Nachricht nicht korrigieren, wohl aber seine Meinung über den verantwortlichen Manager. Meinungen haben einen ganz konkreten Bezug und sind leichter zu verändern als Einstellungen. Beide aber haben immer einen Gegenstand, auf den sie sich beziehen.

Stufe 6, also eine Änderung des Verhaltens, ist am schwierigsten zu erreichen. Bei Verhaltensänderungen wechseln Kunden zu einer anderen Firma, Mitarbeiter setzen unbequeme Entscheidungen auch wirklich um oder Manager führen die Sanierung des eigenen Verantwortungsbereichs durch. Unternehmer und Führungskräfte, die mit ihren Kommunikationsleistungen diese Stufen erklimmen, sind gefragt. Dazu müssen sie nicht nur informieren, sondern auch in Diskussionen überzeugen.

Zusammenfassung

1. *Kommunikation gibt den Ausschlag, ob sich Menschen einander zuwenden oder voneinander abwenden.*
2. *Auch auf dem Markt der Meinungen kann man Marktanteile gewinnen oder verlieren.*
3. *Eine Führungskraft verbringt fast 70 % ihrer Arbeitszeit mit persönlicher Kommunikation.*
4. *Die Zahl der täglichen Aktivitäten eines Managers ist von 22 auf 94 im Durchschnitt gestiegen.*
5. *Kommunikation ist schwer messbar und erfordert eine selbstkritische Überprüfung des eigenen Verhaltens.*
6. *Das Janusgesicht der Kommunikation heißt: positiv oder negativ Einfluss nehmen.*
7. *Informationen sind an exakt definierte Zielgruppen zu adressieren.*
8. *Die gefährliche Streuwirkung missglückter Kommunikationsvorgänge gilt es zu bedenken.*
9. *Viele Meetings bestehen zu 90 % aus Vergangenheitsbewältigung.*
10. *Kommunikationserfolge sind fragil und können schnell zunichte gemacht werden.*

2 Das magische Dreieck der Unternehmens- kommunikation

Kommunikationsmanagement ist zum strategischen Wettbewerbsfaktor geworden. Es ist die Software für den betrieblichen Erfolg, ohne die die Hardware keine Zukunft hat. Probleme bereitet das Handlungsfeld deswegen, weil es allgegenwärtig ist. Kommunikation findet überall statt. Wichtige Einsatzfelder sind nur schwer von unwichtigen zu unterscheiden. Worauf soll man sich konzentrieren?

Um auf den Märkten erfolgreich zu sein, müssen sich Unternehmen um ein gutes Verhältnis zu Kunden, Mitarbeitern und anderen Geschäftspartnern bemühen. Unmotivierte Mitarbeiter werden nachlässig, vergraulte Kunden maulen und verbreiten negative Botschaften, verprellte Zulieferer werden unzuverlässig und enttäuschte Geschäftspartner wenden sich der Konkurrenz zu. So manches Unternehmen kann ein Lied davon singen, welche Konsequenzen auf einmal spürbar werden, wenn die „Chemie" in den internen und externen Beziehungen nicht mehr stimmt. Der richtige Umgang mit diesen Gruppen ist daher neben der Sicherung einer hohen Produktqualität und einer stimmigen Arbeitsorganisation zur entscheidenden Managementaufgabe geworden. Mit guten und vertrauensvollen Beziehungen lässt es sich nicht nur einfacher leben, sondern auch erfolgreicher wirtschaften.

Intensive Kommunikation mit der Finanzwelt

Effektive Unternehmenskommunikation verfolgt drei strategische Zieldimensionen (vgl. Abbildung 5). Erstens nimmt sie die produktive Gestaltung der Binnenabläufe ins Visier, damit Entscheidungen schnell und effizient umgesetzt werden können.

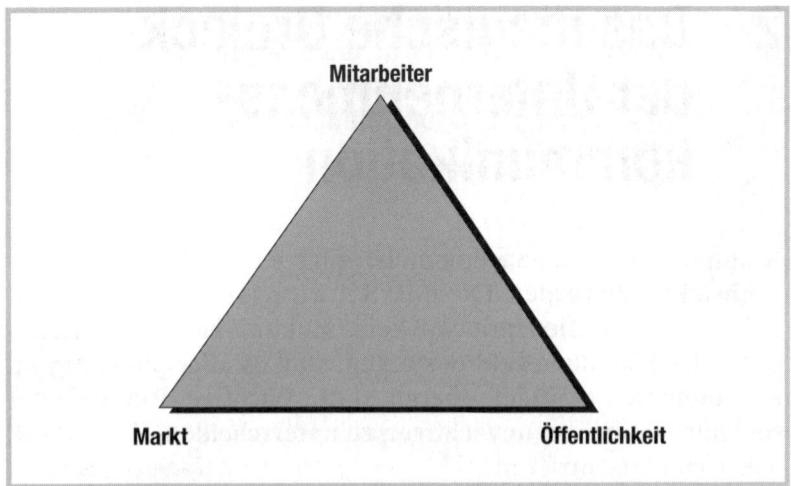

Abb. 5: Magisches Dreieck der Unternehmenskommunikation

Die interne Kommunikation zwischen Mitarbeitern und Management ist heute wichtiger denn je, da der Wettbewerb ein Zögern oder gar ein Verschlafen von Chancen nicht mehr verzeiht.

Zweitens muss eine Firma enge und leistungsfähige Verbindungen zum Markt aufbauen und pflegen. Das sind die Kunden, die die Produkte und Dienstleistungen kaufen, Zulieferanten, die meist bei der Entwicklung von Innovationen bereits einbezogen werden, und andere Geschäftspartner. Zunehmendes Gewicht erhalten die Kapitalgeber. Gerade für Aktiengesellschaften, vor allem wenn sie neu an der Börse sind, ist die Pflege der so genannten Investor Relations lebenswichtig. Aber auch große Konzerne achten nicht nur auf Shareholder-Value, sondern ebenso auf eine intensive Kommunikation mit der Finanzwelt.

Drittens sollten Unternehmen auf ihr Verhältnis zur Öffentlichkeit achten, denn dort entsteht das Image einer Firma oder einer Marke. Kontroverse Diskussionen in den Medien führen dazu, dass der gesellschaftspolitische Handlungsspielraum eines Unternehmens enorm eingeengt wird. Dies ist dann der Fall, wenn Teile der öffentlichen Meinung oder durchsetzungsstarker Gruppen Kritik oder Widerstand gegen Entscheidungen oder Produkte eines Unternehmens artikulieren.

Welches Gewicht die einzelnen Dimensionen der Kommunikation im konkreten Fall bekommen, hängt von folgenden Punkten ab:

- Von der Größe des Unternehmens
- Ob es ausschließlich lokal oder global tätig ist
- Von der Branche, in dem ein Unternehmen tätig ist
- Von der Position einer Branche im öffentlichen Ansehen
- Von den Zielen, Interessen und Erwartungen einer Firma

Keine der Dimensionen des magischen Dreiecks – Mitarbeiter, Markt und Öffentlichkeit – darf isoliert betrachtet werden. Wechselwirkungen können in der Praxis enorme Probleme und Unstimmigkeiten hervorrufen. Stellen Sie sich vor, Kunden (= Markt) lesen in einem Wirtschaftsmagazin (= Öffentlichkeit), dass eine Firma Probleme mit einem Produkt oder einem anderen Abnehmer hat; Mitarbeiter erfahren aus der örtlichen Zeitung, dass ihr Betrieb Personal abbauen will, oder Journalisten lesen aus Zufall in einem internen Informationsdienst (= Mitarbeiter), dass massive Maßnahmen der Umstrukturierung oder gar Verkäufe anstehen.

Der richtige Umgang mit Geschäftspartnern

Je härter der Wettbewerb wird und je weniger sich die angebotenen Leistungen unterscheiden lassen, desto wichtiger wird die effektive Kommunikation zunächst mit den Kunden. Am Beispiel der Versicherungsbranche wird deutlich, wie sich in der Kundenkommunikation Welten geändert haben.

Nach dem Ende der strikten behördlichen Branchenaufsicht sind mehr und mehr Verbraucher verunsichert, welchen Versicherungsunternehmen sie noch vertrauen können, zumal sie sich in dem Dickicht des Kleingedruckten nicht auskennen.

Dem Kunden gegenüber eine sympathische „Marke" aufzubauen, ihn in Beratungsgesprächen auch emotional zu gewinnen und an ein Unternehmen langfristig zu binden kann künftig
nur durch ein offensives Vorgehen erreicht werden. Die Konkurrenz um die Aufmerksamkeit des Kunden schläft nicht.
Schließlich geht es ja nicht nur um sein Geld, sondern auch um
sein Gefühl der Sicherheit und seine Zuversicht, dass bei Ver-
tragsabschlüssen heute die Zahlungen auch in Zukunft den Erwartungen entsprechen.

Je weniger sich die Kosten-Nutzen-Relationen im Versiche-
rungsgeschäft zweifelsfrei und ohne öffentlichen Widerspruch
nachweisen lassen, desto wichtiger wird ein Vertrauenskapital,
das durch stabile interne und externe Kommunikationsbeziehungen aufgebaut wurde. In diesem Fall muss die Kundenkommunikation langfristig ausgerichtet sein, denn viele Versicherte
brauchen auch bei Veränderungen ihrer persönlichen Situation
oder bei Turbulenzen durch öffentliche Diskussionen bis zum
Ablauf ihrer Verträge eine kompetente individuelle Beratung
und ein gutes öffentliches Image „ihres" Versicherers. Das Beispiel der Versicherungsbranche verdeutlicht, dass im Zeitalter
der Produkte, die sich immer weniger anfassen, beurteilen und
vergleichen lassen, die Kommunikation mit Gesprächspartnern
aller Art an Bedeutung gewonnen hat.

Nachholbedarf bei der Kundenzufriedenheit

In der Kundenkommunikation haben deutsche Unternehmen
im Vergleich zu ihren ausländischen Konkurrenten noch einen
deutlichen Nachholbedarf. Infratest Burke Wirtschaftsfor-
schung (München) hat im Frühjahr 1999 im Auftrag des Insti-
tuts der Deutschen Wirtschaft (Köln) die Unternehmensbezie-
hungen in verschiedenen Ländern untersucht. Die Ergebnisse
der repräsentativen Befragung fallen für Deutschland keineswegs befriedigend aus. Deutschen Unternehmen gelingt es weniger, ihre Kunden an sich zu binden, als z. B. amerikanischen
Firmen. Deutsche Firmen erreichen in puncto Kundentreue

und -zufriedenheit nur 64 von 100 erreichbaren Punkten, ihre Konkurrenten in den USA bringen es dagegen auf 81 Punkte.

Nicht nur in der Kommunikation mit dem Kunden haben deutsche Unternehmen noch viele Hausaufgaben zu machen, sondern auch in den Beziehungen zu den Kapitalgebern. Diese Art der Kommunikation wird zunehmend auch für kleine Firmen wichtig, zumal Going Public, der Gang an die Börse, auch für den Mittelstand immer attraktiver wird. 1996 sorgte die erfolgreiche Börseneinführung der Deutschen Telekom dafür, dass im Zuge der breit angelegten Informationskampagne die Investor Relations, d. h. die Beziehungen zu gegenwärtigen und potenziellen Kapitalgebern und den Meinungsbildnern in Presse, Banken und Analystenkreisen, in Deutschland an Bekanntheit gewannen. Immerhin war dieser anglo-amerikanische Begriff in der deutschen Geschäftswelt noch vor einigen Jahren weitgehend unbekannt. Vorreiter sind wiederum amerikanische Unternehmen. Bereits 1953 stellte General Electric ein Kommunikationsprogramm für private Investoren vor und prägte dadurch den Begriff „Investor Relations". In Deutschland wird dieser Trend nun ebenfalls spürbar, nachdem immer mehr Unternehmen den Schritt an die Börse wagen. Der Neue Markt umfasste im Frühjahr 2000 bereits über 200 Unternehmen.

Hoch motivierte Mitarbeiter erleichtern öffentliche Präsentationen

Viele, vor allem kleine Firmen und ihre Mitarbeiter leiden heute unter der Nichtbeachtung durch private Anleger, Analysten und Fondsmanager. Auf diesem Feld der Kommunikation sind sie noch unerfahren. Es ist noch nicht lange her, seit sich Start-up-Unternehmen dieser Größenordnung an der Börse und vor der Finanzöffentlichkeit „präsentieren" durften. Wegen der Vielzahl neuer an die Börse strebender Unternehmen ist es entscheidend, dass ihre Firmennamen erst einmal bekannt sind. Börsen- und Finanzkommunikation erfordert die aktive Beteiligung des Managements und ausgewählter Mitarbeiter wie Forscher und Entwickler an der unternehmerischen Selbstdarstellung. Der Vorstandsvorsitzende und der Finanzchef sind gefragt, aber häufig mangels Erfahrung im Business TV in dieser Rolle noch ungeübt. Viele haben in der Kunst der Selbstdarstellung durch die Einschaltung externer Berater und Agenturen dazugelernt. Doch Unternehmen, die sich nicht „personalisieren" lassen, sind dabei im Nachteil. Denn Personen sind eben auch „Nachrichten".

Aufmerksamkeit ist knapp. Da sich immer mehr Firmen um das Kapital der Investoren bemühen, wird es immer schwieriger, deren Aufmerksamkeit auf sich zu ziehen. Was aber nicht öffentlich wird, findet in den Augen dieser Investoren nicht statt. Daher werden oft Börsengänge mit aufwendigen Events inszeniert, in denen hoch bezahlte Stars von draußen auftreten. Doch wer die eigenen Forscher und Entwickler für sich sprechen lassen kann, ist besser dran. Damit der Funke überspringt, müssen sie durch interne Kommunikation hoch motiviert sein.

Marktanteile in der öffentlichen Meinung verbessern

Was für die Kommunikation mit Kunden oder Kapitalgebern gilt, trifft auch auf die öffentliche Meinung über eine Branche oder ein einzelnes Unternehmen zu. Der unerbittliche Kampf um Marktanteile verlangt ständige Wachsamkeit und aktives Handeln. Der Wettbewerb um die Stellung auf dem Markt der Meinungen, der Wertschätzung, letztlich des Images, wird von Jahr zu Jahr härter. Er wird professioneller geführt und mit einer gehörigen Portion Emotion gewürzt. Einige Branchen und Unternehmen haben in der Vergangenheit schmerzliche Erfahrungen gemacht. Sie haben betriebswirtschaftlich gespürt, was es heißt, wenn Produkte und Dienstleistungen gesellschaftspolitisch kritisiert werden, das Image sinkt und Unternehmensentscheidungen keine Akzeptanz mehr in der Öffentlichkeit finden. Als Beispiele seien nur Kernkraftwerke, Pelzindustrie, Chemie, Arzneimittel und Kosmetikhersteller genannt.

Gefährlich sind aber auch die Diskussionen über die Macht der Großbanken oder den Dschungel der Versicherungsbestimmungen. Es gilt, auch in der öffentlichen Meinung einen Überzeugungswettbewerb zu gewinnen. Auf diesem Feld geht es um Meinungs- und Bewusstseinsbildung, die vor allem durch die Medien geprägt wird. Dabei ist von gefestigten Marktanteilen ausgehend leichter und wirkungsvoller zu operieren als aus bröckelnden und unsicheren Positionen, also aus der Defensive. Noch schlimmer ist es, wenn sich Unternehmer den Kommunikationsaufgaben verweigern und einfach schweigen. Sie missachten dabei einen Grundsatz: Es ist nämlich völlig unmöglich, nicht zu kommunizieren. Selbst richtige Kommunikationsmuffel – Firmeninhaber und Führungskräfte, die Unternehmenskommunikation für überflüssig halten – sagen mit dieser Haltung viel. Und was das Wichtigste dieser Konstellation ist: Sie überlassen anderen die Vorteile des Handelns – ihren Konkurrenten, ihren Gegnern, ihren Neidern.

In den Augen der Öffentlichkeit, der Kunden oder auch der eigenen Mitarbeiter verlieren diese Kommunikationsmuffel an Einfluss und Vertrauen. Sind die Glaubwürdigkeit und das Image erst einmal ruiniert, kann dieser Schaden nur mit allergrößten Mühen über lange Zeiträume repariert werden. Die Veränderungen der öffentlichen Meinung können durchaus mit denen auf den Wirtschaftsmärkten verglichen werden: Es dauert lange, Marktpositionen aufzubauen, doch verloren sind sie schnell. Der Fußballspieler Andreas Möller hat schon Recht, wenn er betont: „Wer sein böses Image weg hat, kann strampeln wie ein Maikäfer auf dem Rücken. Keiner hilft ihm auf die Beine."

Den Boom der Wirtschaftsmedien nutzen

Die Chancen, über die Medien an öffentlicher Resonanz zu gewinnen, sind günstig. Noch nie gab es in Deutschland einen derartigen Boom der Wirtschaftsmedien. Während vor gut 30 Jahren in den Tageszeitungen die Wirtschaftsinformationen noch im Handelsteil knapp eine dreiviertel Seite umfassten und sie eigentlich von kaum jemanden beachtet wurden, haben die Tages- und Wochenzeitungen ihre Wirtschaftsteile inzwischen enorm ausgeweitet. Jedes Jahr, manchmal Monat für Monat, kommen neue Wirtschaftsmagazine hinzu. Im Fernsehen wird nicht nur die Zahl der Wirtschaftssendungen erhöht, sondern werden auch spezielle Wirtschaftskanäle angeboten (Mast 1999). Welches sind die Gründe für das dramatische Anwachsen der Nachfrage nach und des Angebots von Wirtschaftsinformationen?

Wirtschaftliche Probleme stehen auf den ersten Plätzen der Skala, was die Bevölkerung bewegt. Im Dezember 1999 sagen 79 % der Wahlberechtigten in Deutschland, das wichtigste zu lösende Problem sei die Arbeitslosigkeit. 16 % sorgen sich um die wirtschaftliche Situation und 12 % um die Renten und Alterssicherung sowie die soziale Ungerechtigkeit (Infratest dimap Dezember 1999). Eine solche Vorherrschaft wirtschaftlicher Themen ist außergewöhnlich. In den 80er und 90er Jahren waren es andere Themen, die die Bevölkerung besonders beunruhigten: Umweltschutz, Kernenergie, Frieden und Abrüstung, Ausländer und Asylanten, Aussiedler und DDR-Übersiedler u. a. Dieses Interesse an wirtschaftlichen Themen bietet wachsende Chancen für die interne und externe Kommunikation. Umfangreichere Wirtschaftsteile und neue Wirtschaftsmagazine bedeuten auch mehr Platz für die Unternehmenskommunikation.

Wirtschaftliche Probleme haben im öffentlichen Interesse inzwischen nahezu eine Alleinstellung und sind eng vernetzt mit politischen Entscheidungen.

Jürgen Klotz, Ressortleiter Wirtschaft der „Frankfurter Rundschau", gibt zu bedenken: „Es ist mittlerweile Allgemeingut im öffentlichen Bewusstsein, dass Wirtschaft alle und jeden angeht, dass es keinen Politikbereich ohne wirtschaftliche Bezüge gibt und dass immer mehr politische Entscheidungen wirtschaftlich determiniert sind."

Große Teile der Bevölkerung wenden sich Wirtschaftsfragen in den Medien zu – weniger weil sie ein Bildungsideal anstreben und Lücken in ihrem Wissen schließen wollen, sondern weil sie glauben, dass es für ihre Zukunft entscheidend ist. Ralf-Dieter Brunowsky, Chefredakteur von „Capital", fasst zusammen: „Wirtschaft war früher weit weg. Heute betrifft sie jeden. Allein aus der Arbeitsplatzsituation hat jeder das Gefühl, dass er etwas über Wirtschaft wissen muss. Die Betroffenheit der Menschen durch die Arbeitslosigkeit ist sehr groß. Es gibt heute ein verbreitetes Bedürfnis nach mehr Wirtschaftsinformationen, aber nicht aus Lust oder weil es Spaß macht, sondern weil man durch die persönliche Betroffenheit stärker als früher das Defizit an Wissen spürt."

Die Inflation der Medienangebote sorgt für Unsicherheit

Die Geschwindigkeit des Wandels, der die Unternehmen, aber auch die private Lebenswelt erfasst, ist für jedermann spürbar. Ob Internet, E-Mails oder ständig neue Softwareprogramme – die Inflation der Medienangebote oder die Entwicklungen in der Freizeitindustrie sorgen für Unsicherheit und oftmals kaum verdeckte Ängste. Es sind die gebildeteren und meist auch jüngeren Menschen, die über Medien Erklärung und Hilfestellung in diesem Prozess suchen. Der Wettbewerb nimmt nicht nur unter den Unternehmen zu, sondern auch unter den Arbeitnehmern im Betrieb und in den Universitäten. Auf diese Trends setzen z. B. eine Reihe neuer Zeitschriftentitel wie „BIZZ" oder „Econy", aber auch klassische Zeitschriften wie „Junge Karriere" des Handelsblatts. Auch sie bilden eine Herausforderung für die interne und externe Kommunikation.

Die Innovationen in der Wirtschaftsberichterstattung sind für Firmeninhaber und Manager aber auch nicht ungefährlich. Einerseits nehmen wirtschaftliche Themen größeren Raum in den Medien ein und verbessern die Veröffentlichungschancen. Andererseits ändern sich durch die Entwicklungen im Wirtschaftsjournalismus auch die Bedingungen für eine erfolgreiche

Medienarbeit. Auch wenn einzelne Redaktionen diesen Trends noch unterschiedlich stark folgen und die Konzepte der Zeitungen, Wochenblätter und Magazine bewusst unterschiedlich ausgerichtet sind, ist die Entwicklung in Richtung Magazinjournalismus eindeutig. Dies ist das Ergebnis einer Studie über Wirtschaftsjournalismus, die der Lehrstuhl für Kommunikationswissenschaft und Journalistik der Universität Hohenheim (Stuttgart) durchgeführt hat (Mast 1999).

Neue Trends im Wirtschaftsjournalismus bieten große Chancen

Der Magazinjournalismus ist auf dem Weg, einen wahren Siegeszug zu feiern. Im Wirtschaftsjournalismus tritt die Berichterstattung aus Anlass von Pressekonferenzen, Veranstaltungen oder Vorträgen mehr und mehr in den Hintergrund, während der Magazinjournalismus langsam auch in Tages- und Wochenzeitungen vordringt. Dort werden zunehmend Artikel veröffentlicht, die nicht als Berichte oder Meldungen verfasst sind, sondern als Geschichten oder Mischformen geschrieben werden. Da gibt es z.B. Nachrichten mit wertenden Elementen, Berichte, die eher als Reportage verfasst sind, und Storys, die einer klaren Linie folgen, der so genannten Botschaft der Geschichte. Dabei werden Fakten angehäuft, die eine Botschaft bestätigen. Magazingeschichten haben immer eine Botschaft, d.h. ein Thema, das durchgängig behandelt wird. Andere Aspekte, die nicht in die Argumentationslinie passen, werden weggelassen (vgl. Abbildung 6).

Magazingeschichten sind nicht nur für Redaktionen attraktiv, sondern wirken auch auf die interne und externe Kommunikation ansteckend. Diese Magazingeschichten sorgen für Angebote, die sich vom Konkurrenzmedium unterscheiden. Sie wirken exklusiv, da sie ein und denselben Gegenstand der Berichterstattung, z.B. die Steuerreform oder eine Produktstrategie, ganz verschieden behandeln können. Das ermöglicht auch

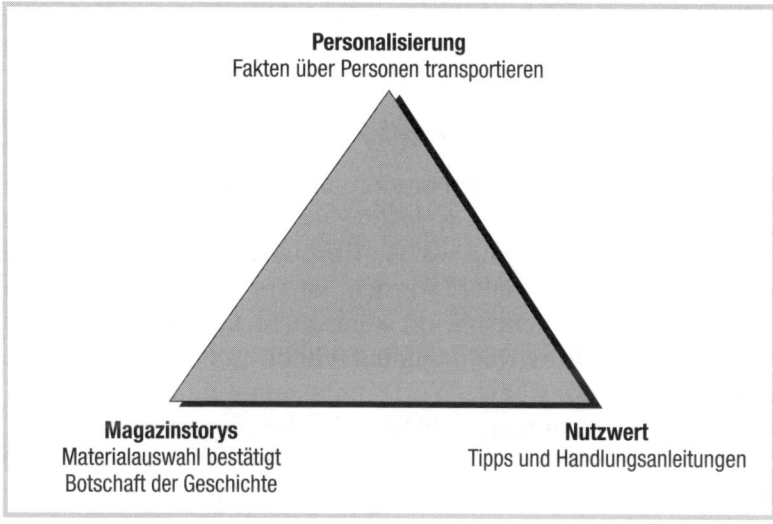

Personalisierung
Fakten über Personen transportieren

Magazinstorys
Materialauswahl bestätigt
Botschaft der Geschichte

Nutzwert
Tipps und Handlungsanleitungen

Abb. 6: Trends im Wirtschaftsjournalismus

bei gleicher Nachrichtenlage unverwechselbare Redaktionsangebote – ein Aspekt, der im Wettbewerb der Medien unverzichtbar wird. Die Attraktivität dieser Art von Journalismus wird nicht nur durch die Aufmerksamkeit des Publikums erklärt, sondern auch durch seine profilbildende Wirkung für ein Medienprodukt.

Magazingeschichten gut und professionell zu verfassen ist keineswegs einfach. Wenn man die Machart genau analysiert, erzählen Magazingeschichten Botschaften spannend und zugleich sachkundig, dramaturgisch gestaltet und zu einer durchgängigen Erzähllinie verschmolzen. Dabei erwecken sie den Eindruck einer objektiven Darstellung.

Hartmut Froels, geschäftsführender Redakteur der „WirtschaftsWoche", erläutert den Reiz dieser journalistischen Darstellungsform: „Die Magazingeschichte verbindet von der Anlage her mehrere Formen. Die klassische Unterscheidung der Tageszeitung in Meldung und Kommentar gilt im Magazinbereich nicht. Die Magazingeschichte hat ja auch Reportage-

elemente in der Form, dass sie die Aussagen durch Zitate untermauert. Es wird sehr stark personalisiert."

Kurze Sätze sind für Zitate „ungefährlicher"

Diese Zitate, die Aussagen untermauern, sind oft nur Halbsätze
oder einzelne Wörter. In welchen Zusammenhang diese Zitate
„eingebaut" werden und welche Bestandteile der Aussage auf
welche Weise kombiniert werden, ist für Auskunftspersonen
keineswegs offensichtlich, oft auch nicht kalkulierbar. Wenn
Vertreter der Wirtschaft damit rechnen müssen, über kurze
Sätze oder oft nur wenige Worte umfassende Zitate in Magazingeschichten entsprechend der Erzähllinie eingebunden zu werden, ist besondere Vorsicht bei der Wahl der Bezeichnungen
und der Vergleiche angesagt. Kurze Sätze sind dann weit „un-
gefährlicher" als lange Ausführungen, die Material für ver-
schiedenste Zitierungen bieten. Ein Satzteil hinter dem
Komma, der in der Geschichte nicht erscheint, kann viel Ärger
bereiten.

Neben dem Magazinjournalismus forcieren die Redaktionen
die Personalisierung der Wirtschaftsberichterstattung. Dabei
werden über Personen, deren Statements und Handlungen Fakten transportiert. Das reicht von der Themenaufbereitung in
Form von Interviews oder Kurzzitaten, Porträts und Reportagen bis hin zu Geschichten über die Menschen, die in der Wirtschaft arbeiten. Mit dieser Strategie erreichen Redaktionen
zwei Punkte gleichzeitig:

- *Erstens:* Wenn Personen authentisch in Interviews zu Wort
  kommen, Namensartikel veröffentlichen, mit einer markan-
  ten Botschaft zitiert oder über Bilder dem Leser hautnah
  präsentiert werden, fühlt sich das Publikum eher angesprochen als von abstrakten Zahlen. Personen sind Garanten für
  eine emotionale Ansprache des Publikums.
- *Zweitens:* Die Personalisierung der Berichterstattung erhöht die Verständlichkeit, was insbesondere bei komplizier-

ten Fachfragen entscheidend ist. Schwierige Zusammenhänge werden in Form einer persönlichen Aussage und Wertung nachvollziehbar und verständlich. Das Publikum verlässt sich dabei auf das Urteil eines Fachmanns. Interviews mit Meinungsführern aus Politik und Wirtschaft sind beispielsweise zum Markenzeichen der Zeitung „Die Welt" geworden.

Trends werden möglichst anhand von Personen beschrieben

Auf die Personalisierung der Wirtschaftsberichterstattung schwört z. B. Rainer Hupe, Ressortleiter Wirtschaft der Zeitung „Die Woche": „Personen agieren, ernten Widerspruch, scheitern, werden als Sieger gefeiert. Die Personalisierung erweist sich somit als gutes Vehikel, Geschichten zu erzählen und damit Sprödigkeit und Sperrigkeit des Stoffs zu überwinden. Für die Wirtschaftsredaktion einer Wochenzeitung ist sie damit ein probates Mittel, Themen und Stoffe für die Leser ‚verdaulich' zu machen. Bei allen Themen müssen die handelnden wie die behandelten Personen vorkommen, die Stoffe dürfen nicht als gedankliche Abhandlung abgearbeitet werden."

Für den Magazinjournalismus ist das Element der Personalisierung nichts Neues, wenngleich es auch dort künftig verstärkt werden soll. Wolfgang Kaden, Chefredakteur von „manager magazin" bekräftigt: „Soweit wie möglich werden unsere Storys personalisiert; dieses Stilmittel bildet seit jeher ein Wesenselement des Magazinjournalismus: Durch die Menschen mit ihren Gaben und ihren Mängeln erhalten die Geschichten Farbe. Menschen sind es, die Unternehmen vorantreiben oder zu Grunde richten." Auch für das Nachrichtenmagazin „Der Spiegel" weist der Ressortleiter Wirtschaft, Armin Mahler, darauf hin: „Spiegel-Geschichten und Trends werden möglichst anhand von Personen beschrieben."

Der Trend zur Personalisierung der Wirtschaftsberichterstattung wird sich künftig noch verstärken. Thomas Voigt, Chefredakteur von „Impulse", betont z. B.: „Das Feld der per-

sonalisierten und auch emotional hoch aufgeladenen Meldung
oder Nachricht tritt immer mehr in Vordergrund. Die Personen
werden wichtiger gegenüber allem anderen. Es geht immer und
überall um Menschen. Die Wirtschaft ist ein ‚People's-Business'.“

Ob man es richtig findet oder aber aus tiefstem Herzen ab-
lehnt, die Emotionalisierung der Wirtschaftsberichterstattung
wird zunehmen. Sie kommt in einer hautnahen, farbigen Sprache, einem dramaturgischen Spannungsbogen in den Artikeln
und Geschichten (Magazinjournalismus) und klar ausgespro-
chenen positiven wie negativen Wertungen zum Ausdruck. Die
Sprache des Wirtschaftsjournalismus wird also deutlicher. Sind
die Manager auf diese Art der Wirtschaftsberichterstattung
vorbereitet? Ist die interne Kommunikation bei Mitarbeitern,
die vom Magazinjournalismus verwöhnt werden, noch zeitgemäß?

Wie Manager mediengerecht auftreten

Mediengerechte Auftritte von Personen aus der Wirtschaft sind
gefragt. Mediengerecht heißt, Botschaften und deren Präsentation gezielt auf die Bedingungen der einzelnen Redaktionen
auszurichten: Erstens für regionale Zeitungen, zielgruppenspezifische Zeitschriften, politische Wochenblätter. Zweitens für
lokale bzw. regionale Radiosender und das Ballungsraum-Fern-
sehen. Drittens für Hauszeitschriften, Intranet und Business
TV. Mediengerecht auftreten heißt einige wichtige Grundsätze
zu befolgen:

- *Kurz:* Das sind Statements, die nur wenige Sätze umfassen,
  denn auch Tageszeitungen sind in der Regel nicht mehr bereit, langatmige Ausführungen oder Interviews abzudru-
  cken. Radio und Fernsehen leben ohnehin von Aussagen in
  Sekundenlänge.
- *Anschaulich:* Das sind Botschaften, die einen Bezug zur Le-
  bensumwelt der Leser, Hörer oder Zuschauer haben und

ohne große Vorbildung und Fachkenntnis verstanden werden können.

● *Beispielhaft:* Beispiele helfen bei Aussagen über schwierige wirtschaftliche Themen, die in der Regel nicht alle Zusammenhänge und Einflüsse berücksichtigen können. Die bewusste Auswahl eines plakativen Beispiels gibt den Redaktionen mehr Stoff für ihr Publikum als abstrakte, mit Fachbegriffen aus dem Englischen angereicherte Ausführungen.

● *Aktiv-plastisch:* Das ist eine Sprache, die bereits durch ihre Wortwahl Tatkraft, Engagement und Sympathie vermittelt und die sich zur Platzierung von Zitaten in der Presse eignet.

Die Zeiten, in denen Wirtschaftsjournalisten ihre Artikel verfassten, um eher ihren Gesprächspartnern – den Konzernchefs oder Verbandsbossen – zu gefallen, als die Leser zu informieren, gehen dem Ende zu. Der Spagat zwischen dem Imponieren der Fachwelt einerseits und dem verständlichen Informieren eines „16-jährigen Oberschülers" (Jürgen Klotz „Frankfurter Rundschau") wird zugunsten des normalen Lesers, Hörers und Zuschauers aufgegeben. Journalisten nehmen ihr Publikum ernst, das einen Nutzen aus den Wirtschaftsinformationen ziehen will. Es will schlicht Informationen erhalten, die es versteht und mit denen sich etwas anfangen lässt. Die externe Kommunikation mancher Computerunternehmen und vieler Aktiengesellschaften am neuen Börsenmarkt berücksichtigt das noch nicht.

Selbst manche Hauszeitschrift setzt zu viel Fachwissen voraus. Auch wenn der Begriff Nutzwert in den jeweiligen Redaktionskonzepten unterschiedlich interpretiert und ausgelegt wird, ist eines klar: Die Perspektive, aus der Wirtschaftsinformationen beurteilt und bearbeitet werden, gibt mehr und mehr das Publikum vor.

Der Konsument will Informationen mit Nutzwert

Der Konsument eines Medienprodukts sucht Informationen, die er beruflich und privat verwenden kann, oder die so genannten „Lessons to learn". Inhalte mit klarem Nutzwert werden immer wichtiger, darüber sind sich nicht nur die Vertreter der Magazine, sondern auch der Tagespresse einig. Wolfgang Kaden, Chefredakteur des „manager magazins" gibt zu bedenken, dass dies auch für die Unternehmensberichterstattung gelten muss: „Eine Unternehmensgeschichte sollte immer auch eine How-to-do-Botschaft enthalten – oder eine, wie es der Manager nicht machen darf. Sie sollte zugleich dem Aktionär bei seiner Entscheidung helfen."

Frank B. Werner, Chefredakteur von „Euro am Sonntag", formuliert kompromisslos: „Wirtschaftspublikationen, die überdurchschnittlich wachsen wollen, müssen auf die Fragen der Bürger nutzbringende Antworten geben können. Allgemeine Problemdarstellungen, Lamentieren und Kommentieren bringen dem Leser nichts. ‚Euro am Sonntag' bietet seinen Lesern deshalb nicht nur allgemeine Ratschläge, sondern konkrete Handlungsanweisungen. Kaufen oder verkaufen, halten oder die Finger davon lassen – auch optisch wird das umgesetzt. Den Redakteuren wächst dadurch eine ungeheure Verantwortung zu; der Redaktionsleiter muss kontrollieren, dass sie nicht missbraucht wird."

Der nutzwertorientierte Journalismus ist die Chance der Manager, die sich als Ratgeber zu vielen Fragen profilieren können. Für die externe Kommunikation nützt ihnen ihre Präsenz und Meinungsführerschaft in der Region nahe am Bürger. Bei der internen Kommunikation hilft ihnen ihr Wissensvorsprung, gepaart mit Fachkompetenz und Erfahrung.

Gefährlich ist es, wenn sich Firmeninhaber und Führungskräfte zu sehr auf die rationale Argumentation konzentrieren. Dadurch kommt die Wirkung ihrer Argumente angesichts der heutigen Bedingungen im Wirtschaftsjournalismus zu kurz. Wenn sie nicht erkennen, dass es letztlich auf den emotionalen

Gehalt von Botschaften und ihren Nutzwert ankommt, verschenken sie Veröffentlichungschancen bei der externen Kommunikation. In der internen Kommunikation laufen sie Gefahr, nur Langeweile zu verbreiten.

Wann entscheiden sich Redaktionen für eine Nachricht oder Geschichte und wann werfen sie sie in den Papierkorb? Angesichts der aktuellen Entwicklungen im Wirtschaftsjournalismus sind dies – und das sollte auch für Hauszeitschriften und Business TV gelten – vor allem drei Bedingungen:

- *Neuigkeitswert einer Information:* Er wird durch die Aktualität des Inhalts geschaffen oder durch das Statement von einer Persönlichkeit erreicht, die eine Redaktion für möglichst exklusiv hält.
- *Mediengerechte Aussage:* Sie soll den redaktionellen Konzepten entsprechen, die selbst innerhalb eines Mediums, z. B. Tageszeitungen, enorm verschieden sein können.
- *Emotionaler Gehalt der Botschaft:* Selbst im Wirtschaftsjournalismus, dem man lange Zeit vorgeworfen hat, an Zahlen, Statistiken und abstrakten volkswirtschaftlichen Zusammenhängen zu kleben, ist die Tendenz zur Emotionalisierung der Berichterstattung in allen Mediengattungen unübersehbar.

Vertrauenswürdige Medien, Marken und Menschen sind gefragt

Der emotionale Gehalt von Botschaften ist es letztlich, der die Aussage eines Managers ankommen lässt. Er steckt z. B. in farbigen Zitaten, Interviews, Bildern und Reportagen über verantwortliche Unternehmer, die nun mal wirksamer sind als das bloße Referieren von Tatsachen in einem Bericht. Das ist nichts Neues, nur unter den heutigen Bedingungen des Wettbewerbs besonders wichtig. Je verwirrender die Sachfragen in der Wirtschaft und je unsicherer letztlich die Bürger werden, desto wichtiger werden Medien, denen man glauben kann, Marken (z. B. Unternehmen), denen man vertraut, und Menschen, die überzeugend auftreten und argumentieren.

Wie interne Kommunikationsabläufe verbessert werden

Die internen Kommunikationsabläufe in den Unternehmen geben letztlich den Ausschlag für den Erfolg. Von ihrer Effizienz hängt es ab, mit welcher Produktivität einzelne Firmen ihren Konkurrenten gegenübertreten. Sie leben davon, dass sie Marktinformationen schneller erkennen und effizienter umsetzen als ihre Mitbewerber.

Ein Bonmot bringt es auf den Punkt: „Wenn eine Birne leuchten soll, muss sie im Innern glühen!" Über Sieger und Verlierer in diesem strategischen Spiel entscheidet nicht, wer lediglich Wissen bunkert, sondern wer interne Abläufe produktiv gestaltet mit Blick auf die Ziele des Unternehmens, beispielsweise die Erledigung eines Reengineering-Projekts bzw. einer Marketingaufgabe.

Nutzen die Unternehmen die Potenziale zur Steigerung der Produktivität und zur Kosteneinsparung, die eine optimierte interne Kommunikation bietet? Offensichtlich haben sie doch große Schwierigkeiten, sich dem ständigen Wandel anzupassen oder gar selbst Veränderungen zu provozieren. Erfolgreich sind Unternehmen, die Strategien und Projekte schnell umsetzen, Prozesse flexibel und effizient beherrschen und es schaffen, dass Führungskräfte und Mitarbeiter engagiert mitziehen.

Wirtschaftswissenschaftler wie Dave Ulrich (University of Michigan in Ann Arbor) warnen bereits: „Die einzig verbliebene Wettbewerbswaffe ist die Organisation. Früher oder später lassen sich alle herkömmlichen Wettbewerbsmuster kopieren – Kosten, Technik, Vertrieb, Herstellung und Produkteigenschaften. Sie sind zu Eckpfeilern des Erfolgs geworden. Jeder, der mitspielen will, braucht sie, aber sie garantieren noch nicht den Erfolg." (Harvard Business manager 4/1998, 62)

Es gibt also Gründe genug, um die interne Kommunikation auf den Prüfstand zu stellen. Der Nutzen effizienter Kommunikationsabläufe ist durch eine Vielzahl an Fallstudien und praktische Erfahrungen in den Betrieben belegt:

- Rasche Informationsverarbeitung und Entscheidungsfindung
- Beschleunigte Umsetzung von Plänen und Projekten
- Steigerung der Produktivität bei Veränderungsprozessen
- Hohe Mitarbeitermotivation und -loyalität

Damit rücken die Binnenabläufe eines Unternehmens in den Mittelpunkt der Betrachtung. Sie wurden über Jahrzehnte in ihrer Bedeutung für den Geschäftserfolg unterschätzt, zumal in dieser Zeit das Management der klassischen Produktionsfaktoren (z. B. Kapital und Arbeit) genügend Spielraum für Produktivitätssteigerungen eröffnete. Das hat sich nun grundlegend geändert. Die klassischen Faktoren scheinen ausgereizt zu sein. Dagegen entscheidet die Art und Weise, wie Mitarbeiter und Führungskräfte über das weitere Vorgehen kommunizieren, über Gewinn- und Verlustchancen auf den Märkten. Dabei haben sich die Bedingungen für die Unternehmen verschärft. Klaus Doppler und Christoph Lauterburg („Change Management") brachten die Anforderungen auf den Punkt: Die Ressourcen Zeit und Geld werden knapper, wohingegen die Komplexität der Einflüsse und Entscheidungen steigt.

Die Zukunft gehört nicht dem Flusspferd, sondern dem Delphin

Unternehmen müssen daher außerordentlich beweglich und lernfähig werden. Sie leiden an starren Strukturen, bürokratischen Abläufen und Menschen, die sich an den Status quo klammern. Sie brauchen aber ein Kommunikationssystem, das ihre Beweglichkeit fördert und die Mitarbeiter ermutigt, am kontinuierlichen Wandel mitzuarbeiten und ihn emotional zu akzeptieren.

Ein einprägsamer Vergleich illustriert das Ausmaß der Veränderungen der Kommunikationslandschaft. Die Wirtschaftsberatungsgesellschaft KPMG Netherlands krempelte ihre Unternehmenskultur um. Dabei vergleicht sie die Vergangenheit mit einem trägen Flusspferd, das gern viel schläft und bei Störungen aggressiv reagiert. Die Zukunft solle aber einem Delphin gleichen – verspielt, lernbegierig und einsatzbereit für das Team. Sind die Manager auf die neuen Aufgaben vorbereitet?

Wenn Lehmschichten die Modernisierung behindern

Die internen Kommunikationsabläufe sind auf den Prüfstand zu stellen. Das ist keineswegs einfach, aber unabdingbar. Allerdings sollte man nicht die Augen davor verschließen, dass die Umstellung von Kommunikationspraktiken im Betrieb lange dauert und meist vehemente Widerstände hervorruft. Schließlich haben Manager und Mitarbeiter in der Vergangenheit Kommunikationsroutinen trainiert, die ihnen ein hohes Maß an beruflicher und psychischer Stabilität verleihen. Wenn Kommunikationswege in der Zukunft nicht mehr der Hierarchie folgen, sondern nach „echtem" Bedarf organisiert werden, wenn engagierte junge Mitarbeiter das Internet selbstbewusst nutzen, dem mancher im Management gerne aus dem Weg geht, werden im Unternehmen Positionen erschüttert oder gar in Frage gestellt.

Die Abwehrmechanismen gegen die Modernisierung und Optimierung der Unternehmenskommunikation sind durchaus wirksam: Sie reichen von Blockaden („undurchdringliche Lehmschichten") über Aktionismus (Besprechungsunwesen) bis zum Abwälzen unangenehmer Kommunikationsaufgaben auf andere, z. B. auf die Pressestelle oder Personalabteilung, die sich um die Information im Betrieb kümmern solle. Diese Abwehrmechanismen gilt es zu erkennen und zu bekämpfen. Deshalb ist die Gestaltung von Unternehmenskommunikation schon lange zur Chefsache geworden. Er sollte sie ernst nehmen, denn sie entscheidet über die Zukunft eines Unternehmens und damit auch über die des Chefs.

Zusammenfassung

1. Mit guten vertrauensvollen Beziehungen durch effizientes Kommunikationsmanagement lässt es sich nicht nur einfacher leben, sondern auch erfolgreicher wirtschaften.
2. Das Beispiel der Versicherungswirtschaft belegt die Bedeutung einer sympathischen „Marke".
3. Vor allem kleine Firmen und ihre Mitarbeiter leiden unter der Nichtbeachtung durch private Anleger.
4. Selbst richtige Kommunikationsmuffel, die Unternehmenskommunikation für überflüssig halten, sagen mit dieser Haltung viel aus.
5. Wirtschaftliche Probleme nehmen die ersten Plätze auf der Skala ein, was die Bevölkerung bewegt.
6. Der Trend zu Magazingeschichten wirkt sich auf die interne und externe Kommunikation ansteckend aus.
7. Die Personalisierung der Wirtschaftsberichterstattung bietet viele Chancen.
8. Die Emotionalisierung gewinnt als Stilmittel an Bedeutung.
9. Kurz, anschaulich, beispielhaft und aktiv-plastisch formulieren!
10. Allgemeine Problemdarstellungen und Lamentieren werden durch nutzbringende Antworten ersetzt.

3 Geschäftsziele durch Kommunikation schneller erreichen

Das Umfeld der Unternehmen hat sich dramatisch verändert – die Führung auch? Die zu entscheidenden Sachfragen sind heute von Einzelkämpfern immer weniger zu lösen. Unternehmen leben vom Wissen ihrer Mitarbeiter, die mitdenken und bereit sind, Verantwortung zu übernehmen. Mitarbeiter sollen aktiv sein und nicht warten, bis sie entsprechende Anweisungen erhalten. Führung durch Kommunikation heißt vor allem, diesen Schatz in den Köpfen der Menschen zu heben.

Mitarbeiten kann nur, wer mitdenken kann. Mitdenken kann nur, wer informiert ist. Mitgestalten wird nur, wer auch an den Entscheidungen beteiligt ist. Wissen herausgeben wird nur, wer sich davon einen Nutzen verspricht und Vertrauen hat. Diese Situation in den Betrieben mit Leben zu erfüllen ist die Aufgabe moderner Manager. Führung bedeutet daher vorrangig Kommunikation mit anderen. Denn es gilt, Einsatzbereitschaft zu stärken, Engagement zu fördern, Konflikte zu entschärfen und Mitarbeiter auch zu Verhaltensweisen zu bewegen, die unbequem, ungewohnt und anstrengend sind.

Gleiches gilt für die Führungskräfte. Auch Chefs brauchen Führung. Sie sollen nicht nur unternehmerisch denken, sondern auch handeln. Wenn also das Leitbild des Managers als Unternehmer angestrebt wird, darf er nicht in Kommunikationsabläufen zum Befehlsempfänger entmündigt oder vom Entscheidungsprozess ausgeschlossen werden.

Die Kommunikationspraxis in einem Unternehmen offenbart auch ein schonungsloses Bild der Führungskultur. Häufig treten krasse Widersprüche auf zwischen dem, was verbal ausgesprochen wird, und dem, was die Praxis der Kommunikation belegt.

Zum Manager der Kommunikation werden

Die Qualitätsanforderungen an Führungskräfte haben sich in den letzten Jahren geändert. Sie sind zu Kommunikationsmanagern geworden. Sie sollen die kommunikativen Beziehungen zu den internen und externen Partnern pflegen beziehungsweise verbessern und dafür sorgen, dass der Beitrag der Mitarbeiter zum Geschäftsergebnis optimiert wird. Provokativ formuliert heißt dies, dass Führungskräfte mit Kommunikation genauso professionell umgehen müssen wie mit Technik, Marktdaten oder Gesetzesverordnungen.

Fachkompetenz allein reicht daher längst nicht mehr aus. Im Gegenteil: Wenn jemand ganz genau weiß, wie die Aufgabe eines Mitarbeiters zu erledigen ist, unterliegt er folgenden Gefahren:

- Die Aufgabe entweder selbst zu erledigen und nicht zu delegieren – dann vernachlässigt er seine Führungsaufgaben.
- Ständig Detailanweisungen zu geben – dann fühlt sich der Mitarbeiter entwertet bzw. gegängelt.
- Fachübergreifende Einflüsse oder Chancen zu unterschätzen, da er zu sehr auf sein Sachgebiet fixiert ist.
- Zu übersehen, dass die Entscheidungsfähigkeit meist dann gering ist, wenn man zu tief in einer Sache steckt und nicht mehr über den Tellerrand hinausschaut.

Viele Unternehmen verfolgen eine Personalpolitik, jeweils den fachlich Besten als Führungskraft auszuwählen. Dieser Weg führt in zweierlei Hinsicht in eine Sackgasse: Erstens führen Entwicklungen wie das Internet oder die komplexen Vorgänge auf den Märkten dazu, dass die Manager oft Verantwortung für Gebiete und Aufgaben tragen, die sie selbst in ihrer Karriere nicht kennen gelernt haben. Zweitens fehlen ihnen z. B. besondere Kommunikationsfähigkeiten und Erfahrungen im Umgang mit Menschen, um das Zusammenspiel der vorhandenen Qualifikationen zu optimieren.

Drei zentrale Qualitätsanforderungen an Führungskräfte

In der Regel achten moderne Unternehmen deshalb auf drei zentrale Qualitätsanforderungen, wenn sie Führungskräfte auswählen:

● Die *funktionale Kompetenz*, d. h., die Fähigkeit zur Übernahme einer Managementposition umfasst Problemlösungsfähigkeit, Initiative, übergreifendes Denken und vor allem Entscheidungsfähigkeit. Führung bedeutet, die Kommunikation zwischen Mitarbeitern oder Geschäftspartnern so zu gestalten, dass Lösungen gefunden werden. Anfallende Aufgaben müssen definiert und geordnet werden. Hierzu benötigen alle Beteiligten entsprechende Ressourcen.

● Die *Führungskompetenz* betont die Fähigkeit und das Know-how, den innerbetrieblichen Kommunikationsprozess zu optimieren. Dazu gehört ein systematisches Organisieren und Vernetzen der Kommunikationslandschaft, in der die Mitarbeiter Leistung erbringen können. Dazu gehört aber auch das Formulierung von Botschaften, die Fähigkeit, über Ziele zu sprechen und sie in die Welt der Mitarbeiter zu übersetzen. Führungskompetenz beinhaltet zudem, dass Vorhaben auch umgesetzt werden und man aus vorhergehenden Projekten lernt. Dieser Transfer von Wissen muss organisiert werden. Er geschieht nicht von allein.

● *Persönliche Merkmale* − also Urteilsvermögen, Belastbarkeit und die Fähigkeit, Fehler zu tolerieren, Kompromisse zu akzeptieren und Risiken einzugehen − kennzeichnen darüber hinaus erfolgreiche Führungskräfte. Diese Managementqualitäten sind heute wichtiger denn je. Sie sind nur zu einem Teil trainierbar, da sie in den Persönlichkeitsstrukturen verankert sind. Von guten Managern werden folgende Eigenschaften erwartet:
  − Die Fähigkeit, den Kern einer Sache zu erkennen und Probleme zu lösen
  − Der Mut, zu tun, was man für richtig erkannt hat

- Die Offenheit, Fehler als solche zu erkennen und daraus zu lernen
- Die Fähigkeit, Informationen zu konzentrieren bzw. auszuwählen
- Die Bereitschaft, sich auf Unsicherheiten einzulassen (d. h. keine Angst vor Überraschungen und Komplexitäten). Denn wer eine hundertprozentige Sicherheit oder eine Hundertprozentlösung anstrebt, entscheidet nicht und entzieht sich damit seiner Führungsverantwortung.

Die Aufgaben der Führungskräfte haben sich geändert. Die Fähigkeiten, nicht nur selbst effektiv zu kommunizieren, sondern auch im Unternehmen für eine leistungsfähige Kommunikationsarchitektur zu sorgen, sind ins Zentrum von Führung gerückt. Die Ausrede, „Dafür haben wir keine Zeit", ist „megaout", denn eine Optimierung der Kommunikationsabläufe schafft ja gerade Freiräume.

Unter Kommunikationsarchitektur einer Firma ist das Zusammenspiel der Medien zu verstehen, die zur Aufwärts- und Abwärtskommunikation sowie zum gegenseitigen Austausch vorhanden sind, sowie die Regeln und der Stil in der schriftlichen und mündlichen Kommunikation. Manager müssen dafür sorgen, dass ihre Mitarbeiter nicht nur gut informiert sind, sondern in leistungsfähigen Kommunikationsnetzen agieren und eingebunden sind.

Informieren allein genügt heute nicht mehr

In der Vergangenheit wurde häufig der Fehler gemacht, bei auftretenden Problemen, wie mangelnde Flexibilität oder geringe Innovationsraten, den Mitarbeitern noch umfangreichere und ausführlichere Informationen zuzuleiten. Die Hoffnung war, dass ein Mehr an Informationen auch automatisch zu einem Mehr an Kooperation und Innovation führt. Immer lauter wurden die stereotypen Forderungen der Mitarbeiter wie: „Wir brauchen mehr Informationen. Wir werden zu schlecht informiert." Je größer die Unsicherheiten auf den Märkten, aber auch die Verantwortungsspielräume beim Einzelnen sind, desto größer ist – psychologisch betrachtet – sein Bedürfnis nach Sicherheit. Der Ruf nach zusätzlichen Informationen soll mehr Gewissheit vermitteln, zumal der Abbau der Hierarchien in den Unternehmen ebenfalls „Sicherheiten" abgebaut hat, die bislang nicht kompensiert wurden.

Das Management reagierte mit einer Vielzahl an Einzelmaßnahmen, um den Vorwurf der unzureichenden Mitarbeiterinformation zu beseitigen. Informationsdienste wurden ins Leben gerufen, die Hauszeitschriften aufpoliert, Themenbroschüren gedruckt und Medien aller Art eingesetzt, um der Belegschaft die Unternehmensstrategie oder Einzelprobleme zu erläutern. Doch auch Jahrestagungen und eine Vielzahl von Workshops ändern nichts an dem lauten Ruf nach mehr Information.

Im Gegenteil: Er wird immer schriller. Kein Wunder, denn genau betrachtet geht es nicht um echte Informations-, sondern Kommunikationsdefizite. Nach innerbetrieblichen Untersuchungen waren in gut 80 % der Fälle nicht die fehlenden Informationen das Problem, sondern die mangelnde Beachtung und Mitwirkung des Personals. Es fehlte die Bewertung und Übersetzung der Fakten auf die besondere Situation des jeweiligen Mitarbeiters sowie die persönliche Ansprache der Mitarbeiter.

Eine Befragung von Führungskräften und Betriebsräten eines international tätigen Forschungs- und Dienstleistungsunternehmens (Mohr 1997, 293) ergab, dass knapp die Hälfte der Belegschaft der Meinung war, es seien nicht genügend Informationen verfügbar (43 %), außerdem nicht rechtzeitig (42 %) und nicht klar und präzise (45 %). Weit mehr als die Hälfte (57 %) wollen Informationen auf andere Weise, in einem anderen Stil (54 %) und mit Feedback (66 %).

Mitarbeiter in die innerbetriebliche Kommunikation einbinden

Der schlecht informierte Mitarbeiter ist ein Trugbild, das in die falsche Richtung weist. Information allein genügt nicht. Es geht um die Kommunikationskultur, d. h. um die Einbindung der Mitarbeiter und Führungskräfte in das System der innerbetrieblichen Kommunikation. Es geht aber auch um deren Positionierung und Zugang zu den unterschiedlichen Formen des Austauschs und der Kommunikation. Das Management hat – getreu der Vision, den Informationsstand zu verbessern – mit zahlreichen Einzelmaßnahmen reagiert, jedoch nicht mit einer Prozess- bzw. Systemoptimierung. Das Kommunikationssystem eines Unternehmens, nicht nur in der Binnenperspektive, bedarf einer gründlichen Renovierung.

Die Aufgaben eines Managers sind vielfältig geworden (vgl. Abbildung 7). Er ist Baumeister und Architekt, wenn es um die Kommunikationsbeziehungen eines Unternehmens geht. Wenn dieses Werk gelingt, fällt die Mobilisierung von Engagement und Konsens leichter. Ziele zu formulieren, umzusetzen und zu kontrollieren ist eine Kommunikationsaufgabe, die die Voraussetzung für geschäftliche Erfolge schafft. Das gilt auch für die Beziehungen zu internen und externen Partnern, die ständig gepflegt werden müssen.

Je mehr die Unternehmen zu flachen Strukturen und zu Formen der Netzwerkkommunikation (z. B. Projektmanagement) übergehen, desto wichtiger werden Führungskräfte, die Verbindungsfunktionen übernehmen zwischen Abteilungen und Hierarchieebenen, zu den Geschäftspartnern, zu den Kammern und Verbänden.

Ihre Funktion ist darüber hinaus, die Binnenabläufe in ihrem Verantwortungsbereich effektiv zu planen und zu gestalten. Mit Blick auf das Umfeld des Unternehmens spielen Führungskräfte eher eine Verbindungsrolle oder vereinigen verschiedene Kommunikationsstränge in ihrer Person. In diesem Fall ist ihr Einflussbereich groß und sie agieren meist auf den oberen Managementebenen.

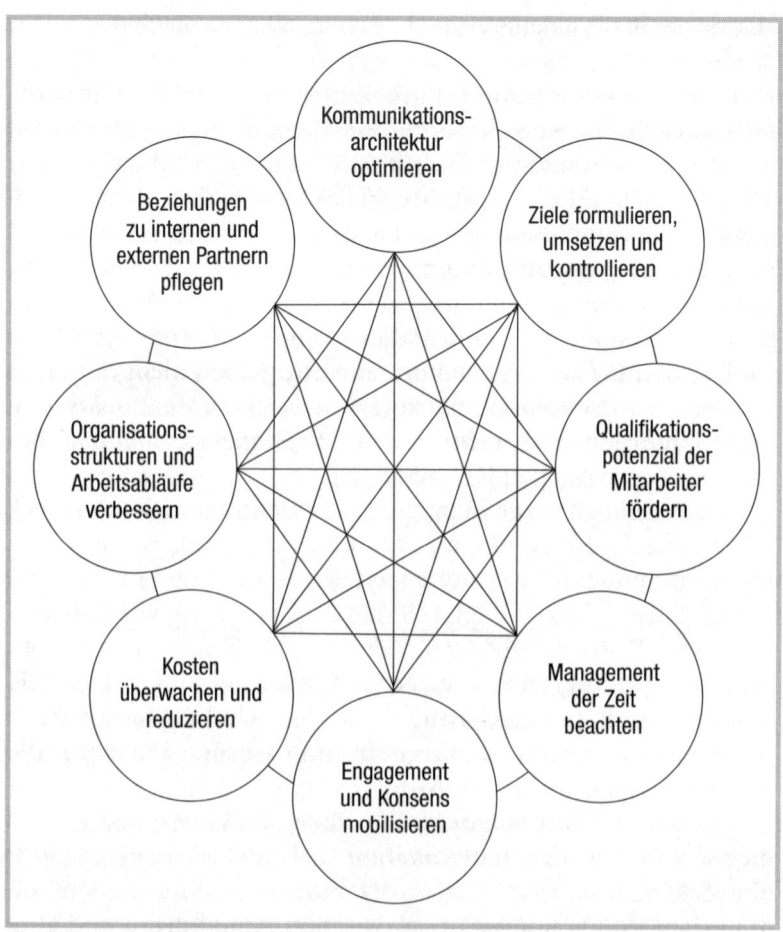

Abb. 7: Aufgaben eines Managers

Im Außenverhältnis des Unternehmens sind es vor allem die Manager, die die externen Beziehungen nutzen, um Neues zu erfahren („Monitoring-Funktion"), Entscheidungen zu fördern (z. B. in der Kundenpflege) und bei Problemlösungen mitzuarbeiten (z. B. in Verbänden). In der Außendarstellung eines Unternehmens spielen sie eine Repräsentantenrolle. Ihr Verhalten prägt wesentlich deren Image und Reputation.

Traditionelle Führungsaufgaben bestehen darin, das Qualifikationspotenzial der Mitarbeiter zu fördern, denn deren Wissen und Kenntnisse müssen ständig ausgebaut werden. Außerdem muss das Management der Zeit beachtet werden, z. B. Leerzeiten vermeiden und Termine einhalten. Gleiches gilt für die Kosten, die überwacht und reduziert werden sollen. Nicht zuletzt gehört auch die Planung von Organisationsstrukturen und die Verbesserung der Arbeitsabläufe zu den Aufgaben eines Managers. In manchen Fällen drängt sich jedoch der Eindruck auf, dass Führungskräfte lieber Organigramme und Abteilungspläne entwerfen, als sich den wichtigeren Führungsaufgaben zu widmen. Auch wenn die formalen Strukturen eines Unternehmens renovierungsbedürftig sind, kann die Zusammenarbeit dennoch gelingen. Schließlich geben Menschen und ihr Wollen den Ausschlag. Das kann auch durch Organisationsänderungen nicht erzwungen werden.

Durch effektive Kommunikation ein Ziel attraktiv machen

Die Schnelllebigkeit der Märkte und die komplexen Entscheidungskonstellationen haben den Ruf nach Visionen verstärkt. Damit ist eine andere Art von Führung angesprochen. Sie geht über die Bewältigung von Alltagsaufgaben hinaus und will Mitarbeiter und Geschäftspartner für ferne Ziele gewinnen. Diese Form von Führung hat etwas zu tun mit „Vorweggehen im unwegsamen Gelände", d. h., Herausforderungen jenseits des Alltagsgeschäfts zu bewältigen. Gefragt sind „visionäre" Führungskräfte, die Tabus in Frage stellen und die Unternehmenskulturen verändern. Diese Art der Führung im Vergleich zum herkömmlichen Management verdeutlicht der Slogan: „Managers do things right, leaders do right things."

Wenn Manager in die Leader-Rolle schlüpfen, versuchen sie, durch effektive Kommunikation ein erstrebenswertes Ziel mit einem attraktiven Image zu versehen, das die Betroffenen zur Zustimmung nahezu verführt. Entweder sind die Chancen so überzeugend dargestellt, dass es einer galoppierenden Dummheit gleichkäme, sie nicht zu nutzen, oder die Gefahren und Entbehrungen eines anderen Wegs wären unerträglich. Ein Leader hat die Fähigkeit, erstrebenswerte Ziele zu entwerfen und zu verstärken. Er kann andere für seinen Enthusiasmus und sein Engagement begeistern. Harold J. Leavitt, Professor für Organisationspsychologie an der Stanford Universität, bezeichnete diese Art von Unternehmer auch als „corporate pathfinder". Sie sind in erster Linie Kommunikatoren und weit weniger technische Experten oder Finanzgenies. Beispiele sind Lee Iacocca für Chrysler und Jack Welch für General Electric. Führung – ob im Alltagsgeschäft oder mit visionärem Anspruch – wird also durch Kommunikation geschaffen, aufrechterhalten und verstärkt.

So wird die Kommunikationspolitik optimiert

Moderne Unternehmer nutzen Kommunikation als Management- und Steuerungsinstrument, überwachen die Umsetzung von Kommunikationskonzepten und lassen sich ständig berichten. Sie wissen: Kommunikation ist Chefsache. Sie lässt sich nicht wegschieben oder an den Pressereferenten bzw. eine PR-Agentur delegieren.

Manager agieren an zentralen Knotenpunkten des Kommunikationssystems. Sie haben es in der Hand, ob die Informationsfluten sich ungebremst auf immer größere Teile der Belegschaft ergießen oder ob eine systematische Kommunikationspolitik betrieben wird. Sie sind Gatekeeper (Schleusenwärter), die darüber entscheiden, welche Informationen überhaupt weitergegeben werden müssen und vor allem, welche Zielgruppen im Unternehmen sie benötigen. Rund 80 % der im Unternehmen verteilten schriftlichen Informationen erreichen nie die Aufmerksamkeit der Empfänger. Seitenlange Berichte werden breit verteilt. Die Verteiler wachsen und wachsen und werden kaum überarbeitet. Wenn Manager aus Gedankenlosigkeit, Bequemlichkeit oder Unprofessionalität sich nicht als Gatekeeper verstehen, sondern vielmehr die Schleusen öffnen, werden sie selbst in den Fluten ertrinken. Wichtige Botschaften werden im Fluss der Informationsmengen einfach mitschwimmen und untergehen, d. h., sie werden nicht wahrgenommen.

Nicht in die Aufmerksamkeitsfalle tappen

Manager, die ihre Funktion als Gatekeeper missachten, berauben sich selbst der Chance, Führung auszuüben. Auch wenn sie wirklich einmal eine entscheidende Mitteilung verkünden müssen, hört man ihnen kaum zu. Sie tappen in die Aufmerksamkeitsfalle, die sie sich selbst gestellt haben. Daher ist weniger mehr. Führungskräfte müssen die Menge und die Anzahl der Themen begrenzen, über die im Unternehmen gesprochen wird. Gezielte Auswahl und Verteilung von Informationen ist das eine, das andere das Festhalten von „Essentials" und Markieren von Kerninformationen.

Drei Erfolgsrezepte

1. Den Umfang eines Kommunikationsvorgangs exakt definieren und festlegen. Größere Berichte und Vorgänge sollten eine Kurz- und eine Langfassung haben. Bei Vorschlägen und Projekten können das Für und Wider sowie die notwendigen Maßnahmen auf einer Seite vorangestellt werden.
2. Den Verteiler für den gedruckten und elektronischen Versand von Briefen, Vorgängen und Broschüren überprüfen. Benötigen die Adressaten das Material, wünschen und nutzen sie es? Das turnusgemäße Säubern von Verteilern ist ein wichtiger Schritt.
3. Die Ziele bei Kommunikationsmaßnahmen vorher überlegen nach dem Motto: „Was soll konkret erreicht werden?" Besprechungen präzise vorbereiten, zeitlich limitieren und den Teilnehmerkreis überprüfen. Gleiches gilt für Workshops.

Aufmerksamkeitsfallen umgeht man, indem nicht nur Fakten, Berichte und Analysen verbreitet, sondern Botschaften formu-

liert werden. In vielen Firmen sind Informationen in Hülle und
Fülle vorhanden, dennoch wissen Mitarbeiter nicht, worum es
eigentlich geht. Manager müssen lernen, nicht nur zu informieren, sondern auch Botschaften zu formulieren (vgl. Abbildung 8).
Wie heißt Ihre Botschaft? Was wollen Sie damit sagen? Was
wollen Sie wirklich erreichen? Manager dürfen sich nicht auf
die Informationsvermittlung beschränken, sondern müssen entscheiden, welche Botschaften zum jeweiligen Zeitpunkt notwendig sind.

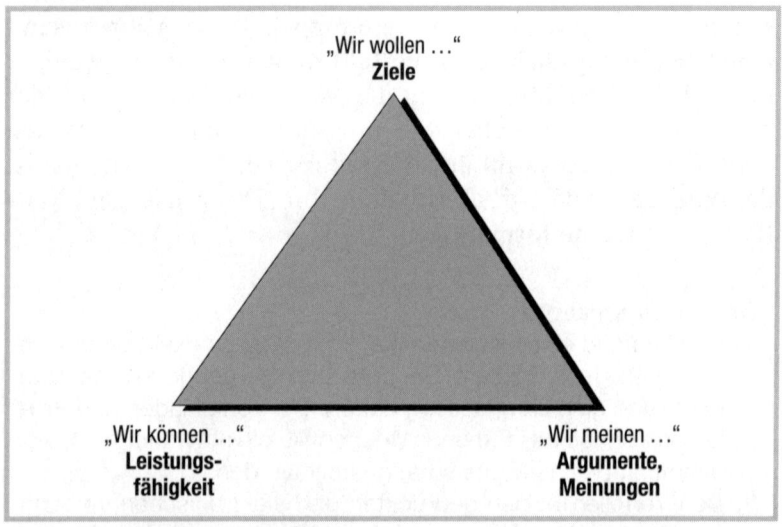

Abb. 8: Elemente einer Botschaft

Welches sind die drei Kernbotschaften, die Sie Ihren Mitarbeitern sagen wollen? Mehr als drei zentrale Themen sollten es
nicht sein, denn gerade die Konzentration auf das Wesentliche
vermittelt Orientierung und Führungsstärke. Weniger ist mehr,
daher sollte die Unternehmenskommunikation auf wenige
Kernbotschaften eingegrenzt werden. Das Motto kann lauten:
„Das können oder wollen wir erreichen." Ziele werden anschaulich und die Leistungsfähigkeit eines Unternehmens in
den Augen der Partner wird plastisch, wenn nicht nur Zahlen

referiert werden, sondern Sachverhalte mit einer Botschaft vorgestellt werden, die für Dynamik sorgt: „Wir wollen …, wir können …, wir meinen …" Eine nüchterne Aneinanderreihung von Statistiken wird weder die Mitarbeiter wirklich ansprechen noch externe Partner. Zur klaren Orientierung gehört auch Mut, Meinungen und Argumente offen auszusprechen.

Durch Botschaften führen

What is your message? Die Frage zielt auf den Kerninhalt einer Aussage und vor allem ihre Intention. Manager können in diesem Fall von Journalisten lernen, die z. B. in Wirtschaftsmagazinen nach solchen Botschaften ihre Storys verfassen. Sie schreiben in der Regel keinen Bericht z. B. über den Ablauf einer Pressekonferenz, sondern eine Geschichte, die sie einer Erzähllinie entlang verfassen. Der erste Schritt ist der wichtigste: Wie heißt die Botschaft der Geschichte, d. h., was soll belegt bzw. begründet und was erreicht werden? Dies kann sein: „Der verschlafene Riese", wenn es sich auf einen trägen Großkonzern bezieht, „Missmanagement" bei einer Firma in den roten Zahlen oder der „Fusionswahn" bei sich häufenden Zusammenschlüssen in der Industrie und in der Bankenwelt. Journalisten orientieren sich beim Finden solcher Botschaften an der aktuellen Nachrichtenlage und dem jeweiligen Redaktionskonzept. Ist die Botschaft erst einmal gefunden, fließen Magazingeschichten eigentlich ganz leicht aus der Feder. Beim Publikum stoßen sie nachgewiesenermaßen auf hohe Akzeptanz.

Aus Erfahrungen des Journalismus lernen

Manager können aus den Erfahrungen des Journalismus lernen und ihr Kommunikationsverhalten darauf ausrichten. Aber wie werden solche Botschaften formuliert? Das hängt ab von der Situation, dem Ort und vor allem der Zielgruppe, an die der Einzelne sich wendet. Wie man eine solche Erzähllinie findet, darüber gibt es keine allgemeinen Regeln, aber Hinweise aus der Praxis:

● Suchen Sie die „Botschaft" immer im Schnittpunkt zweier Perspektiven: Welches ist das aktuelle Problem und die Position des Unternehmens und welche Interessen, Wünsche, Ängste oder Bedürfnisse hat Ihre Zielgruppe? Eine neue Innovationsoffensive muss vor Meistern in der Fertigung anders erläutert werden als vor Software-Ingenieuren in der Entwicklung.

● Sprechen Sie nicht nur über Zahlen und Fakten, sondern auch über das, was die Firma kann und will. Meinungen und Überzeugungen müssen in klarer Sprache und unmissverständlich ausgesprochen werden.

● Nutzen Sie das Medium, das der Zielgruppe vertraut ist und geschätzt wird. Die einzelnen Kommunikationswege und Medien haben unterschiedliche Funktionen und Leistungsspektren. Gedruckte und audiovisuelle Medien sind am besten geeignet, um ganz allgemein auf ein Thema aufmerksam zu machen. Das persönliche Gespräch ist notwendig, um Menschen letztlich zu einer Verhaltensänderung zu bringen.

● Spielen Sie die Unterschiede zwischen der Position, die kommuniziert wird, und den Ansichten der Zielgruppe herunter und versuchen Sie durch die Wortwahl eine Verbindung herzustellen. Aber Vorsicht: Jede Sprache lebt. Neue Wörter kommen hinzu, andere ändern ihre Bedeutung oder werden fast inhaltslos (z. B. Transparenz, Synergie). Wörter können aufregen oder Diskussionen anheizen (z. B. Restrukturierung). Missverständnisse in Form von falsch verstandenen Worten können Krisen erst richtig provozieren.

● Die Botschaft muss für die Zielgruppe eine Bedeutung haben beziehungsweise einen Nutzen beinhalten. In der Regel akzeptieren Zielgruppen diejenige Botschaft, die ihnen den größten Nutzwert vermittelt.

● Eine Botschaft muss klar formuliert sein. Die Worte sollten für alle die gleiche Bedeutung haben. Daher Vorsicht beim Vokabular der Marketingfachleute, Technikfreaks oder Insider in der Geschäftswelt. Komplizierte Probleme müssen auf einfache Themen, Slogans (verkürzte Botschaften) oder Stereotypen (Vorstellungsbilder in unseren Köpfen) übersetzt werden. Je weiter eine Botschaft verbreitet werden soll, desto einfacher muss sie sein. Ein Unternehmen sollte mit einer Stimme sprechen, nicht mit vielen.

Wiederholung als Erfolgsrezept

Einmal ist keinmal, lautet ein Sprichwort. Das ist zwar übertrieben, aber im Kern richtig. Viele Manager sehen den Kommunikationsvorgang wie einen Pfeil an, den sie ins Ziel schießen. Eine Mail wurde geschickt, eine Botschaft auf einer Tagung verkündet oder ein Ziel im Rundschreiben vorgegeben, also ist das „Problem abgehakt". Dennoch wird das Ziel oft nicht erreicht und geklagt: „Ich habe es denen doch genau gesagt, was zu tun ist. Warum tun sie es dann nicht?" Oder: „Ich habe den Bericht doch rechtzeitig verteilt. Warum kommt denn keine Rückmeldung?" Diese Manager gehen von der falschen Annahme aus, was den Nutzer erreicht, werde auch gelesen. Diese Annahme kann angesichts der Informationsflut keineswegs aufrechterhalten werden. Außerdem wird unterstellt, dass das Gelesene auch so verstanden wird, wie es der Absender beabsichtigt. Dessen Intention werde also voll umgesetzt. Kommunikation ist aber keine Einbahnstraße oder eine Art Engineering, d. h., wenn man nur alles in der richtigen Sprache und zum rechten Zeitpunkt sagt, wird es auch befolgt.

Wiederholungen sind ein Erfolgsrezept, um die Aufmerksamkeitsschwelle zu überbrücken. Die Wachsamkeit der Menschen ist ebenso begrenzt wie ihre Aufnahmekapazität. Manager neigen dazu, ihre Mitarbeiter oder Gesprächspartner in diesem Punkt enorm zu überschätzen. Auch wenn sie lange Aussagen auf kurze Botschaften verdichtet haben, heißt das noch lange nicht, dass eine einmalige Verkündigung auch die gewünschte Wirkung bringt. Wiederholungen in Varianten und über verschiedene Kommunikationswege sind erforderlich, bis Mitarbeiter oder Partner die Botschaft behalten.

Beispiele sind unverzichtbar, um eine Aussage anschaulich zu machen. Sie machen eine Botschaft nachvollziehbar und konkret. Die Mitarbeiter können sich ein Bild machen von dem, was auf sie zukommt oder was sie tun sollen. Beispiele eignen sich vorzüglich, um Botschaften in Varianten zu wiederholen. Das Beispiel wird gewechselt, die Botschaft der Geschichte bleibt erhalten.

Keine Scheu vor Fragen: Wer fragt, führt

Die häufige Klage lautet: „Die verstehen mich einfach nicht." Das kann bedeuten, dass Mitarbeiter wirklich Probleme haben, den Aussagen eines Managers zu folgen. Meist steckt aber hinter solchen Äußerungen ein anderer Grund. Die Mitarbeiter sind anderer Meinung und drücken dies durch vermeintliches Nichtverstehen aus. Manager unterliegen häufig dem Irrglauben, dass Verstehen auch automatisch zur Akzeptanz führen müsse. Einseitige Kommunikationsmodelle sind in der Wissenschaft jedoch längst out, doch in der Praxis haben sie offenbar noch Verfechter. Dabei ist der Dialog, der Austausch von Meinungen und die Beteiligung der Mitarbeiter an der Entscheidungsfindung, heute unverzichtbar, will man auf Motivation und Identifikation bei der Kommunikation nicht verzichten.

Den Anfang macht das Zuhören, das Eingehen auf die Mitarbeiter, um zu erfahren, wo der Schuh drückt bzw. was sie wissen. Auch wenn es manchmal schwer fällt, lohnt es sich. Was glauben Sie, was Ihre Mitarbeiter alles wissen, welche Ideen sie entwickeln, wenn sie nur wollen? Der zweite Schritt ist die Beteiligung der Mitarbeiter, z. B. wenn ein Leitbild für die Firma formuliert wird. Wer beim Prozess des Entstehens dabei war, wird das Ergebnis eher akzeptieren und umsetzen.

Der dritte Schritt zeichnet einen modernen Manager aus. Wer fragt, führt. Er signalisiert mit seiner Frage, was ihm wichtig ist, und schöpft aus dem Wissen und den Erfahrungen seines Gesprächspartners. Er lernt und führt gleichzeitig. „Wer fragt, führt" ist im Übrigen ein Grundsatz, nach dem viele amerikanische Manager handeln. Doch den lockeren Plauderton, in dem sich Vorgesetzte ganz nebenbei über den Stand eines Projekts erkundigen, sollte man nicht unterschätzen. Der Befragte wird dabei genau geprüft.

Fragen zu stellen ist kein Zeichen von Schwäche – im Gegenteil: Es zeugt von professionellem Kommunikationsmanagement und vermittelt Souveränität und Stärke. Gute Manager gleichen sich eher darin, dass sie kluge Fragen stellen, weniger darin, dass sie gute Antworten geben.

Gespräche offensiv gestalten

Auch wenn andere, z. B. die Journalisten in einem Interview oder Mitarbeiter bei einem Meeting, die Fragen stellen, können Manager durch die Art ihrer Antworten zeigen, dass sie zu führen wissen. Möglichkeiten einer offensiven Gesprächsführung gibt es mehr, als man glaubt. Voraussetzung ist allerdings, dass das Gespräch nicht als lästige Pflichtübung angesehen wird, sondern als Chance, seine Botschaften an den Mann zu bringen. Man will etwas mitteilen und nutzt die Situation im Sinne der eigenen Kommunikationsziele bestmöglich. Eine typische Situation, in die Manager jederzeit geraten können, ist das Interview. Ein Fragesteller – sei er nun Journalist, Kunde oder Kollege – will etwas wissen. Der antwortende Manager kann eine gute oder weniger Figur machen, je nachdem, wie überzeugend es ihm gelingt, die Antworten zu formulieren. Dabei kann er eher den Eindruck vermitteln, er wisse, was er wolle, oder eher unsicher wirken.

Zunächst sollen die Chancen und Tücken der unterschiedlichen Fragetechniken vorgestellt werden. Wer sie kennt, kann die Antworten aktiv gestalten. Alle Fragearten versuchen, den Antwortenden in eine bestimmte Richtung zu drängen. Wem das gefällt, der kann ihnen passiv folgen. Als Antwortender ist der Manager dann in einer ungewohnten Rolle: Er ist nicht Führer, sondern Geführter. Bei kritischen oder gar unfairen Gesprächspartnern empfiehlt es sich allerdings, nicht nur zu antworten, sondern selbst aktiv steuernd tätig zu werden. Spätestens wenn Interviews beispielsweise mit Journalisten oder Betriebsräten im anklagenden Stil geführt werden, kommt der Umgang mit den Fragen einer Art Selbstverteidigungstechnik gleich.

Offene Fragen: „Auf welche Weise wollen Sie das Ziel erreichen?"

Offen gestellte Fragen sind eigentlich sehr leicht zu beantworten, denn sie zielen auf das Fachwissen des Managers, aus dem er in vollem Umfang schöpfen kann. Um allerdings die Zuhörer nicht zu überfordern und um bei ihnen den Eindruck zu hinterlassen, dass man klare Vorstellungen hat, empfiehlt es sich, eine Rangordnung zu bilden. Nicht alle Wege, die zum Ziel führen, sollten erwähnt werden, sondern höchstens ein bis drei wichtige Maßnahmen. Mögliche Antwort: „Wir haben mehrere Programme vorbereitet. Das Wichtigste in meinen Augen ist ..."

Geschlossene Fragen: „Haben Sie das gewusst?"

Fragen wie diese zielen auf die Antwort Ja oder Nein. In der Praxis scheuen sich viele Manager, diese kurze Erwiderung auszusprechen, und versuchen, mit wolkigen Worten zu erläutern, warum sie es wussten oder nicht. Dabei versuchen sie auszuweichen. Dieses Vorgehen wirkt unprofessionell und sollte vermieden werden. Da viele Interviewer solche Fragen in der Absicht stellen, den Interviewten in die Enge zu treiben, durchkreuzt eine knappe und klare Antwort ihre Strategie. Mögliche Antwort: „Ja" oder „Nein".

Alternativfragen: „Wollen Sie das Ziel A oder das Ziel B verfolgen?"

Manche Fragesteller, die solches wissen wollen, interessieren sich wirklich für die eine oder andere Variante. Dennoch ist Vorsicht am Platz. Die Frage dirigiert den Interviewten in eine (vermeintliche) Alternative. Meist lautet die Antwort nicht A oder B, sondern A und B. Dann bereitet es Schwierigkeiten, sich gedanklich von der Alternative zu verabschieden und einen neuen Anfang zu suchen. Mögliche Antwort: „Beides, denn das Vorhaben wird sowohl für A als auch für B eingesetzt …"

Motivationsfragen: „Was sagen Sie als Fachmann dazu?"

Diese Art von Fragen werden gerne beantwortet, denn der Interviewer spricht die Kompetenz des Managers an. Das gefällt. Sicher ist es wichtig, in den Antworten indirekt auf das Wissen und die Erfahrungen zu verweisen, die man gemacht hat („Als Ingenieur beschäftige ich mich seit langem mit …"). Allerdings bergen sie die Gefahr, dass der Fachmann in seine Fachsprache verfällt. Den Vorteil seiner Fachkompetenz macht er dann durch den Nachteil der Unverständlichkeit wieder kaputt.

Mehrfach- und Doppelfragen: „Welche Ziele verfolgen Sie? Wie wollen Sie die offensichtlichen Schwächen ausbügeln? Womit fangen Sie an?"

Solche Fragenkomplexe sind im Handling leicht und schwierig zugleich. Sie eröffnen dem Interviewten einen großen Spielraum, mit welchem Thema er beginnen will. So kann der Manager seine eigenen Akzente setzen. Andererseits kann er nicht alle Aspekte auf einmal ansprechen, sonst leidet die Prägnanz seiner Aussage. Eine Möglichkeit ist, einige Themen herauszugreifen und dem Gesprächspartner anzubieten, bei Bedarf noch weitere Ausführungen nachzuliefern. Mögliche Antwort: „Sie sprechen jetzt mehrere Themen an. Lassen Sie mich mit … beginnen. Wenn Sie es wünschen, komme ich auf die anderen Punkte später zu sprechen."

Suggestivfragen: „Man kann sich des Eindrucks nicht erwehren, dass hier versucht wurde ...?"

Der Fragesteller kleidet in diesem Fall eine Meinung und manchmal sogar Unterstellung in Frageform. Dadurch soll der Interviewte in eine Defensivposition gedrängt werden. Ein guter Konter ist in diesem Fall, die Vorwürfe oder Unterstellungen kurz zurückzuweisen, ohne sie allerdings zu wiederholen. Wer dementiert, was der Fragesteller behauptet, gibt dessen Position eine zweite Publizitätschance und versäumt, eine eigene Position aufzubauen. Mögliche Zuhörer haben dann etwas, was in den Augen des Managers ja nicht zutrifft, zweimal gehört und es sich vielleicht gemerkt. Mögliche Antwort: „So wie Sie das sehen, ist das nicht ...", „Das ist nicht richtig, zutreffend ist vielmehr ..."

Nachfragen: „Kann man das so zusammenfassen?", „Sie haben also für A plädiert?"

Am Ende eines Gesprächs werden solche Fragen gerne gestellt. Der Interviewer will sichergehen, dass er Sie richtig verstanden hat. Da insbesondere in Konfliktsituationen zum Schluss die Spannung nachlässt, wird der Interviewte oft nachlässig. Er hört dann vielleicht nicht mehr genau hin und bestätigt etwas, was er lieber nicht getan hätte. Kritische Gesprächspartner nutzen diese Chance, um dem Interviewten auch hier wieder ihre Version einer Bewertung als Frage unterzuschieben. Mögliche Antwort: „In meinen Augen sind die wichtigsten Ansätze ...", „Ich habe plädiert für ..."

Tipps, wie durch Antworten Gespräche „geführt" werden können

Hier noch einige Tipps, wie über die Formulierung der Antwort Gespräche „geführt" werden können. Denn was Sie ansprechen und auf welche Weise Sie es tun, lässt Ihre Führung durch Kommunikation sichtbar werden. Bewährte Möglichkeiten, offensiv steuernd eine Antwort zu geben, sind:

● Nicht alles, was ein Gesprächspartner in seine Fragen packt, muss minutiös „abgearbeitet" werden. Entsprechend den eigenen Zielen und Vorgaben sollte eine Auswahl getroffen werden, die auch begründet wird. „Entscheidend ist in meinen Augen jedoch ..."

● Kurze Antworten vermitteln Führungsstärke und Souveränität. Wer knapp antwortet, zeigt, dass er weiß, wovon er spricht (Fachkompetenz) und was er will (Führungskompetenz).

● Illustrative Beispiele, Vergleiche und prägnante Formulierungen geben einer Aussage Farbe und Gewicht. Sie vermitteln dem Zuhörer die Souveränität des Interviewten und sorgen für Akzeptanz. Dagegen sind abstrakte Ausführungen meist wenig verständlich, stoßen eher ab und können schlimmstenfalls das Gefühl vermitteln, dass der Interviewte die Zuhörer nicht ernst nimmt.

● Falsche Aussagen, abweichende Meinungen, Vorwürfe oder Unterstellungen sollten – wenn es von der Sachlage gerechtfertigt ist – kurz und klar zurückgewiesen werden. Ein Dementi, das jene wiederholt, sollte vermieden werden.

● Persönliche Wertungen wirken überzeugend. Wer klar ausspricht „Ich bin überzeugt, dass ..." oder „Meine Meinung ist ...", wirft seine Position in die Waagschale. Er zeigt Profil als Persönlichkeit und gewinnt an Überzeugungskraft.

Führungskräfte gestalten in der Kommunikation die Dramaturgie ihrer Aussagen selbst, indem sie die unterschiedlichen Fragearten aktiv bewältigen und auch als Befragte das Gespräch führen.

Zusammenfassung

1. *Führungskräfte müssen mit Kommunikation ebenso professionell umgehen wie mit Technik und Marktdaten.*
2. *Nur wer Kommunikationsfähigkeit hat, kann innerbetriebliche Kommunikationsprozesse optimieren.*
3. *Nur eine Optimierung der Kommunikationsabläufe schafft zeitliche Freiräume.*
4. *Der schlecht informierte Mitarbeiter ist ein Trugbild, das in die falsche Richtung weist.*
5. *Leader sind in erster Linie Kommunikatoren und weit weniger technische Experten oder Finanzgenies.*
6. *Rund 80 % der im Unternehmen verteilten schriftlichen Informationen erreichen nie die Aufmerksamkeit der Empfänger.*
7. *Manager müssen nicht nur informieren, sondern Botschaften formulieren.*
8. *Eine neue Innovationsoffensive muss vor Meistern in der Fertigung anders erläutert werden als vor Software-Ingenieuren in der Entwicklung.*
9. *Unterschiedliche Frageformen bergen Chancen und Tücken zugleich.*
10. *Die Selbstverteidigungstechniken bei kritischen und unfairen Gesprächspartnern anwenden!*

Teil 2

Mehr Leistung durch bessere Kommunikation

4 Der Schatz in den Köpfen der Mitarbeiter

Wenn das Unternehmen nur wüsste, was es alles weiß. Es gibt kaum eine Firma, auf die dieser Satz nicht zutrifft. Ein erfolgreicher Verkäufer wechselt samt seiner Kenntnisse zur Konkurrenz. Ein frustrierter Mitarbeiter gibt seine Erfahrungen nicht weiter. Ein langjähriger Werkleiter geht in den Ruhestand und nimmt einen reichen Erfahrungsschatz, detailliertes Wissen über Geschäftsprozesse und über die Vorlieben und Abneigungen der Kunden mit in die Rente. Eigentlich schade, dass all diese Kenntnisse nicht besser genutzt wurden.

Erkenntnis findiger Unternehmen: Was ich weiß, macht mich heiß

Wenn über „lernende Organisationen" oder „Wissensmanagement" diskutiert wird, ist dies mehr als eine Modeerscheinung oder gar nur eine Worthülse. Dahinter steht die Einsicht, dass Unternehmen ihr geistiges Kapital besser einsetzen müssen, als es in der Vergangenheit der Fall war. Die Kommunikation mit den Mitarbeitern ist nicht länger eine von vielen Führungsaufgaben, sondern steht im Zentrum. Die Interaktion zwischen den Mitarbeitern wird dann zum „Kapital" eines Unternehmens, wenn zwei Faktoren zusammenkommen:

Erstens die Identifikation der Mitarbeiter mit den Zielen und Werten des Unternehmens. Dieses so genannte Commitment drückt das Engagement bei der Erfüllung von Aufgaben und das Bedürfnis aus, bei diesem Arbeitgeber zu bleiben. Das ist mehr als Arbeitszufriedenheit, die sich hauptsächlich auf den Arbeitsplatz beschränkt. Commitment bezieht sich auf das gesamte Unternehmen und seine Kommunikationskultur.

Zweitens kommen die Fähigkeiten und Fertigkeiten der Mitarbeiter, d. h. deren Kompetenzen, hinzu.

> Geistiges Kapital besteht also aus der Verknüpfung der Verbundenheit mit einem Unternehmen und den Kompetenzen des Personals.

Fähige Mitarbeiter, die sich dem Unternehmen und seinen Zielen verpflichtet fühlen, sind zum wichtigsten Vermögen einer Firma geworden. Dieses Vermögen wird im Übrigen nicht abgeschrieben, sondern kann aus sich heraus wachsen. Findige Unternehmer investieren daher in eine Vermögensanlage mit hoher Rendite: den internen Austausch von Wissen und die Qualifizierung ihrer Mitarbeiter und Führungskräfte.

Wie man Wissen nutzbar macht

Um Wissenpotenziale nutzbar zu machen und zu mehren, nehmen Unternehmen zahlreiche Weichenstellungen für die Kommunikation vor. Sie schaffen die technischen und organisatorischen Strukturen, in denen effektives Wissensmanagement möglich ist. Sie motivieren die Mitarbeiter, ihr Wissen weiterzugeben, damit Wissensbestände auffindbar und durch Dritte nutzbar werden. Folgende Wege werden dabei eingeschlagen:

- Knowledge Manager werden etabliert (personenorientierter Ansatz). Sie sollen lokal und weltweit die Prozesse zum Erfahrungsaustausch und zur interdisziplinären Innovation vorantreiben. Wissen muss nach den Kriterien Wichtigkeit, Originalität und Innovationskraft, Präzision und Speicherzeit bewertet, die Prozesse des Austauschs müssen organisiert und evaluiert werden.
- „Chief Information Officers" sollen mittels technischer Systeme (technologieorientierter Ansatz) einen Wissensvorsprung gegenüber dem Wettbewerb verschaffen. Ihr Ziel

sind eine kostengünstige Speicherung und Nutzbarmachung von Wissenspotenzialen. Diese „Chief Information Officers" sollen den Bereich der Informationstechnologien im Sinne eines effizienten Wissensmanagements optimieren.

● Immer mehr Firmen setzen auf den kompetenzorientierten Ansatz und gründen eine „Corporate University" (z.B. DaimlerChrysler, Bertelsmann, Allianz). Dahinter verbergen sich systematische Aus- und Weiterbildungsprogramme z.B. für Talente, denen das Potenzial für die oberen Managementebenen zugetraut wird. Das sind junge Manager, die bereits über berufliche Erfahrungen verfügen, oder höhere Führungskräfte, die größere Verantwortungsbereiche übernehmen sollen. Meist werden die Qualifizierungsprogramme mit renommierten Managementinstituten (z.B. INSEAD, St. Gallen) entwickelt und durchgeführt.

● Beim kommunikationsorientierten Ansatz stellen Unternehmen ihre interne Führungspraxis auf den Prüfstand und legen Programme zur Etablierung einer offenen und transparenten Kommunikationskultur auf. Der Meinungs- und Erfahrungsaustausch mit dem Top-Management wird in Seminaren, Gesprächsrunden oder speziellen Tagungen systematisch organisiert und ausgewertet. Beispiele sind Deutsche Bank und Siemens.

Manager stecken vielfach in einem Dilemma. Sie wissen, dass effektive Kommunikation mit ihren Mitarbeitern und anderen Partnern im Betrieb das A und O erfolgreichen Arbeitens ist. Doch oft sind sie sich nicht im Klaren darüber, wie sie dies in der Hektik des Alltags erreichen sollen, oder nehmen sich nicht die Zeit, ihr internes Kommunikationsverhalten selbstkritisch zu überprüfen.

Sowohl die Mitarbeiter wie auch andere Partner des Unternehmens sind kritischer, anspruchsvoller und häufig verwöhnter geworden. Sie erwarten eine professionelle Kommunikation, denn sie werden täglich von Medien und Menschen umworben, die die gezielte Ansprache beherrschen.

Das gilt insbesondere für die Belegschaft eines Unternehmens, die die Aufmachung einer Hauszeitschrift durchaus mit Wirtschaftsmagazinen vergleicht, die sie in ihrer Freizeit liest, und den Auftritt ihres Chefs im Business TV aufmerksam betrachtet. Gut gemeinte, aber wenig ansprechende Präsentationen werden daher weit mehr als früher registriert. Von Unternehmern und Führungskräften wird unausgesprochen erwartet, dass sie nicht nur betriebswirtschaftliche Vorgänge beherrschen, sondern auch die Kommunikation.

Effektiv kommunizieren: verständlich, zielgenau und überzeugend

Was heißt eigentlich wirkungsvoll kommunizieren? Eine effektive Kommunikation basiert – aus der Position des Kommunikators betrachtet – auf drei Dimensionen (vgl. Abbildung 9):

1. Verständliche Worte – klar und deutlich ausgesprochen
2. Zuhören, auf den Gesprächspartner eingehen und Antworten zielgenau adressieren
3. Analysieren, diskutieren und überzeugen

Schwätzer und Schwafler produzieren unverbindliche und unklare Aussagen und reden auch meist am Thema vorbei. Manager, die ihr Heil in einem Schwall nebulöser Worte suchen, ohne eigentlich etwas zu sagen, verspielen schnell das Vertrauen der Mitarbeiter. Sie produzieren rhetorische Seifenblasen ohne Ende, erreichen damit aber in der Regel weder das Ohr noch das Herz ihrer Mitarbeiter.

Die erste Grundbedingung für effektive Kommunikation ist daher ihre Verständlichkeit. Die Mitarbeiter müssen nämlich zunächst überhaupt erst die Chance haben, die Inhalte aufzunehmen. Bereits auf dieser ersten Stufe des Verständigungsprozesses wird gesündigt, wenn Aussagen einfach „weitergereicht" werden, ohne das Vorwissen und die Interessen der Zielgruppe einzubeziehen. In diesem Fall sprechen Manager „über die Köpfe hinweg". Man hört ihnen zwar zu, ohne sie jedoch wirklich zu verstehen.

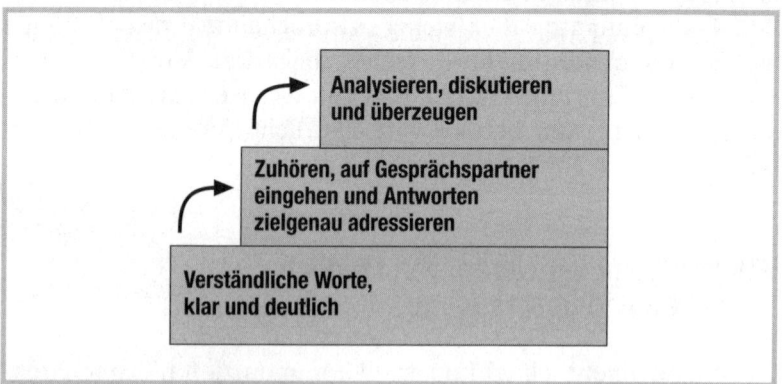

Analysieren, diskutieren und überzeugen

Zuhören, auf Gesprächspartner eingehen und Antworten zielgenau adressieren

Verständliche Worte, klar und deutlich

Abb. 9: Effektive Kommunikation

Botschaften in die Welt der Mitarbeiter übersetzen

Verständlich und klar sind Aussagen dann, wenn das Management die Situation seiner Zielgruppe genau kennt und darauf eingeht. Dann werden Botschaften, die in den Betrieb getragen werden sollen (z. B. Qualitätsziele), nicht einfach referiert, sondern in die Interessens- und Begreifenswelt der jeweiligen Mitarbeiter übersetzt. Hierbei ist wichtig, dass nur das kommuniziert wird, was für die jeweilige Gruppe wichtig ist, nicht mehr und nicht weniger. Wenn sich Manager auf das Notwendige und Wichtige beschränken, können sie ihre Botschaften auch wirklich gezielt ausrichten. Das erhöht die Klarheit und Deutlichkeit ihrer Aussage und vermittelt Führungsstärke.

Deutliche Worte, auch wenn sie unangenehm sind, werden eher akzeptiert als unglaubwürdiges „Herumeiern", d. h. vage und umschweifende Ausführungen. Geordnete, vorbereitete und deutliche Worte sind die Voraussetzung dafür, dass die Mitarbeiter wirklich verstehen, was ihnen gesagt wird. Unternehmenskommunikation ist produktiv, wenn klare und konkrete Aussagen ausgetauscht werden.

Folgende Formulierungen sollte man vermeiden

● „man", „es", „wir": Es ist nicht klar, wer (Akteur) etwas tun soll.
● „müsste", „könnte": Konjunktiv ist eine Möglichkeitsform, d. h. es wird nicht deutlich, ob ein Projekt nun angepackt wird oder nicht.
● „vielleicht", „eventuell", „eigentlich": Diese Worte signalisieren unbarmherzig, dass die Entschlusskraft dessen, der spricht, nicht groß ist.
● „mehr", „besser", „schneller": Als Zielvorgabe ist die Steigerungsform unpräzise und verhallt. Sie stellt lediglich einen Appell dar, der weder begründet noch konkretisiert wird.

Verantwortlichkeiten, Akteure, Ziele, Vorhaben und Termine müssen verständlich in klaren Worten kommuniziert werden. Bei vielen Mitarbeitern wächst das Bedürfnis, Aussagen im „Klartext" zu erfahren. Effektive Kommunikation ist verständlich, klar und deutlich.

Eine weitere Dimension effektiver Kommunikation ist das Zuhören, das Eingehen auf die Gesprächspartner und das zielgenaue Adressieren der Antworten. Voraussetzung ist aber, zuerst einmal zuzuhören. Viele Manager müssen das erst noch lernen, denn sie verfallen in den Fehler, missionarisch ihre eigenen Ideen zu verkünden, ohne zu merken, wie Mitarbeiter bereits lächeln oder gar witzeln. Wenn sie das Zuhören vergessen, berauben sie sich zweier Chancen. Erstens grenzen sie wertvolles Wissen und Erfahrungen aus, auf die sie angewiesen sind. Ihre Meinungen und Entscheidungen entstehen dann auf einem schmalen Grat, der die Gefahr des Abstürzens beinhaltet. Außerdem werden die Mitarbeiter, da sie auch nicht gefragt wurden, später die Umsetzung einer Entscheidung nur wenig motiviert betreiben. Durch solches Vorgehen entstehen oft gravierende Akzeptanzprobleme. Zweitens verzichten Führungskräfte, wenn sie nicht zuhören, auf eine weitere Grundbedingung effektiver Kommunikation, nämlich die Aussagen und Botschaften an den Wissensstand, die Interessen und Gefühle der Zielgruppe exakt anzupassen.

Auch in der internen Kommunikation in Zielgruppen denken

Die Orientierung an Zielgruppen, im Marketing längst eine Selbstverständlichkeit, sollte auch das Denken der Manager in der internen Kommunikation prägen. Ihr Auge wird dann geschärft für die Art und Weise, wie sie ihre Mitarbeiter verständlich und gezielt ansprechen, aber auch, wen sie vielleicht vergessen haben und wem sie mehr Beachtung schenken sollten. Eine Einteilung der Zielgruppen nach Wichtigkeit hilft auch die Frage zu beantworten, wer in welcher Reihenfolge und mit welchem Zeitbudget eingeplant wird. Wenn die Zeit in der Alltagshektik knapp wird, gibt eine solche Einteilung Hilfen bei der Entscheidung. Arthur Schopenhauer gab einmal zu bedenken: „Wer klug ist, wird im Gespräch weniger an das denken, worüber er spricht, als an den, mit dem er spricht. Sobald er dies tut, ist er sicher, nichts zu sagen, was er nachher bereut."

Der dritte Schritt zur effektiven Kommunikation geht über das pure Informieren hinaus. Mitarbeiter brauchen nicht nur eine schnelle und überzeugende Information, sondern müssen in Kommunikationsprozesse eingebunden werden. Führungskräfte sind in diesem Fall zunächst nur die Moderatoren, die dafür sorgen, dass Fachleute zusammen ein Problem lösen. Manager haben aber auch die Aufgabe, Entscheidungen in diesem Prozess herbeizuführen und sie anschließend umzusetzen.

Solche Kommunikationsprozesse müssen geplant und organisiert werden, wenn z. B. Ziele oder Leitbilder für das weitere Vorgehen erarbeitet, ein Vorhaben in einer Projektarbeitsgruppe entwickelt oder auch nur Besprechungen abgehalten werden. Die Rolle der Manager besteht dann im Analysieren eines Sachverhalts unter Einschaltung derer, die dazu Wissen und Erfahrungen beitragen können. Die Analyse eines Sachproblems unter Teilnahme der Belegschaft vermittelt den Führungskräften wichtige Einblicke in die Anliegen der Zielgruppen, an die sie sich vielleicht später einmal mit einer Botschaft wenden müssen. Die Fähigkeit zur Diskussion im Sinne einer offenen Aussprache und eines Meinungsaustauschs entscheidet darüber, in welchem Umfang die Mitarbeiter wirklich in das Kommunikationsnetz eines Betriebs eingebunden und ihre Kenntnisse und Vorstellungen integriert werden. Unternehmen können es sich immer weniger leisten, die Ressource Personal nicht wirklich zu nutzen.

Wie ein Misslingen vorprogrammiert ist

Überzeugen heißt den Partner gewinnen – für eine Meinungsposition, für ein Projektziel oder aber auch für einen Kompromiss. Überzeugungsarbeit des Managements fällt an vielen Stellen des Führungsprozesses an. In den meisten Fällen ist die Basis wirkungsvoller Auftritte von Managern, dass sie ihre Entscheidungen vorher unter Einbeziehung der Belegschaft systematisch vorbereitet und evaluiert haben und dann die getroffenen Beschlüsse überzeugend den einzelnen Zielgruppen erklären. Wenn Manager so vorgehen, fällt es auch leichter, um Verständnis für unbequeme Vorhaben zu werben und kritische oder unentschlossene Mitarbeiter zu überzeugen.

Wer nur Entscheidungen verkündet, die den Mitarbeitern unvorbereitet präsentiert werden, baut enorme Barrieren auf, die dann auch nicht mit noch so überzeugenden Formulierungen übersprungen werden können. Dann greift die „Psychologik des Misslingens" (Doppler, Lauterburg 1998). Das sind u. a. der „Kaltstart", d. h., die Mitarbeiter wurden nicht vorbereitet, das Prinzip „Alles Gute kommt von oben", d. h., sie wurden nicht beteiligt, und das „Not-invented-here-Syndrom", d. h., den Menschen wird eine Lösung vorgesetzt, die sie nur noch „nacharbeiten" sollen. Aktivität und Engagement werden durch dieses Vorgehen gebremst. Viele Mitarbeiter werden dann die innere Kündigung aussprechen mit Konsequenzen wie Dienst nach Vorschrift, erhöhten Krankheits- und Fluktuationsraten, Qualitätsmängeln u. a. Andere wiederum werden vielleicht unter der Führung der Betriebsräte und Vertrauensleute im Betrieb Widerstand leisten, der dann auf dem meist teuren Verhandlungsweg bereinigt werden muss. Ineffektive Kommunikationsprozesse produzieren unsichtbare Kosten und verschlingen enorme Summen Geld.

Ziele vereinbaren und Konflikte lösen

Wie effektiv Kommunikationsprozesse im betrieblichen Alltag geplant, gesteuert und evaluiert werden, entscheidet über den Führungserfolg. Führung ist weitgehend Kommunikation. Daher sind die zentralen Führungsaufgaben auch im Wesentlichen Kommunikationsaufgaben, z. B. Informieren über Arbeiten, die zu erledigen sind, aber auch darüber hinausgehend über das Umfeld der Aufgaben, über Hintergründe und Zusammenhänge.

Anerkennung und Kritik aussprechen ist ebenfalls eine klassische Führungs- und Kommunikationsaufgabe. Mit Blick auf die Komplexität des Unternehmensumfelds und die Geschwindigkeit der Veränderungen geraten die Zielkommunikation sowie die Lösung von Konflikten ins Visier. Kommunikationsprozesse laufen nicht effektiv, wenn Ziele nicht wahrgenommen und Konflikte nicht beigelegt werden. Die Zielkommunikation sowie die Auseinandersetzung bei unterschiedlichen Interessenlagen bilden die Nagelprobe für die interne Kommunikation und deren Leistungsfähigkeit.

Nicht nur über die anfallende Arbeit informieren

Um mitarbeiten zu können, müssen Mitarbeiter über einen hinreichenden Informationsstand verfügen. Es ist daher Aufgabe der Führungskraft, sie mit den entsprechenden Informationen zu versorgen. Sollen Anweisungen befolgt oder Aufträge ordnungsgemäß erledigt werden, ist es notwendig, dass der Vorgesetzte dem Mitarbeiter sämtliche erforderlichen und mit dieser Aufgabe zusammenhängenden Informationen rechtzeitig gibt.

Das Informationsbedürfnis der Mitarbeiter geht jedoch über die unmittelbar für die Arbeit erforderlichen Fakten hinaus und umfasst Hintergründe, Zusammenhänge und Ursachen der Aufgaben, an denen sie arbeiten. Legt die Unternehmensleitung bzw. das Management Wert auf vertrauensvolle Zusammenarbeit und hohes Engagement, sollte diesem Bereich der Information besondere Aufmerksamkeit gezollt werden. Durch ausreichende Information steigt die Identifikation mit dem Unternehmen und aufkommenden Gerüchten wird der Wind aus den Segeln genommen.

Kommunikation von Lob und Tadel gut vorbereiten

Mitarbeiter wollen erfahren, ob die ihnen übertragenen Aufgaben zur Zufriedenheit ausgeführt wurden. Dieses „Feedback" vom Vorgesetzten ist auch eine Kommunikationsmöglichkeit für die Führungskraft, dem Bedürfnis des Mitarbeiters nach Anerkennung nachzukommen und so zu seiner Motivation und Arbeitszufriedenheit beizutragen. Andererseits muss eine Führungskraft auch unzureichende Arbeitsergebnisse sachlich kritisieren. Nur dann kann der Mitarbeiter herausfinden, ob seine Arbeit zur Zufriedenheit ausgeführt worden ist oder ob er seine Arbeitsweise bzw. sein Verhalten ändern muss. Anerkennung und Kritik sind zwei Seiten einer Medaille.

Wer bei dieser Kommunikation nur lobt oder nur kritisiert, vergibt wichtige Einflusschancen, denn beide Wege haben Schwächen. Die Lob-Inflation ist letztlich unglaubwürdig und spornt die Mitarbeiter keineswegs mehr an. Im Gegenteil: Sie nehmen die Anerkennung nicht mehr ernst. Ein Führungsinstrument wird stumpf. Werden andererseits Mitarbeiter nur mit Kritik überhäuft, sinkt ihre Zuversicht und meist auch ihr Engagement. Denn sie glauben dann, gar nichts mehr recht machen zu können.

Die Kommunikation von Lob und Tadel will gut überlegt und vorbereitet sein. Sofern es unter vier Augen geschieht, ist beides gut zu begründen. Die Argumentation sollte sich strikt nur an Sachfragen orientieren und persönlich verletzende Vorwürfe vermeiden. In der Gruppe oder in der Betriebsöffentlichkeit sollte grundsätzlich nur Anerkennung artikuliert werden, die durchaus abgestuft werden kann. Einige Unternehmen veranstalten Leistungswettbewerbe, prämieren die besten Verbesserungsvorschläge oder zeichnen besonderes Engagement aus. Dies alles sind Wege, um Leistungsanreize zu bieten. Die öffentliche Kritik einer Person nützt in der Sache nichts, zerbricht jedoch durch ihre Prangerwirkung ein höchst verletzliches Gut: das Vertrauen der Belegschaft.

Das Instrument der Zielkommunikation

Die strategischen Unternehmensziele werden von der Unternehmensleitung bzw. dem Top-Management erarbeitet. Zur Umsetzung müssen sie operationalisiert werden, d. h., jedem Mitarbeiter muss ein individuelles Teilziel vorgegeben werden. Hierzu werden seit einigen Jahren in vielen Unternehmen so genannte Mitarbeitergespräche in regelmäßigen Abständen durchgeführt. Sie werden als Instrument der Personalentwicklung, der Leistungsbewertung und auch der Zielkommunikation eingesetzt.

Die Formulierung von Zielen ist heute die am weitesten verbreitete Managementmethode: Führen durch Zielvereinbarung („Management by Objectives"). Obwohl das Konzept bereits in den 40er Jahren in amerikanischen Unternehmen entwickelt wurde, ist es immer noch modern. Seine Grundannahme lautet: Mitarbeiter, die über klare Ziele verfügen, sind zu selbstständigem Handeln bereit und fähig. Dementsprechend müssen die Führungskräfte den Mitarbeitern Ziele vorgeben und diese in regelmäßigem Abstand neu bestimmen bzw. vereinbaren. Die Wahl der zur Zielerreichung notwendigen Mittel bleibt den Mitarbeitern selbst überlassen.

Management by Objectives ist ein Führungskonzept, das für nahezu alle Situationen angewendet werden kann. Im Zentrum stehen die Kommunikation über Ziele und die Bewertung, wie diese Vorgaben erreicht werden. Von den zahlreichen Kommunikationswegen steht das so genannte Mitarbeitergespräch (Kommunikation zwischen Vorgesetzten und Untergebenen) im Mittelpunkt des Führungsprozesses. Zu Beginn einer jeden Budgetperiode (meist einmal im Jahr) einigen sich Vorgesetzte und Mitarbeiter auf Leistungsziele für diese Planperiode. Am Ende der Periode setzen sich beide wieder zusammen, um Abweichungen der Ergebnisse von den Zielen zu diskutieren.

Wenn die Aufgabenziele an die individuellen Fähigkeiten und Anspruchsniveaus der Mitarbeiter angepasst werden, öffnen sich nicht genutzte, aber (durch Motivation) aktivierungsfähige Leistungspotenziale. Forschungsergebnisse belegen, dass in den Entscheidungsprozess einbezogene Mitarbeiter höhere Leistungen erbringen als diejenigen, denen Ziele lediglich vorgegeben werden. Die Leistungsmotivation wird durch die Vereinbarung realistischer (also nicht überhöhter) und anspruchsvoller Ziele sowie die Vorgabe mittelschwerer Aufgaben und häufiges Feedback gefördert. Dabei sollte ein ausgewogenes Verhältnis zwischen externer (Managementkontrolle) und interner Überwachung (Selbstkontrolle) angestrebt werden.

Mitarbeiter in leistungsfähige Kommunikationssysteme einbinden

Dem Führen durch Zielvereinbarung liegt ein phasenorientiertes Prozessmodell zugrunde.

Im ersten Schritt sind die Mitarbeiterziele festzulegen. In der Praxis werden unterschiedliche Kommunikationswege beschritten, wie diese Ziele zustande kommen: Management durch Zielvorgabe (direktiver Führungsstil), d. h., die Ziele werden von den Führungskräften vorgegeben, oder Management durch Zielvereinbarung (partizipativer Führungsstil), d. h., die Ziele werden zwischen Führungskräften und Mitarbeitern ausgehandelt. Unter Motivationsaspekten ist sicher die partizipative Variante vorzuziehen, die allerdings zu langwierigen und aufreibenden Zieldiskussionen führen kann. Der Erfolg des Führens durch Zielvereinbarung hängt entscheidend davon ab, die Ziele präzise, messbar bzw. nachprüfbar und möglichst konfliktfrei zu formulieren.

In der zweiten Phase muss das Arbeitsumfeld so gestaltet sein, dass die Mitarbeiter über ausreichende Handlungsspielräume verfügen, um die Ziele auch autonom erreichen zu können. Zudem müssen die Mitarbeiter in ein leistungsfähiges Informations- bzw. Kommunikationssystem eingebunden sein, damit sie diese Netze zur Erreichung ihrer Ziele nutzen können. Die Führungskraft ist verantwortlich für die Beratung der Mitarbeiter, die Kontrolle der Zielerreichung, die Analyse und Diskussion von eventuell auftretenden Abweichungen sowie die Beurteilung der Mitarbeiter.

Die dritte Kommunikationsphase ist die Leistungsbeurteilung der Mitarbeiter. Für diese Bewertung sind die für die Periode festgelegten Ziele ausschlaggebend, so dass ein einfacher Soll-Ist-Vergleich genügt, wenn sich die Rahmenbedingungen nicht verändert haben.

Der Ertrag der Zielkommunikation hängt entscheidend davon ab, wie diese Ziele formuliert werden. Da sie als Sollwerte den Maßstab der späteren Erfolgskontrolle darstellen, ist darauf zu achten, dass sie

● präzise und eindeutig formuliert sind,
● exakte Angaben zum Ausmaß der gewünschten Zielerreichung enthalten,
● den zeitlichen Bezug nennen,
● gegenseitige Abhängigkeiten der Ziele berücksichtigen, d.h., einzelne Ziele dürfen nicht in Konflikt miteinander treten.

Ziele müssen so formuliert und kommuniziert werden, dass sie ihre Funktionen im betrieblichen Geschehen voll und ganz ausfüllen können. Die Kommunikationsprozesse über Ziele steuern – was häufig in der Praxis unterschätzt wird – die Abläufe im Unternehmen und deren Effizienz:

● *Entscheidungs- und Steuerungsfunktionen:* Die gesetzten Ziele sind Auswahl- und Bewertungskriterien für die weiteren Aktivitäten.

● *Kontrollfunktion:* Die Zielformulierung dient der nachfolgenden Kontrolle der Arbeit, d. h., der Erfolg der Arbeit wird an ihrem Beitrag zur Erreichung gesetzter Ziele gemessen.

● *Koordinationsfunktion:* Die Formulierung von Zielen dient der Abstimmung von Verhalten zwischen einzelnen Mitarbeitern wie auch Gruppen sowie zur Koordination mit anderen Bereichen des Unternehmens.

● *Motivationsfunktion:* Die beteiligten Mitarbeiter empfinden es als anregender, nach Zielen als nach Detailanweisungen zu arbeiten.

Zielvereinbarungen steuern Abläufe in die gewünschte Richtung

Sind all diese Bedingungen für eine klare Zielformulierung erfüllt, müssen die Ziele schriftlich und für andere nachvollziehbar festgehalten werden. Damit dies in der Praxis auch zu einem vernünftigen Ergebnis führt, sind folgende Hinweise sinnvoll:

● Das beabsichtigte Ergebnis soll immer in eine bestimmte Richtung gehen: Zunehmen, Abnehmen oder Gleichbleiben sind die drei Möglichkeiten.

● Das Ergebnis soll immer klar definiert werden. Quantifizierbare Messgrößen sollten verwendet werden, die realistischerweise auch zu erreichen sind. Ohne Benchmark-Informationen wird dieses Urteil sehr subjektiv ausfallen.

● Ein exakter Zeitpunkt ist zu vereinbaren, an dem das Ziel erreicht sein soll. Legen Sie auch nachfolgende Zielpunkte fest! Normalerweise sollten die Ergebnisse in der Reihenfolge der Planung erreicht werden. Abweichungen benötigen überzeugende Begründungen.

- Ziele sollten schriftlich festgelegt und allen am Planungsprozess Beteiligten zugänglich sein. Ziele stellen die Basis für die Optimierung der Zusammenarbeit im Betrieb dar. Sie steuern die Abläufe in die gewünschte Richtung, auch wenn sich die externen Bedingungen ändern. Ob die Ziele modifiziert werden müssen oder beibehalten werden können, sollte regelmäßig überprüft werden.

Konflikte fördern das Interesse und regen die Kreativität an

Konflikte entstehen überall dort, wo mehrere Menschen zusammenarbeiten und mindestens zwei nicht zu vereinbarende Tendenzen aufeinander treffen. Konflikte können vorteilhaft sein, denn sie sind eine Voraussetzung für den Wandel. Sie setzen Energie und Aktivitäten frei. Sie fördern das Interesse, regen Kreativität an und können letztlich zur Reduzierung von Spannungen führen. Nachteilig äußern sich Konflikte dann, wenn sie zu Instabilität und Chaos führen und den Handlungsablauf unterbrechen. Extreme Konflikte (z. B. Fusionen) können Vertrauen erschüttern und emotionales (z. B. angstgesteuertes) Verhalten hervorrufen.

Vorgesetzte haben verschiedene Möglichkeiten zur Konfliktbewältigung. Die einfachste Lösung wäre, wenn der Vorgesetzte auf Grund seiner hierarchischen Stellung die ihm übertragene Macht einsetzt, um Konflikte zu seinen Gunsten gegenüber den Mitarbeitern zu entscheiden. Diese Art der Konflikthandhabung ist auf Dauer jedoch sehr kurzsichtig, da sie bei den Mitarbeitern zu Frustration und Demotivation führt. Besser ist es, die Belange der Mitarbeiter zu berücksichtigen und durch erfolgreiche Kommunikation einvernehmliche und konstruktive Lösungsstrategien anzubieten. Weiterhin besteht die Möglichkeit der Konfliktregelung durch Schlichtung (indem die Konfliktlösung an eine unbeteiligte Person übertragen wird) oder durch Veränderung im Gefüge der Beteiligten, d. h.

interne Versetzung von Personen oder Verlassen des Unternehmens.

Kommunikation in Konfliktsituationen unterliegt besonderen Gesetzen. Der Umgang mit Emotionen, die in solchen Fällen in unterschiedlicher Intensität „hochkochen", will gelernt sein. Auf jeden Fall sollte man vermeiden, Öl ins Feuer zu gießen, d. h., die emotionale Lage durch Vorwürfe, Schuldzuweisungen, aggressives Vorgehen oder Ausgrenzen einiger Beteiligter aufzuheizen.

Die Lösung solcher Situationen liegt nicht in der Eskalation, sondern in sachlichen Überlegungen und Entscheidungen. Vorhandene Emotionen, z. B. Wut oder Angst, müssen erst langsam zurückgeführt werden, bevor solche Konflikte gelöst werden können.

Die Gesprächstypen der Mitarbeiterkommunikation

Den Schatz in den Köpfen der Mitarbeiter zu bergen ist die eine Seite der Führung. Die andere umfasst klare Botschaften und Hinweise, die befolgt werden sollen. Das Gespür für den richtigen Zeitpunkt ist wichtig, wenn ein Manager aus dem Wissen der Mitarbeiter schöpfen und zielorientiert führen will.

Die meisten Führungsaufgaben werden in Gesprächen wahrgenommen. Mitarbeitergespräche kann man danach klassifizieren, wie stark der Vorgesetzte das Gespräch nach seinen eigenen Vorstellungen, Ideen und Wünschen steuert bzw. wie sehr er auf die persönlichen Belange des Mitarbeiters eingeht. Bei dieser Kommunikation gibt es verschiedene Gesprächstypen (vgl. Abbildung 10).

Beim *direktiven Gespräch* steuert der Vorgesetzte das Gespräch nach eigenem Gutdünken. Die Belange des Mitarbeiters werden vernachlässigt. Das extrem direktive Stressgespräch zielt darauf ab, durch ständige, scharf formulierte Fragen den Mitarbeiter zu verunsichern und dadurch vielleicht zu „Geständnissen" und „Zugeständnissen" zu bewegen. Das autori-

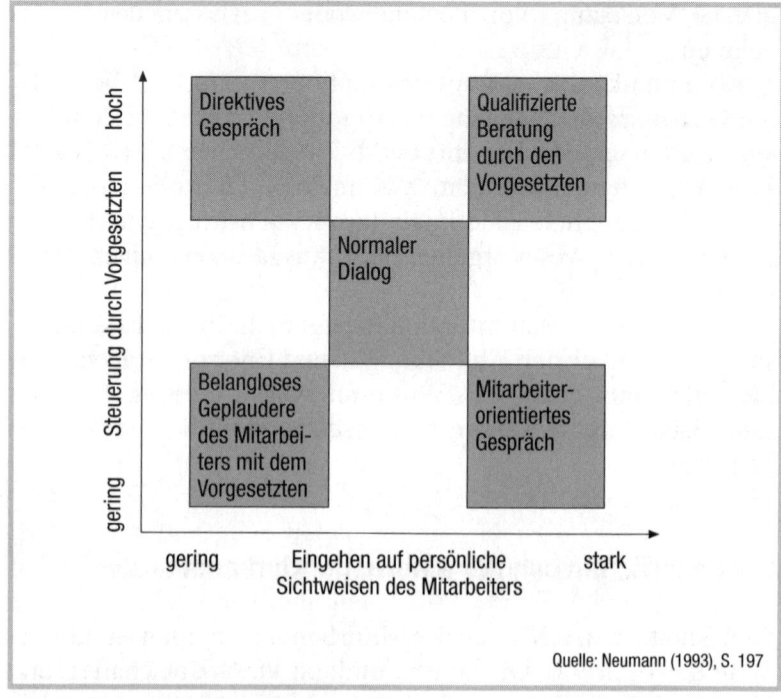

Quelle: Neumann (1993), S. 197

Abb. 10: Formen des Mitarbeitergesprächs

täre Gespräch ist im Vergleich dazu etwas „milder", doch auch hier hat der Mitarbeiter kaum Gelegenheit, seinen Vorstellungen Gehör zu verschaffen. Der Vorgesetzte steuert den Ablauf und die persönlichen Bedürfnisse des Mitarbeiters werden kaum berücksichtigt.

Direktive Gespräche werden eingesetzt, wenn klare Anordnungen getroffen werden müssen und zwischen Managern und Mitarbeitern Meinungsverschiedenheiten auftreten. Dieser Gesprächstyp birgt Risiken, da Informationen lediglich von oben nach unten, aber nicht mehr in umgekehrter Richtung fließen.

Im *normalen Dialog* tauschen Vorgesetzter und Mitarbeiter wechselseitig Informationen aus. Der Vorgesetzte steuert das Gespräch nicht mehr so stark und geht auch schon auf die Wünsche seines Mitarbeiters ein. Für viele Situationen ist das eine sehr geeignete Gesprächsform, vorausgesetzt es kommt zu einem echten Dialog.

Beim *mitarbeiterorientierten Gespräch* steuert der Vorgesetzte das Gespräch kaum noch nach seinen eigenen Vorstellungen, sondern nach dem, was er den Äußerungen des Mitarbeiters entnehmen kann. Er versucht, den Sachverhalt mit den Augen des Mitarbeiters zu sehen. In dieser Gesprächsform kann sich der Mitarbeiter am meisten einbringen. Wichtiges Kennzeichen auf Seiten der Führungskraft: aufmerksames Zuhören und Fragen. Einsetzbar ist dieser Gesprächstyp z. B. bei Konflikten im Team, bei Einstellungsgesprächen (um Stärken und Schwächen des Bewerbers zu erkennen), bei Austrittsgesprächen (um eventuelle Kündigungsgründe zu erfahren), beim Anhören von Beschwerden usw.

Beim *belanglosen Geplauder* haben Mitarbeiter und Führungskräfte zwar die Gelegenheit, das Gespräch weitgehend allein zu steuern. Es wird jedoch nicht über wichtige „Dinge" des Unternehmens gesprochen, das Gespräch bleibt vielmehr an der Oberfläche. Dennoch vermittelt dieser Gesprächstyp wichtige Hinweise auf die Stimmungslage in der Firma, aber auch die sonstigen Interessen und Wünsche der Mitarbeiter. In dieser Gesprächsform können wichtige Hinweise auf geschäftliche Chancen oder Probleme gewonnen werden. Ein Manager erkundigt sich nebenbei über den Stand der Vorbereitungen zu einem Projekt oder ein Mitarbeiter erwähnt in einem Nebensatz die Probleme in der Zusammenarbeit mit einer anderen Abteilung.

Bei der *qualifizierten Beratung* geht der Vorgesetzte auf die persönlichen Belange des Mitarbeiters präzise ein, bestimmt allerdings den Verlauf des Gesprächs weitgehend selbst. Eine solche Gesprächsform ist z. B. gegeben, wenn eine Führungskraft dem Teilnehmer an einem Management-Qualifizierungskurs dessen Ergebnisse detailliert erläutert und ihm mitteilt, welche Maßnahmen zu seiner weiteren Entwicklung besonders empfehlenswert wären.

Es gibt allerdings keinen Gesprächsstil, der in allen Situationen geeignet wäre und daher allein empfehlenswert ist. Die Gesprächsformen kommen in Abhängigkeit vom Führungsstil, den anfallenden Aufgaben und Problemen sowie den Fähigkeiten und Gewohnheiten der Belegschaft zum Einsatz. Soll der Wissens- und Erfahrungsschatz der Mitarbeiter genutzt werden, sind der Dialog und das mitarbeiterorientierte Gespräch besonders geeignet. Die Wahl der Gesprächsform kennzeichnet den Stellenwert, der der Ressource Personal in der Praxis zuerkannt wird. Sie bestimmt wesentlich, inwiefern in das geistige Kapital eines Unternehmens investiert wird und ob diese Vermögensanlage eine Rendite abwirft.

Erfolgsregeln zwischen Gefühl und Kalkül

Kommunikation – ob sie im Mitarbeitergespräch, in der Kundenberatung oder in einer Besprechung stattfindet – vollzieht sich immer auf mehreren Ebenen. Ob ihr Ergebnis auch so ausfällt, wie es sich der Manager vorstellt, hängt beispielsweise von folgenden Faktoren ab: Was (Sachargumente) wann (Zeit) wie (Kommunikationsstil) von wem (Akteur) wo (bei welcher Gelegenheit) über welchen Weg (Medium) in welcher Form (als Verkündigung einer Botschaft oder als Dialog mit den Mitarbeitern) gesagt wird. Diese Einflussfaktoren wirken zusammen und treffen auf ein Publikum, das seinerseits offen oder aber misstrauisch bis verschlossen reagiert. Effektive Kommunikation muss daher mit Unwägbarkeiten umgehen. Auch wenn der Wunsch nach Patentrezepten verständlich ist, lässt er sich nicht erfüllen. Jede Persönlichkeit muss ihren Kommunikationsstil der Situation und den Zielgruppen entsprechend finden, optimieren und den unterschiedlichen Gelegenheiten angepasst vorgehen.

> Maßstäbe für effektive Kommunikation setzen nicht „rhetorisch perfekte" Manager, die es im Übrigen nicht geben kann, sondern Führungskräfte mit Profil, die in der Lage sind, verständlich, souverän und überzeugend Botschaften zu transportieren. Erfahrungen in der betrieblichen Praxis zeigen, dass ein Mensch mit all seinen Ecken und Kanten auf mehr Zustimmung stößt als ein rhetorisch geschliffener, oft aalglatter Funktionsträger, der keine Angriffsflächen, aber auch keine Identifikationsmöglichkeiten bietet.

Glaubwürdigkeit ist oberstes Gebot. Sie erringt man nicht durch Perfektion im Detail, wohl aber durch das bewusste Ausspielen seiner Persönlichkeit. Manager als Personen zum Anfassen sind natürlicher und dadurch glaubwürdiger. Sie sollten sich mit ihren Kommunikationsfähigkeiten auseinander setzen. Vorhandene Stärken müssen ausgebaut werden. Wer schlagfertig und humorvoll ist, kann diese Mittel forcieren. Schwächen in der Kommunikationsfähigkeit sollten so weit wie möglich abgebaut werden, vor allem wenn sie Barrieren für das Verständnis bilden. Wer auf komplizierte Fachbegriffe beispielsweise nicht verzichten kann, sollte es lernen. Wer allerdings nicht schlagfertig ist, sollte nicht mit Macht versuchen, dieses Ziel zu erreichen. Das Ergebnis ist in solchen Fällen meist nicht ermutigend.

Gefährliche Experimente im Betrieb vermeiden

Schulungen sind ein erster Schritt, um selbstkritisch die eigenen Fähigkeiten zu überprüfen. In Videotrainings kann nicht nur geübt, sondern auch experimentiert werden. In der künstlichen Situation eines Seminars besteht die Möglichkeit, einmal auszuprobieren, wie aggressive Formulierungen, Witz und Ironie oder nonverbale Signale (z. B. Augenkontakt) wirken. Im Alltag des Betriebs wären Experimente, deren Ausgang ungewiss ist, gefährlich.

Wer keine Trainings besuchen möchte, kann einige Erfolgsregeln bedenken und – ohne externe Kontrolle durch Fachleute – selbstkritisch über seine Kommunikationspraxis nachdenken.

Die folgenden Hinweise zur Verbesserung der Kommunikationsfähigkeit sollen Denkanstöße bilden:

● Wann waren Sie zuletzt in einer Situation, in der Kommunikationsfähigkeit eine Rolle spielte?
● Wann haben Sie beobachtet, dass Kollegen oder Vorgesetzte Kommunikationsprobleme gut oder schlecht gelöst haben? Wie hätten Sie in dieser Situation reagiert?
● Worauf wollen Sie bei sich selbst achten, um Ihre kommunikative Präsentation zu verbessern?

Schweigen ist auch eine Antwort

Paul Watzlawick hat den berühmten Kommunikationsgrundsatz aufgestellt: Es ist völlig unmöglich, nicht zu kommunizieren. Gemeint ist, dass eine Reaktion wie „Kein Kommentar" oder „Dazu sage ich nichts" natürlich auch eine Botschaft enthält. Auch und gerade weil nichts gesagt wird, fangen Mitarbeiter an zu spekulieren. Gerüchte haben Hochkonjunktur. Das Kommunikationsgeschehen im Betrieb entwickelt sich unkontrolliert. Die Manager haben damit ihren Einfluss aufgegeben. Im Gegenteil: Sie werden selbst zum Gegenstand von Mutmaßungen. Schweigen ist eben auch eine Antwort.

Es gibt genügend Situationen im Geschäftsleben, in denen berechtigterweise keine Informationen weitergegeben werden, z. B. vor Fusionen, Geschäftsabschlüssen, Personalentscheidungen. In diesen Fällen muss geschwiegen werden, auch wenn die eine oder andere Indiskretion bereits informell die Runde macht. Allerdings überwiegen in der Praxis Konstellationen, in denen unberechtigterweise aus Gedankenlosigkeit, Bequemlichkeit, Scheu oder gar Angst vor der Auseinandersetzung nichts gesagt wird. Manager müssen wissen, dass sie durch diese Politik oft mehr sagen als durch Worte. Außerdem geben sie eine entscheidende Führungschance aus der Hand. Denn wer Kommunikationsprozesse (z. B. Gespräche) offensiv führt, ist im Vorteil.

Zeit ist ein wichtiger Erfolgsfaktor

Der Zeitpunkt, wann etwas gesagt wird, entscheidet über die Resonanz. Wichtige Hinweise oder Zugeständnisse, die zu spät kommen, verlieren ihre Wirkung. Häufig denken wohlwollende Partner in solchen Situationen: „Hätte er mir das nur früher gesagt!" Nicht nur das, was gesagt wird, sollte sorgfältig geplant werden, sondern auch das Wann. Wenn Mitarbeiter erst aus der Zeitung erfahren, dass ihr Bereich umstrukturiert wird, ist ein Großteil der Glaubwürdigkeit bereits verspielt. Selbst überzeugende Argumentationen kommen dann zu spät.

Auf die richtige Formulierung kommt es an

Was gesagt wird, ist ebenso wichtig wie das Wie. Worte können Türen öffnen oder zuschlagen. Sie können Menschen gewinnen oder verletzen. Auf jeden Fall prägen sie die Atmosphäre der Kommunikation und vermitteln indirekt ein Persönlichkeitsbild des Managers. Untersuchungen belegen, dass Worte oft wirksamer sind als lange Erklärungen und Interpretationen. Daher sollten die Formulierungen vorher bedacht werden. Auch die verwendete Sprache gibt Auskünfte über eine Person und deren Position – unabhängig von der konkreten Sachaussage.

Die Sprache kann abstrakt und kühl wirken, wenn z. B. von Wettbewerbsfähigkeit, Produktivität, Rentabilität und Kostendruck die Rede ist. Sie kann auch den Eindruck der Passivität bis Machtlosigkeit beim Publikum verstärken, beispielsweise wenn über Globalisierung, Privatisierung, Restrukturierung, Kursentwicklung oder Risikostreuung gesprochen wird. Kein Wunder, wenn Mitarbeiter sich von solchen Begriffen wenig angesprochen fühlen. Im Gegenteil: Diese Begriffe fördern Unsicherheiten und Ängste, denn es ist nicht klar, wer diese Entwicklungen vorantreibt und welche Auswirkungen sie für die Mitarbeiter haben.

Andererseits können Worte konkrete Bezüge haben und sowohl positive wie auch negative Assoziationen hervorrufen. Oft wird nicht bedacht, welche Wirkung es hat, anstelle von Mitarbeitern von „Kopfzahlen" zu sprechen oder wenn große Geldbeträge als „Peanuts" bezeichnet werden.

Je einfacher, desto besser

Sachverhalte, die im Unternehmen besprochen werden, sind meist komplex und aus verschiedenen Fachdisziplinen entnommen. Die Denkwelt des Marketings trifft auf naturwissenschaftliche Wissensgebiete, die Produkte und Dienstleistungen, die angeboten werden, sind immer weniger durchschaubar. „So einfach wie möglich" heißt daher das Ziel, um die Kommunikation zwischen den Fachleuten unterschiedlicher Disziplinen, aber auch zwischen Experten und Laien aufrechtzuerhalten.

Das Bemühen um Einfachheit bedeutet, dass unwichtige Details und unnötige Fachbegriffe weggelassen werden. Beispiele und Vergleiche können einen Sachverhalt schneller auf den Punkt bringen als lange Zahlenreihen. Es müssen auch nicht komplette Argumentationslinien aus der jeweiligen Fachwelt für den zuhörenden Laien übersetzt werden. Es genügt, wenn das Ergebnis der Überlegungen – anschaulich und nachvollziehbar – erläutert wird. In der externen Unternehmenskommunikation ist es längst selbstverständlich, komplizierte Sachverhalte in Bilder, farbige Beispiele und überzeugende Vergleiche zu übertragen. Eine derartige Übersetzung kann auch in den Binnenabläufen eines Betriebs helfen, die Kommunikation zwischen Fachleuten und Laien zu verbessern.

In der Kürze liegt die Würze

Zeit ist nicht nur kostbar und teuer, sondern hat auch Einfluss auf die Wirkung einer Botschaft. Je kürzer und prägnanter eine Präsentation in einer Besprechung oder ein Statement vor einer Gruppe ist, desto höher die Aufmerksamkeit und die Chance, dass sich die Zuhörer wichtige Aussagen merken. Langatmige Ausführungen strapazieren nicht nur die Nerven der Zuhörer, sondern verklingen meist ohne großen Effekt. Jeder ist froh, dass nun der nächste Redner kommt. Botschaften kurz und knapp zu formulieren erfordert in der Regel entsprechende Vorbereitung. Nur wenige haben die Begabung, komplizierte Sachverhalte auf den Punkt zu bringen. Einige Hinweise können helfen, Ausführungen zu verkürzen:

● Überlegen Sie vorher, was Sie sagen wollen (Botschaft formulieren).
● Nur das Wichtigste präsentieren. Nebensächliches weglassen und auch nicht aufzählen.
● Aus der Perspektive der Zielgruppe argumentieren und nicht aus dem Blickwinkel, was Sie als Fachmann alles wissen.

Aktuelles interessiert zuerst

Neuigkeiten haben Priorität vor bereits Bekanntem. Mit Themen, über die noch nicht gesprochen wurde, können Sie hohe Aufmerksamkeit finden. Daher sollten aktuelle Bezüge an den Anfang einer Mitteilung gesetzt werden. Schließlich interessieren Neuigkeiten zuerst und vermitteln auch bekannten Problemen oder Themen einen Aufmerksamkeitswert.

Werden aktuelle Entwicklungen vom Management nicht aufgegriffen und angesprochen, finden sie ihre Verbreitung über informelle Kommunikationskanäle, in vielen Betrieben „Flurfunk" genannt. Dieser Kommunikationsweg ist ausgesprochen schnell und wird oft auch von (vermeintlich) Aktuellem und Inoffiziellem genährt. Er lebt vom Schweigen der offiziellen Kanäle. Sein Reiz besteht darin, dass er Meldungen exklusiv besitzt.

Viele Manager unterschätzen diese Gerüchteküche, weil sie glauben, das meiste des „Flurfunks" sei aus der Luft gegriffen. Untersuchungen in den USA haben jedoch ergeben, dass 80 bis 90 % der Inhalte korrekt und zutreffend sind. Mitarbeiter jedoch bevorzugen – wenn sie die Wahl haben – andere Quellen und wünschen sich, aktuelle Informationen von ihren Vorgesetzten zu erfahren. Gerüchte haben nur dann Hochkonjunktur, wenn das Management die Kommunikationsbedürfnisse nicht befriedigt.

Drei Botschaften sind genug

Wirkungsvolle Kommunikation setzt auf Wirkung, nicht auf Zeitverbrauch. Die Verlaufskurve der Aufmerksamkeit der Zuhörer sowie ihr Fassungsvermögen verlangen Zäsuren. Mehr als drei neue Botschaften auf einmal können sich nur wenige Menschen merken. Aus der Vielzahl der möglichen Informationen sollten deshalb maximal drei Punkte ausgewählt werden. Die drei wichtigsten Argumente oder Aspekte können dann mit Beispielen untermauert werden. Die Zuhörer machen sich ein Bild von der Aussage und merken sich vielleicht alle drei Punkte. Aus einer Aufzählung von zwölf Punkten bleibt am Schluss meist gar nichts mehr hängen. Besondere Vorsicht ist daher bei Vorträgen angebracht, die mit Overheadfolien oder Beamer arbeiten. Dort wird das Aufnahmevermögen des Publikums meist maßlos überschätzt. Die Wirkung ist dementsprechend ernüchternd.

Bereits drei Sekunden, nachdem Sie mit einem Statement begonnen haben, bildet sich beim Publikum die erste Bewertung, ob Interessantes oder eher Langweiliges zu erwarten ist. Nach 30 Sekunden verfestigt sich dieser Eindruck und spätestens nach drei Minuten beginnt in einer Diskussion die Aufmerksamkeit zu sinken. Dann sind dramaturgische Elemente gefragt, die zum weiteren Zuhören animieren. Besser allerdings ist es, das Statement zu beenden, solange das Publikum noch zuhört. Wenn es bereits weghört, geht auch ein zuvor erzielter guter Eindruck verloren. Daher ist zu empfehlen, sowohl den Anfang eines Diskussionsbeitrags als auch seinen Schluss gut zu planen. In diese Teile gehören die wichtigsten Botschaften, die man verkünden will. Anfang und Schluss bleiben den Zuhörern am besten im Gedächtnis.

Die 333-Regel beachten

Im Übrigen: Wenn Sie gefragt werden, müssen Sie nicht „wie aus der Pistole geschossen" antworten. Sie haben mindestens drei Sekunden Zeit, Ihre Gedanken zu ordnen und Ihren Anfang zu überlegen. Eine solche Konzentrationspause steigert sogar die Aufmerksamkeit. Die 333-Regel (drei Sekunden für die Konzentration, drei Minuten für die Aufmerksamkeit und drei Botschaften zum Merken) bewährt sich besonders gut in kontroversen Diskussionen, kann aber auch bei Aussprachen, in Besprechungen oder sonstigen Anlässen angewandt werden. Bei Auftritten in den Medien wird sie allerdings zum ehernen Gesetz. Viele Statements sind nämlich nur 20 bis 30 Sekunden lang. Drei Minuten sind in einer Diskussionsrunde auch das Äußerste, was ein Moderator zulässt, bevor er unterbricht. Auch er weiß, dass die Aufmerksamkeit seiner Zuschauer schnell schwindet.

Zusammenfassung

1. Verständlich und klar sind Botschaften dann, wenn das Management die Situation seiner Zielgruppe kennt und darauf eingeht.
2. Mitarbeiter brauchen nicht nur eine schnelle und überzeugende Information, sondern müssen in Kommunikationsprozesse effektiv eingebunden werden.
3. Wer auch über die Hintergründe, Zusammenhänge und Ursachen von Aufgaben informiert, schafft die Basis für eine vertrauensvolle Zusammenarbeit.
4. Von zahlreichen Kommunikationswegen steht das Mitarbeitergespräch im Mittelpunkt des Führungsprozesses.
5. Der Ertrag der Zielkommunikation hängt entscheidend davon ab, dass präzise und eindeutig formuliert wird.
6. Kommunikation in Konfliktsituationen muss vermeiden, dass Emotionen „hochkochen".
7. Beim belanglosen Geplauder erfahren Manager auch, wo ungenutzte Chancen liegen oder der Schuh drückt.
8. Maßstäbe für effektive Kommunikation geben nicht „rhetorisch perfekte" Manager, sondern Führungskräfte mit verständlichen, souveränen und überzeugenden Botschaften.
9. Oft wird nicht bedacht, welche Wirkung es hat, anstelle von Mitarbeitern von Kopfzahlen zu sprechen oder wenn große Geldbeträge als „Peanuts" bezeichnet werden.
10. An Anfang und Schluss gehören die wichtigsten Botschaften eines immer kurzen Diskussionsbeitrags.

5 Lust oder Frust – das riskante Spiel mit den Gefühlen

Man mag sie im Geschäftsleben leugnen oder versuchen zu verbergen. Dennoch sind sie vorhanden und wirksam. Gemeint sind die Emotionen, d.h. die Gefühle der Menschen. Sie entscheiden, wie sie ihre Umwelt einschätzen bzw. bewerten und wie sie auf Veränderungen reagieren. Wenn beispielsweise Unternehmen fusionieren, müssen in erster Linie die Mitarbeiter gewonnen werden.

Das neue Unternehmen muss Identifikationsmöglichkeiten bieten und die Mitarbeiter müssen bereit sein, sich an das neue Gebilde zu binden. Das sind Prozesse, in denen die Emotionen letztlich den Ausschlag geben.

Kein Wunder, dass so viele Fusionen scheitern bzw. nicht die erhoffte Steigerung der Wettbewerbsfähigkeit bringen. Für das wirtschaftliche Gelingen einer Fusion, da sind sich die Experten einig, ist der Aufbau eines funktionierenden Kommunikationssystems unerlässlich. Es muss neben der rein formalen und strukturellen Integration der Menschen vor allem emotionale Verbindungen aufbauen und die Motivation der Mitarbeiter stärken. Woher sollen sie denn Freude an der Arbeit schöpfen, wenn sie ihr Unternehmen als unüberschaubaren Koloss oder rivalisierende Unternehmenskulturen erleben? Eine positive Motivation wird dagegen aufgebaut, wenn Mitarbeiter den Sinn ihrer Arbeit in einem fusionierten Unternehmen erkennen. In einem fusionierten Großgebilde von zwei Fremdkörpern zu arbeiten drückt dagegen aufs Gemüt und damit auch enorm auf die Produktivität.

Management der Emotionen – Schlüssel zum Erfolg

Wenn es nicht gelingt, die Mitarbeiter auf den Weg der Fusion mitzunehmen, dann passiert Folgendes: Viele, vor allem die guten, werden kündigen, weil sie am Markt etwas anderes finden. Dieser Verlust ist für eine Firma fatal, denn diese Mitarbeiter bilden ihr wichtigstes Kapital. Die Kunden werden irritiert, wenn sie es danach mit neuen und unerfahrenen Ansprechpartnern zu tun bekommen. Daher muss es durch eine klare und nachvollziehbare Informationspolitik gelingen, den Mitarbeitern möglichst viele ihrer Ängste zu nehmen. Man kann sie nicht vermeiden, aber man muss mit diesen Emotionen umzugehen wissen.

Gefühle aller Art – z. B. Interesse, Freude, Überraschung, Zorn, Abscheu, Schuld, Furcht, Entsetzen oder Angst – sind ein Bestandteil des Menschen und daher auch des Geschäftslebens sowie vor allem der Kommunikation. Wer sie ignoriert, erliegt einem gefährlichen Trugschluss. Wenn ein Vorstandsvorsitzender eines Konzerns behauptet: „Angst ist ein Wort, das ich nicht kenne!", wollen wir es ihm glauben. Aber gilt das auch für seine Mitarbeiter, die gerade eine Fusion erleben und unsicher sind, wo sie sich in Zukunft in diesem Gebilde wiederfinden?

Die zehn wichtigsten Emotionen
- Interesse, Erregung
- Freude, Vergnügen
- Überraschung, Schreck
- Kummer, Schmerz
- Zorn, Wut
- Ekel, Abscheu
- Geringschätzung, Verachtung
- Furcht, Entsetzen, Angst
- Scham, Schüchternheit, Erniedrigung
- Schuldgefühl

Freude und Angst sind Vergrößerungsgläser

Es ist auffallend, dass Emotionen in der betrieblichen Praxis oft geleugnet werden. Da geben Manager stolz kund: „Was für mich zählt, sind nur Zahlen und Fakten. Emotionen sind nur Gefühlsduselei und interessieren mich überhaupt nicht." Das sollten sie aber, denn Emotionen sind die Antriebssysteme der Menschen. Ohne diese Aktivierungssysteme ist menschliches Verhalten unmöglich. Sie halten Personen in Schwung, machen Türen auf oder verschließen sie wieder. Emotionen entscheiden, ob Mitarbeiter Leistung erbringen und ob sie sich mit einer Firma verbunden fühlen.

Von Emotionen hängt es ab, wem sich Menschen zuwenden und von wem sie sich abkehren, wem sie glauben und vertrauen, wie sie eine Situation interpretieren und wie sie agieren. Ein Sprichwort bringt es auf den Punkt: „Freude und Angst sind Vergrößerungsgläser." Sie bestimmen, welchen Informationen Gewicht beigemessen wird und welche kleinen Details große Wirkung entfalten können.

Emotionen sind die menschliche Software, ohne die die Hardware wenig wert ist. Sie werden auch als „aufrüttelnde Zustände" bezeichnet, die das Verhalten durcheinander bringen können. Sie sind der Gegenpol zu den so genannten Kognitionen, d.h. dem Wissen, der festen Meinung und Überzeugung, die ein Mensch über sich selbst, sein Verhalten und seine Umgebung aufgebaut hat. Emotionen hingegen setzen einen Menschen in Bewegung und haben weit reichende Konsequenzen. Wer sie missachtet, gibt gravierende Einflusschancen aus der Hand und läuft Gefahr, mit seinem Vorhaben zu scheitern.

Ängste im Betrieb erkennen

Ängste sind eine spezielle Emotion und im Betrieb weiter verbreitet, als man ahnt. Auch wenn über solche Emotionen in der Regel nicht gesprochen wird, heißt das nicht, dass sie nicht existieren. Ängste verkörpern einen Erregungszustand des Menschen, mit dem er auf eine gegenwärtige oder vermutete Gefahr reagiert, von der er glaubt, dass sie sein Leben, seine Leistungsfähigkeit oder seine Persönlichkeit bedroht.

Eine repräsentative Umfrage in der deutschen Wirtschaft kam 1996 zu einem ernüchternden Ergebnis (vgl. Abbildung 11). Weit über die Hälfte aller Berufstätigen haben Angst um ihren Arbeitsplatz, vor Krankheit und einem Unfall. Dazu kommt ihre Angst, Fehler zu machen und die Wertschätzung, d. h. das Ansehen, an ihrem Arbeitsplatz zu verlieren. Das sind Ängste um die Existenz. Da diese groß angelegte Studie bereits vor Jahren angefertigt wurde, kann über die heutigen Werte nur spekuliert werden. Spektakuläre Mega-Fusionen, die rasante Verbreitung des Internets und die Auswirkungen der Globalisierung auch auf kleine und mittelständische Firmen legen den Schluss nahe, dass die Ängste im Unternehmen enorm zugenommen haben.

Eng verknüpft mit Ängsten um die Existenz sind die so genannten Leistungs- oder Versagensängste. Je härter der Wettbewerb unter den Mitarbeitern wird und je schneller Veränderungen im Beruf bewältigt werden, desto intensiver werden Sorgen vor Neuerungen, vor Beurteilungen, vor Entscheidungen, der Übernahme von Verantwortung oder der Kooperation mit – meist ausländischen – Partnern.

Neben diesen Existenz- und Leistungsängsten fordern noch andere Angstarten die Kommunikationsfähigkeit des Managements in der betrieblichen Praxis heraus. Sie können sich auf den Umgang mit anderen Menschen beziehen, z. B. Angst vor dem Vorgesetzten, vor Kollegen beziehungsweise vor den eigenen Mitarbeitern oder die Scheu, offen seine Meinung auszusprechen. Diese so genannten sozialen Ängste sind meist dann besonders massiv, wenn Menschen im Betrieb unvorbereitet eine Aufgabe übernehmen müssen oder für eine Position nicht geeignet sind. Soziale Ängste sind meist ein Indikator für massive Fehler in der Personal- und Führungspolitik sowie der Kommunikationspraxis eines Unternehmens.

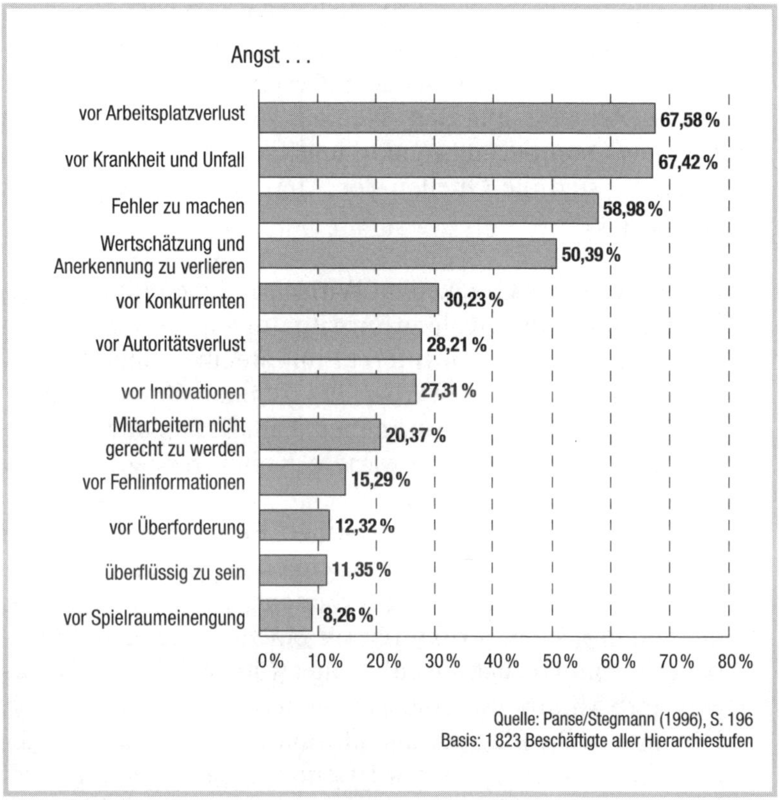

Angst . . .

vor Arbeitsplatzverlust	67,58 %
vor Krankheit und Unfall	67,42 %
Fehler zu machen	58,98 %
Wertschätzung und Anerkennung zu verlieren	50,39 %
vor Konkurrenten	30,23 %
vor Autoritätsverlust	28,21 %
vor Innovationen	27,31 %
Mitarbeitern nicht gerecht zu werden	20,37 %
vor Fehlinformationen	15,29 %
vor Überforderung	12,32 %
überflüssig zu sein	11,35 %
vor Spielraumeinengung	8,26 %

0 %   10 %   20 %   30 %   40 %   50 %   60 %   70 %   80 %

Quelle: Panse/Stegmann (1996), S. 196
Basis: 1 823 Beschäftigte aller Hierarchiestufen

Abb. 11: Die häufigsten Ängste im Unternehmen

Die Informationsflut kann nicht mehr bewältigt werden

Wenn Emotionen – speziell die weit verbreiteten Ängste – zum Menschen gehören wie die Luft zum Atmen, ist es für Manager wichtig zu wissen, wodurch sie gefördert oder gemindert werden. Wenn man sie z. B. bei Fusionen schon nicht verhindern kann, worauf muss dann beim Management der Emotionen geachtet werden?

Ohne allzu tief in die Psychologie einzusteigen, spielen als bedrohlich empfundene Veränderungen der Umwelt eine wichtige Rolle bei den Ängsten. Hinzu kommt die Zunahme der

Konkurrenz zwischen den Mitarbeitern und Managern, zwischen Firmen und Branchen, zwischen inländischen Unternehmen und Wettbewerbern aus dem Ausland. Wenn Ängste als natürliche Antwort auf den Wegfall von Sicherheiten, von Grenzen als Orientierungspunkte und Geborgensein interpretiert werden, sind die Quellen der Angst vielfältig geworden. Einige Beispiele:

- Der Wegfall der Grenzen im Wirtschaftsleben führt zu völlig ungewohnten Konkurrenzsituationen. Neue Firmen etablieren sich z. B. im Internet mit atemberaubender Geschwindigkeit. Wettbewerber aus fremden Branchen greifen Firmen z. B. beim E-Commerce an. Kleine und mittlere Betriebe bekommen unerwartete Konkurrenz z. B. in der Baubranche aus Osteuropa.

- Der Abbau der Hierarchien in den Betrieben, der in den letzten Jahren häufig massiv durchgeführt wurde, hat – psychologisch betrachtet – „Sicherheiten" reduziert. Manager, die nun in flachen Strukturen für eine größere Zahl Mitarbeiter verantwortlich sind als früher, fühlen sich oft überfordert, ihre Mitarbeiter hingegen allein gelassen.

- Die anschwellende Flut an Informationen suggeriert indirekt, dass etwas verpasst wird, wenn nicht alles gelesen wird. Der kanadische Kommunikationswissenschaftler Marshall McLuhan hat mit Blick auf die Explosion des Medienangebots in seinem berühmten Buch über „Die magischen Kanäle" zu Recht betont: „Es ist dies das Zeitalter der Angst."

- Sachprobleme müssen täglich entschieden werden, ohne dass die notwendigen Informationen vorliegen. Entscheidungen erfordern immer mehr Mut – daher die Zweifel, ob sie wohl richtig waren.

- Das Verfallsdatum von Wissen in den einzelnen Berufsdisziplinen wird immer kürzer, ebenso die Zeitabstände, in denen Neuerungen zu bewältigen sind. Es fehlt die Zeit, sich an veränderte Situationen zu gewöhnen, da sie sich dann schon wieder im Umbruch befinden. Kaum beherrschen

Mitarbeiter ein Software-Programm, kommt ein neues auf den Markt.

Widerstände überwinden und vermeiden

Der Wandel und seine Beschleunigung machen vielen Menschen Angst – Bestehendes verliert an Gültigkeit, neue Anforderungen werden sichtbar, Orientierung fällt schwer und nicht selten macht sich Aktionismus breit. Man weiß nicht so recht, welcher Weg ins Ziel führt, dafür läuft man eben schneller. Andere dagegen reagieren mit Null-Bock-Haltungen auf das, was sie eigentlich tun sollten. Ihnen fehlen die Motivation und die Argumente, warum der ständige Wandel erforderlich sein soll. Manche wiederum reagieren ängstlich und ziehen sich ins Schneckenhaus des Schweigens, des Nur-nicht-Auffallens und Zagens zurück.

Waren massive Veränderungen früher Ausnahmesituationen für Unternehmen, ist der Wandel nunmehr zur Normalität geworden. Viele Unternehmen scheitern trotz ehrlicher Kommunikation an den Widerständen der Menschen im Betrieb. Diese zeigen offen (z. B. Streik, Ablehnung von Innovationen) oder meist verdeckt (z. B. erhöhter Krankenstand, Leistungsrückgang, Wunsch nach Versetzung), dass sie mit den Neuerungen nicht einverstanden sind. Um Widerstände gegen notwendige Veränderungen im Betrieb besser verstehen und ihnen begegnen zu können, empfiehlt es sich, folgende Ursachen genauer zu betrachten:

Unwissenheit und mangelnde Informationen über Alternativen sind ein Hauptgrund für Probleme beim so genannten Change Management, dem Management des Wandels. Häufig werden die Menschen nicht auf ein Vorhaben vorbereitet, kennen weder die Hintergründe noch die Notwendigkeit der Veränderungen.

In dieser Situation ist es natürlich, dass sie mehr Nach- als Vorteile sehen und daher – emotional – zunächst einmal zurückhaltend bis ablehnend reagieren. Kommunikation ist daher ein unverzichtbares Steuerungsinstrument, das die Ursachen und Ziele des Wandels bewusst machen muss, bevor Akzeptanz erwartet werden kann.

Mangelnde Beteiligung der Mitarbeiter ist ein weiterer Grund, der in der Praxis zu enormen, meist verdeckten Haltungen des Widerstands führt. Andere Menschen haben eine Lösung erarbeitet, ohne die Betroffenen zumindest anzuhören. Auch in diesem Fall schnappt eine Psycho-Falle zu, die man hätte umgehen können. Denn wer an der Vorbereitung einer Problemlösung mitarbeitet, wird nachher eine Entscheidung eher akzeptieren. Zumindest fällt die psychologische Entschuldigung des Widerstands weg: „Was die sich da oben wieder ausgedacht haben!" oder „Not invented here!"

Kommunikationsprozesse müssen im Betrieb so organisiert werden, dass sie Partizipation zulassen und fördern. Workshops und Tagungen, die Gruppenarbeit enthalten, sind geeignete Wege, um auch eine größere Anzahl von Mitarbeitern zu beteiligen. Allerdings bedürfen diese Kommunikationsformen einer professionellen Vorbereitung, Moderation und Nachbereitung.

Divergierende Interessenspositionen und anders denkende Gruppen im Unternehmen sollten nicht ausgegrenzt, sondern über Kommunikationsprozesse der Mitbestimmung und Verhandlung integriert werden. Dieses Vorgehen ist bei Personalfragen, die zwischen der Unternehmensleitung und den Betriebsräten besprochen werden müssen, eine Selbstverständlichkeit. Aber auch andere Entscheidungen wie Produkt- oder Vertriebsstrategien sollten weitgehend mit dem Ziel der Integration vorbereitet und kommuniziert werden. Andernfalls sind die emotionalen Kosten hoch, wenn unterschiedliche Meinungspositionen im Unternehmen agieren und gegeneinander „ausgespielt" werden. In solchen Konstellationen gehen wichtige Synergieeffekte verloren und das Gemeinschaftsgefühl der Belegschaft leidet. Die Situation ist mit einer nicht gelungenen Fusion zweier Firmen vergleichbar. Die Motivation und Identifikation der Belegschaft geht zurück.

Die Akzeptanz der Mitarbeiter baut auf eine *positive Kosten-Nutzen-Bilanz*, bei der nicht nur Zahlen und Fakten zählen, sondern auch Gefühle. Nicht nur Unternehmen stellen Bilanzen auf, auch Mitarbeiter. Sie wägen Vor- und Nachteile einer Veränderung für ihre Position nüchtern ab. Wenn Arbeitsplätze wegfallen oder neue Aufgaben übernommen werden müssen, treten massive Existenz- und Leistungsängste auf. In solchen Konstellationen ist eine unverzügliche Information über die Entscheidungen, den Zeitplan der Umsetzung und vor allem die Vorsorge- und Schutzmaßnahmen für die Belegschaft unerlässlich. Kommunikationsverbindungen müssen ständig vorhanden sein (z. B. eine Hotline, über die Mitarbeiter ihre Fragen stellen können). Die Maßnahmen müssen den Personen, die vom Wandel betroffen sind, möglichst früh mitgeteilt werden. Darunter fallen z. B. verbindliche Zusagen, dass keine Entlassungen erfolgen oder die Umschulungsprogramme, die aufgelegt werden.

Gruppen oder Personen im Unternehmen, die sich besonders für Veränderungen einsetzen, sollten belohnt werden. Sie setzen eine *Akzeptanzspirale* in Bewegung, da ihre Vorreiterrolle eine positive Sogwirkung auf die übrigen Mitarbeiter entfaltet. Anerkennung der Unterstützer des Wandels heißt, ihr Verhalten zur zentralen Botschaft in der internen Kommunikation zu machen und immer wieder zu wiederholen. Anerkennung wird durch wiederholtes Aussprechen in ihrer emotionalen Wirkung auf die Belegschaft verstärkt. Diejenigen, die bereits aufgeschlossen sind, fühlen sich bestätigt, bei den Skeptischen hingegen verstärkt sich das Gefühl, bald in eine Minderheitenposition zu geraten.

Change Communication – Regeln zum Kommunikationsverhalten

Ob nach einer Fusion, einem massiven Ertragseinbruch oder einer technologischen Umwälzung – die Situationen nehmen zu,

in denen in den Betrieben die Emotionen der Mitarbeiter ange-
heizt sind. Hier muss Change Communication, also die kommunikative Bewältigung des Wandels, betrieben werden. Mit Gefühlen lediglich zu spielen ist riskant. Sie entscheiden über das
Gelingen einer Veränderung und sollten behutsam in die angestrebte Richtung kanalisiert werden. Ängste zu provozieren ist
keine Kunst, wohl aber, mit ihnen umzugehen und sie zu min-
dern.

Ziel einer effektiven Kommunikation in emotional aufgeladenen Situationen ist, zwei Wege gleichzeitig zu verfolgen: Zum
einen müssen schnellstmöglich klare Aussagen über das Ausmaß des Wandels, den Kreis der Betroffenen und die Maßnahmen zum Schutz der Mitarbeiter getroffen werden. Dadurch
wird Klarheit über die Fakten geschaffen, d. h., die Mitarbeiter
wissen genau, was auf sie zukommt. Zum anderen müssen die
auflebenden negativen Emotionen – beispielsweise Ängste,
Wut, Schuldgefühle oder Geringschätzung anderer Partner – in
Bahnen gelenkt und möglichst gedämpft, positive Gefühle wie
Freude, Interesse oder Vergnügen hingegen gestärkt werden.

Emotionen können immer in zwei Richtungen wirken

Da Emotionen immer in zwei Richtungen wirken können, ist es
wichtig zu wissen, was in der Kommunikation zu beachten und
zu unterlassen ist. Das generelle Motto lautet: Unsicherheiten
schnellstmöglich zu reduzieren und Unstimmigkeiten auf jeden
Fall zu vermeiden. Auch sie wirken wie ein Vergrößerungsglas
und bauen emotionale Barrieren auf, die nur mühsam wieder
überwunden werden können. Einige aus Unwissen oder Unsicherheit ergriffene Vorgehensweisen sind deshalb „mega-out"
und unbedingt zu unterlassen:

● *„Auf Tauchstation gehen"* mit dem Ziel, keine schlafenden
  Hunde zu wecken, ist ein großer Fehler. Denn auf Kommunikation zu verzichten heißt nicht nur, anderen Akteuren
  das Feld zu überlassen, sondern ermöglicht auch eine un-

kontrollierte Entfaltung von emotionalen Haltungen aller Art. Die Gerüchte überschlagen sich ebenso wie die Ängste oder Vermutungen der Mitarbeiter. Solche Stimmungslagen im Unternehmen wieder einzufangen ist ausgesprochen schwierig und oft unmöglich. Vertrauen und Glaubwürdigkeit sind geschädigt. Die Mitarbeiter haben sich emotional abgewandt.

● *„Rhetorische Nebelwerfer"* einzuschalten mit dem Ziel, mit vielen Worten wenig zu sagen, missachtet das Bedürfnis der Mitarbeiter nach Reduzierung von Unsicherheiten und nach mehr Klarheit. Wer mit einem Schwall inhaltsarmer Äußerungen glaubt, unsichere Menschen beruhigen zu können, der irrt.

● *„Heile Welt"-Beschwörungen* mit der Illusion, auch Fehler noch in Zucker zu gießen: Wer sichtbare Probleme, aufgetretene Fehler oder gar falsche Entscheidungen im Nachhinein versucht als „nicht ganz falsch" oder sogar „richtig" darzustellen, verspielt das Vertrauen der Mitarbeiter. Sie erkennen, dass sie getäuscht oder als Sachkundige nicht ernst genommen werden. Beides führt dazu, dass sie sich anderen und glaubwürdigeren Informationsquellen zuwenden. Auch bei Fusionen sollten die weniger angenehmen Folgen ausgesprochen werden. Wer nur die Vorteile erwähnt, obwohl jeder weiß, dass die Integration einer Firma Probleme bereitet, macht sich selbst unglaubwürdig.

● *„Aktionitis"* mit dem Zwang, ständig Informationen zu verkünden, ist gefährlich. Wer zu viel informiert, verliert. Die Mitarbeiter sehen den Wald vor lauter Bäumen nicht mehr. Dieser Fehler wird häufig nach Fusionen begangen, wenn der Bedarf an Informationen überschätzt wird. Außerdem ist zu bedenken, dass zwar die PR-Verantwortlichen in einer solchen Situation rund um die Uhr mit Informationspolitik beschäftigt sind, die Adressaten jedoch noch ihr Alltagsgeschäft erledigen müssen.

● *„Eintagsfliege"* – damit ist die vergebliche Hoffnung gemeint, dass ein Thema nach einem kommunikativen Großereignis erledigt sei. Eine große Strategietagung, ein feierlicher Akt beim Zusammenschluss zweier Firmen oder eine gelungene Show anlässlich einer Produkteinführung können als einmalige Kommunikationsakte zwar Akzente setzen, zur Bewältigung schwieriger Situationen reichen sie jedoch nicht aus. Nur kontinuierliche Kommunikationsarbeit (z. B. Hotlines, Benennung von Ansprechpartnern, regelmäßige Meetings) kann Ängste reduzieren. Dabei steht das persönliche Gespräch an oberster Stelle.

Worauf bei der Change Communication auf jeden Fall geachtet werden sollte:

- *Klar informieren und Unstimmigkeiten reduzieren:* Überraschungen sollten auf jeden Fall vermieden werden. Sie können zu unberechenbaren Reaktionen führen. In angespannten Situationen sollten Mitarbeiter nicht zusätzlich in Aufregung versetzt werden. Die Eliminierung von Mehrdeutigkeiten (z. B. unterschiedliche Versionen einer Information) und Dissonanzen (z. B. verschiedene Meinungen der Verantwortlichen im Management) ist oberstes Ziel.
- *Sicherheit und Kalkulierbarkeit vermitteln:* Je aufgeheizter eine Situation ist, desto klarer müssen die Regeln der Kommunikationsprozesse sein. Wer wann über welches Thema informiert wird, muss allen Beteiligten bekannt sein.
- *Ständig aktuelle Information anbieten:* Elektronische Information ermöglicht, zeitnah und ohne großen Aufwand über aktuelle Ereignisse zu berichten. Management, Presse- und Fachabteilungen können ständig Informationen ins Netz stellen. Mitarbeiter haben die Möglichkeit, diese Informationen jederzeit abzurufen. Das vermindert das Gefühl, nur passiv Betroffener einer Entwicklung zu sein.
- *Zögern ist gefährlich, vertrösten ebenfalls:* Wenn die Unsicherheit groß ist, wirkt eine Verzögerung in der Information wie ein Nicht-Wollen und nicht wie ein Nicht-Können. Daher ist die Bekanntgabe eines klaren Zeitplans, wann wel-

che Informationen zu erwarten sind, entscheidend. Abweichungen von diesem Zeitschema müssen ausführlich mit Argumenten begründet werden. In Krisensituationen, z. B. nach einem Unfall in der Produktion, ist eine schnelle Information unumgänglich. „Nach dem derzeitigen Stand der Erkenntnisse ..." kann Stellung bezogen werden. Wichtig ist auch zu verkünden, was getan wurde, um den Informationsstand zu verbessern. Je schneller und präziser die Informationen gegeben werden können, desto größer ist ihre Wirkung.

● *Ausweichende Antworten schaffen Misstrauen:* Wenn zu einem gegebenen Zeitpunkt noch nichts über ein Ereignis oder eine Entscheidung gesagt werden kann, sollte dies klar ausgesprochen werden. „Kein Kommentar" kommt einem Schuldeingeständnis gleich, diffuse Antworten ebenfalls. Antworten können zu einem späteren Zeitpunkt avisiert und nachgeliefert werden. Ein Abwiegeln oder gar das Verkünden schlechter Nachrichten auf Raten sollte auf jeden Fall vermieden werden.

● *Dramatisieren ist ebenso wenig angebracht wie Verharmlosen:* Wer Gefahren überzeichnet, betreibt das Geschäft mit der Angst. Sein kurzsichtiges Ziel besteht darin, Menschen bewusst zu beunruhigen, um sie zu bestimmten Verhaltensweisen (z. B. mehr Leistung zu erbringen) zu bewegen. Doch wer mehrfach nur zum Spaß Feueralarm auslöst, sollte sich nicht wundern, wenn beim wirklichen Brand niemand kommt.

● *Was entschieden wurde oder sich ereignet hat, ist zunächst wichtiger als das Warum:* Je angespannter eine Situation ist, desto größer ist das Bedürfnis nach Klärung der veränderten Lage. Warum es geschah, interessiert erst in zweiter Linie. Manager machen oft den Fehler, die Ursachen in den Vordergrund zu rücken. Die Bedürfnislage bei den Adressaten ist aber genau umgekehrt.

● *Fachchinesisch oder schwer verständliche Begriffe heizen die Ängste an:* Was in normalen Gesprächen nur nicht verstanden wird und daher wirkungslos bleibt, wirkt unter emotionalem Stress negativ. Aussagen, die man nicht versteht, vergrößern die Unsicherheit und machen Angst.

● *Reizwörter vermeiden und bei Beispielen auf die Assoziationen achten:* Dem Motto folgend: „Man soll kein Öl ins Feuer gießen", ist es empfehlenswert, Worte oder Beispiele, die Assoziationen in eine nicht gewünschte Richtung auslösen können, zu unterlassen. Reizwörter (z. B. Peanuts, Kriegskasse, Personalopfer) können zu unkontrollierbaren Eruptionen führen.

● *Je größer die Gefahr ist, dass sich in einer Zielgruppe Emotionen aufbauen, desto kleiner sollte der Teilnehmerkreis für Kommunikationsmaßnahmen sein:* Ängste können nur abgebaut werden, wenn die Mitarbeiter Möglichkeiten haben, Fragen zu stellen und Meinungen auszutauschen. Partizipative Kommunikationsprozesse (z. B. Gespräche und Diskussionen in kleinen Gruppen) eignen sich dazu besser als einseitige Abläufe (z. B. Versammlungen und Vorträge). Denn die Möglichkeit zur Beteiligung ist in kleinen Gruppen größer als bei Betriebsversammlungen. Daher eignen sich persönliche Gespräche der Führungskräfte mit ihren Mitarbeitern besonders gut, emotionale Stresssituationen abzubauen. Das persönliche Gespräch vermittelt Wissen und Eindrücke. Damit spricht es die rationale und emotionale Seite des Menschen gleichermaßen an.

Zusammenfassung

1. *Durch eine klare und nachvollziehbare Informationspolitik müssen den Mitarbeitern die Ängste bei Fusionen genommen werden.*
2. *Mega-Fusionen, die rasante Verbreitung des Internets und die Globalisierung legen den Schluss nahe, dass die Ängste im Unternehmen enorm zugenommen haben.*

3. *Soziale Ängste sind meist ein Indikator für massive Fehler in der Personal- und Führungspolitik sowie der Kommunikationspraxis eines Unternehmens.*

4. *Weil Sachprobleme täglich ohne die notwendigen Informationen entschieden werden müssen, wachsen die Zweifel. Kommunikation ist ein unverzichtbares Steuerungsinstrument, das die Ursachen und Ziele des Wandels bewusst machen muss, bevor Akzeptanz erwartet werden kann.*

5. *Divergierende Interessenpositionen im Unternehmen sollten nicht ausgegrenzt, sondern über Kommunikationsprozesse der Mitbestimmung und Verhandlung integriert werden.*

6. *Wenn Arbeitsplätze wegfallen oder neue Aufgaben übernommen werden müssen, treten massive Existenz- und Leistungsängste auf, die unverzügliche Information vor allem über Vorsorge- und Schutzmaßnahmen erforderlich machen.*

7. *Vorreiter des Wandels belohnen und ihr Verhalten in der internen Kommunikation zur zentralen und ständigen Botschaft machen!*

8. *Wenn kontinuierliche Kommunikationsarbeit der Mitarbeiter Ängste reduzieren soll, sind Hotlines, Benennung von Ansprechpartnern und regelmäßige Meetings hilfreich.*

9. *Wenn die Unsicherheit groß ist, wirkt eine Verzögerung in der Information wie ein Nicht-Wollen, nicht aber wie ein Nicht-Können.*

10. *Was entschieden wurde oder sich ereignet hat, ist bei der Information zunächst wichtiger als das Warum.*

6 Unproduktive Kommuni- kationsabläufe – Verschleuderung von Goodwill und Ressourcen

Mehr Leistung durch bessere Kommunikation – auch wenn die Umsetzung dieses Ziels in der Praxis noch Probleme bereitet, ist der Nutzen gelungener Kommunikationsprozesse im Betrieb offensichtlich.

Sie wirken vor allem in vier Dimensionen:

● *Informationsfunktion:* Die Mitarbeiter werden mit allen aufgabenrelevanten Sachverhalten, ihren Hintergründen und Zusammenhängen vertraut gemacht. Das fördert die Qualität der Ergebnisse, die Abstimmung und Zusammenarbeit mit anderen Bereichen. Doppelarbeit kann vermieden werden und niemand kann sich herausreden: „Das habe ich ja nicht gewusst."

● *Motivationsfunktion:* Die Belegschaft wird durch intensive Kommunikation auf die Unternehmensziele verpflichtet. Sie erkennt den Sinn ihrer Arbeit und das Profil des Unternehmens, für das es sich lohnt, Engagement zu erbringen. Motivation und Identifikation sind eng verwoben. Beides zusammen erhöht die Leistung.

● *Emotionale Ansprache:* Mitarbeiter können durch Argumente überzeugt werden, eine Person (z. B. eine neue Führungskraft) oder eine Entscheidung (z. B. eine Reorganisation) zu akzeptieren. Zur Erhöhung der Akzeptanzbereitschaft bedarf es eines gelungenen Managements der Emotionen. Interne Kommunikation erfüllt auch emotionale Funktionen.

● *Kontrollfunktion:* Kommunikation ist kein Selbstzweck, sondern dient der Erreichung der Unternehmensziele. Daher ist ihre Rolle als Instrument der strategischen Führung heute ausschlaggebend.

Das Janusgesicht der Kommunikation

Dem positiven Ertrag, den Kommunikation im Unternehmen erwirtschaften kann, steht aber auch die Gefahr von Verlusten gegenüber. Das Janusgesicht der Kommunikation wird in der Praxis häufig übersehen. Janus, der zweigesichtige Gott der römischen Überlieferung, dient als Symbol für das Kommunikationssystem eines Unternehmens. Doppelgesichtig wie Janus ist die betriebliche Kommunikation deswegen, weil die positiven Folgen – z.B. Leistungssteigerung, Treue zum Unternehmen und Identifikation – von Anfang an auch konterkariert werden können durch unerwünschte Effekte wie Langeweile, Verschwendung von Ressourcen und das Gefühl von Mitarbeitern, nicht ernst genommen zu werden.

Mehr Information ist nicht automatisch besser

Wie Janus, der Gott mit dem doppelten Gesicht, zeigt die Unternehmenskommunikation heute zwei gegensätzliche Perspektiven. Auf der einen Seite bieten Führungskräfte und Medien den Mitarbeitern immer mehr Informationen und Kommunikationsforen an, auf der anderen Seite haben diese oft die größten Schwierigkeiten, genau das zu finden, was sie wissen wollen oder was ihnen bei der Lösung eines Problems hilft. Mehr Information heißt eben nicht automatisch bessere Information.

In manchen Betrieben überlagern die negativen Folgen der Kommunikationspraxis sogar den Ertrag. Die Mitarbeiter sind frustriert, Entscheidungen fallen kaum noch, Trägheit und Leerlauf sind zum Merkmal emsigen Kommunizierens geworden. Ein amerikanischer Manager beschreibt die Lage seines Unternehmens mit einem eindrucksvollen Bild: „Wir ähneln einem Insektenvolk, das sich an einen glitschigen Ast klammert, fortgerissen von einem reißenden Fluss. Wir krabbeln geschäftig überall hin, halten Meetings ab, schreiben Berichte und werfen gelegentlich einige unserer Artgenossen über Bord. Dabei streiten wir ständig über die Richtung und den Steuermann. Es ist egal, wie sehr wir uns um Kontrolle, Richtungswechsel oder Verkleinerung der Truppe bemühen. Der Ast treibt weiter dahin. Ich weiß, dass es flussabwärts viele Felsen und Wasserstürze gibt" (Noer 1998, 7).

Die drei häufigsten Leistungsdefizite

Eindeutige Leistungsdefizite der internen Kommunikation liegen vor, wenn der Aufwand von Zeit und Geld ins Ungleichgewicht zum Ertrag von Kommunikationsmaßnahmen kommt. Auch wenn die Rechnung im konkreten Fall nicht auf Mark und Pfennig kalkuliert werden kann, gibt das Urteil der Betroffenen erste Hinweise. Fragen Sie einmal Ihre Mitarbeiter, was sie von einer Tagung, einem Seminar oder einer Arbeitsgruppensitzung „mitnehmen"!

An erster Stelle defizitärer Kommunikationsvorgänge steht in vielen Betrieben die Meetingkultur oder besser gesagt das *Besprechungsunwesen.*

Die Befunde der empirischen Forschung und der Urteile der Praktiker sind übereinstimmend: Besprechungen finden zu häufig statt und dauern zu lang. Man spricht bereits von der „Sitzungsflut" oder der Inflation von Meetings. Diese Meetings sind in vielen Fällen schlecht organisiert und vorbereitet. Es fehlt an einer souveränen Moderation und Zielorientierung. Die Kommunikation ist selten offen und ehrlich. Meetings werden von einzelnen Teilnehmern zur Profilierung missbraucht, d. h., es fehlt an der Gruppen- und Teamorientierung und konstruktivem Verhalten.

Die größten Verlustbringer in der internen Kommunikation
1. Meetingkultur oder das Besprechungsunwesen
2. Informationsfluten auf Papier und elektronischen Wegen
3. Kommunikationsverschmutzung durch Mischung von Wichtigem mit Unwichtigem

---

Besprechungen werden aus vielerlei Gründen praktiziert: nicht nur, um Probleme zu lösen, sondern auch, um zu beweisen, dass etwas geschieht („Aktionismus") oder aus Scheu vor Entscheidungsverantwortung. Führungskräfte, die sich nicht trauen zu entscheiden oder die meinen, sie müssten Hundertprozentlösungen anstreben, gründen Arbeitskreise und halten Besprechungen ab.

An zweiter Stelle der Leistungsdefizite interner Kommunikation stehen die *Informationsfluten*, die sich in Papierform oder auf elektronischen Wegen über die Mitarbeiter ergießen. Sie machen aus einer Informationsdusche einen richtigen Wasserfall. Sie entstehen, wenn schriftliche Informationen im Betrieb verteilt werden, ohne dass die Zielgruppen klar umrissen, deren Informationsbedarf ermittelt und die Ausarbeitungen auf die Belange der Mitarbeiter und Führungskräfte abgestellt werden.

Diese Informationsflut („information overload") ist hausgemacht, weil die Gesetze einer auf das Publikum ausgerichteten Medienarbeit in der Binnenkommunikation zu wenig berücksichtigt werden. Eine Verteilung von Inhalten „to whom it may concern" muss riesige Streuverluste einkalkulieren.

Verteiler wachsen und werden kaum überarbeitet. Das gilt neuerdings ebenso für die elektronischen Verteiler. Ob per Brief oder E-Mail, etwa 30 % der Sendungen haben für Manager keinen Bezug zur Arbeit und daher keinen Wert (Goecke 1996, 248). Im Top-Management liegt der Anteil wertloser E-Mails etwas niedriger (27 %).

Ohne Gatekeeper vervielfachen sich die Kosten

Seitenlange, unüberlegte Memoranden, breit verteilt, oder die
so genannten Junk-Mails (das sind für den Nutzer wertlose Sendungen) sind nicht das Problem der neuen Medien, sondern des
Informationsmanagements durch Menschen. Ihre Gedankenlosigkeit, Bequemlichkeit oder Unprofessionalität sind die Ursachen, die technischen Medien willfährige Erfüllungsgehilfen.
Wird die Gatekeeper-Funktion nicht wahrgenommen und werden pure Verteilungs- und Speicherungsprozesse in Gang gesetzt, vervielfachen sich die Kosten – bei der Produktion und
der Vielzahl der Endnutzer, die nicht nur die Qual der Wahl haben, sondern auch durch unproduktive Kommunikationsvorgänge in ihrer Arbeit gestört werden.

An dritter Stelle rangieren *minderwertige Vorlagen und überlange Berichte*, in denen Wichtiges neben Unwichtigem steht,
oder auch Papiere, die in mehreren Varianten kursieren, ohne
dass eindeutig Absender, Datum und Abweichungen gegenüber früheren Vorlagen gekennzeichnet sind. Solche Vorgänge
tragen zur „Kommunikationsverschmutzung" bei, d. h., wichtige und unwichtige Botschaften werden willkürlich vermischt
oder Absender und „Aktualitätsversion" bleiben im Dunkeln.

Berichte über Ereignisse oder Gespräche, die wenig Neues
erbrachten, werden umso länger. Der Leser muss sich durch
Seiten aufgeblähter Formulierungen kämpfen in der Hoffnung,
es könnte doch etwas Interessantes zu finden sein. Wenn er
dann endgültig erkennt, dass er – nicht zum ersten Mal – sich die
Lektüre hätte sparen können, zeigt sich wieder das zweite Gesicht des Gottes Janus: Ärger, Wut oder aber Resignation sind
die Folgen. Diese Art der Kommunikationsvorgänge verstärkt
künstlich den Zeitdruck und verzehrt auch den Goodwill der
Mitarbeiter.

Kennzeichen produktiver Kommunikationsprozesse

Appelle wie „Wir müssen uns das nächste Mal besser vorbereiten!" oder „Wir müssen mehr miteinander reden!" helfen wenig, um Kommunikationsprozesse produktiv zu gestalten. Solche Ermahnungen verursachen bei den Betroffenen meist nur ein müdes Lächeln. Der Genosse Zufall, die persönliche Vorliebe Einzelner oder die seltene Gelegenheit, weil gerade nichts Wichtigeres zu tun ist, helfen ebenfalls nicht aus dem Dilemma.

Produktive Unternehmenskommunikation muss systematisch geplant, organisiert und evaluiert werden. Ziel dieser Bemühungen ist, schneller und flexibler zu Ergebnissen zu kommen und diese auch effektiv umzusetzen. Kennzeichen einer produktiven Kommunikation im Unternehmen sind zehn Punkte:

Produktive Kommunikationsprozesse
Zehn-Punkte-Programm
1. Kommunikation muss sich an Sachproblemen orientieren und nicht an Eitelkeiten.
2. Kommunikation muss geplant und vorbereitet werden.
3. Kommunikation muss klare und konkrete Aussagen treffen.
4. Kommunikationsmaßnahmen müssen gezielt umgesetzt werden.
5. Die Durchlaufzeiten von Kommunikationsvorgängen müssen kurz sein.
6. Die Partner der Kommunikation müssen erreichbar sein und Stellvertreter haben.
7. Kommunikationsverteiler müssen gezielt organisiert und aktualisiert werden.
8. Bestehende Kommunikationsabläufe müssen kritisch überdacht und auch auf ihre Effizienz geprüft werden.
9. Emotionen sollten nicht geleugnet, sondern aktiv einbezogen werden.
10. Disziplin und Fairness der Kommunikationspartner ist erforderlich.

1. *Kommunikation muss sich an Sachproblemen orientieren und nicht an Eitelkeiten:* Diese Bedingung ist nur durch den Konsens der Führungskräfte, eine klare Personalpolitik und eine straffes Controlling der Führungspraxis zu erreichen. In dieser Frage ist die Geschäftsleitung gefordert, die durch Vorbildfunktion Maßstäbe setzen kann. Sie muss auch einschreiten, wenn einzelne Manager Kommunikationsmaßnahmen mehr zur Selbstdarstellung nutzen als zur sachlichen Auseinandersetzung. Solche für die Mitarbeiter langweiligen oder gar unerfreulichen Inszenierungen einzelner Persönlichkeiten haben negative Auswirkungen für den Betrieb. Das Eigeninteresse des Kommunikators überlagert in diesen Fällen die Sachargumentation. Die Teilnehmer solcher Präsentationen geraten in die unbefriedigende Rolle von Statisten einer Show. Der eitle Manager mag sich wohl fühlen, in den Augen der Belegschaft aber verliert er an Wertschätzung.

2. *Kommunikation muss geplant und vorbereitet werden:* Ob es sich um ein Gespräch mit dem Mitarbeiter oder ein Meeting in der Projektgruppe handelt, der Ertrag solcher Kommunikationsprozesse wird umso höher, je besser sie vorbereitet und je gezielter sie durchgeführt werden. Zunächst müssen die Ziele der Kommunikationsmaßnahme vorher festgelegt werden nach dem Motto: „Was soll erreicht werden?" Außerdem muss der Ablauf (zeitlicher Umfang, beteiligte Personen, Ort, Zeitpunkt) genau überlegt werden, z. B. Besprechungen präzise planen, zeitlich limitieren und den Teilnehmerkreis überprüfen.

3. *Kommunikation muss klare und konkrete Aussagen treffen:* Gemeint ist, dass Inhalte, die ausgetauscht werden, nicht nur Fakten, sondern auch Botschaften enthalten sollten, d. h. klare Aussagen über die Ziele, Absichten und vorrangige Handlungsfelder des Managements. Qualität geht vor Quantität oder anders ausgedrückt: Klasse kommt vor Masse. Auf jeden Fall müssen Unstimmigkeiten, divergierende Meinungen oder unterschiedliche Einschätzungen erklärt werden.

4. *Kommunikationsmaßnahmen müssen gezielt umgesetzt werden:* Zielgruppen sollten auch für die interne Kommunikation exakt definiert werden. Kommunikation kann nur produktiv sein, wenn sie die Partner klar anspricht, deren Resonanz einbezieht und – falls die gewünschte Wirkung ausbleibt – wiederholt und erklärt. Die Merkmale für die Definition einer Zielgruppe in der internen Unternehmenskommunikation können sein: Führungsfunktionen (unterteilt in Managementebenen, Geschäftsgebiete), fachliche Positionen (z. B. Außendienstmitarbeiter, Sicherheitsingenieure, Qualitätsbeauftragte), Regionen (z. B. Mitarbeiter einer Fabrik) oder Spezialgruppen (z. B. neu eingestellte Mitarbeiter, Nachwuchsführungskräfte, Personal für die Messepräsentationen).

Außerdem können die Zielgruppen für Kommunikationsmaßnahmen nach ihrer Wichtigkeit für das Unternehmen in Muss-, Soll- und Kann-Gruppen eingeteilt werden. Diese Einteilung muss in Abhängigkeit von den Kommunikationsinhalten und den Medien getroffen werden. Zu Muss-Zielgruppen gehören diejenigen Personen, die ein Medium oder eine Botschaft unbedingt erhalten müssen. Dieser Personenkreis umfasst Adressaten, die bestimmte Informationen auf jeden Fall benötigen, um ihre Aufgabe oder Funktion ausüben zu können. Darunter fallen aber auch Menschen, die aus der Interessenlage des Unternehmens sehr wichtig sind (z. B. Journalisten, Betriebsräte, politische Mandatsträger, Bankenvertreter oder Analysten). Soll-Zielgruppen benötigen Informationen eher zur Abrundung ihres Informationsstands. Diese Informationen sind wichtig, um den „Blick über den Tellerrand" zu schärfen und bei Mitarbeitern und Führungskräften Verständnis für die Belange des jeweilig anderen zu fördern. Bei Kann-Zielgruppen befriedigen Informationen, die sie erhalten, eher ein allgemeines Interesse. Diese Zielgruppen sind für das Unternehmen wichtig, wenn es um die Akzeptanz der allgemeinen Geschäftspolitik geht.

5. *Die Durchlaufzeiten von Kommunikationsvorgängen müssen kurz sein:* Wer Tage auf eine einfache Auskunft der Nachbarabteilung warten muss, wird in seinem Arbeitsfluss unnötigerweise gebremst. In vielen Betrieben fehlt noch das Bewusstsein, dass nicht nur Kunden schnell bedient werden müssen, sondern auch die eigenen Mitarbeiter. Um diesen Punkt zu verbessern, müssen die Abläufe (z. B. Postbearbeitung) überprüft, die Verantwortlichkeiten (Wer erledigt die Anfragen?) geklärt und Zwischenbescheide gegeben werden, wenn es länger dauert als geplant. Das schnelle Medium E-Mail leistet wertvolle Dienste, um Nachrichten zu versenden wie: „Heute gingen die bestellten fünf Berichtsbände an Sie per Post ab" oder: „Bitte gedulden Sie sich noch ein wenig. Wir müssen die Zahlen erst noch zusammenstellen."

6. *Die Partner der Kommunikation müssen erreichbar sein und Stellvertreter haben:* Mitarbeiter benötigen durchdachte Instrumente und Hilfen bei Suchvorgängen. Den Anfang macht ein Verzeichnis der Ansprechpartner und Hotlines, das angelegt und ständig aktualisiert werden sollte. Dazu gehören Adressen (für interne und externe Post sowie E-Mail), Telefon- und Fax-Nummern. Denken Sie daran, dass Ansprechpartner auch Stellvertreter benötigen, wenn sie in Urlaub oder gerade unterwegs sind.

7. *Kommunikationsverteiler müssen gezielt organisiert und aktualisiert werden:* Das turnusgemäße Säubern der Verteiler für die gedruckte und elektronische Kommunikation (z. B. Briefe, Vorgänge, Berichte, Broschüren) ist ein wichtiger Schritt. Benötigen die Adressaten das offerierte Material, wünschen und nutzen sie es? Empfehlenswert ist auch, Broschüren und Druckschriften mit knapp kalkulierter Auflage zu produzieren. Sie veralten schneller, als man glaubt. Dann müssen sie auch nicht durch eine allgemeine Verteilung „entsorgt" werden.

8. *Bestehende Kommunikationsabläufe müssen kritisch überdacht und auch auf ihre Effizienz geprüft werden:* Das Um-

feld der Unternehmen, die Verantwortlichkeiten im Betrieb sowie die Bedürfnisse und Interessen der Belegschaft wandeln sich. Kommunikationsabläufe wie Jahrestagungen, Budgetbesprechungen, Seminare haben – sind sie erst einmal etabliert – eine Tendenz zur Starrheit. Man ändert sie nicht, weil sie schon immer so abgelaufen sind. Ohne Traditionen missachten zu wollen, ist eine kontinuierliche Evaluation angebracht. Diese Kommunikationsmaßnahmen sollen Ergebnisse erbringen und in der Regel nicht Zeugnis für die Vergangenheitsbezogenheit einer Firma ablegen. In Jahrestagungen werden Zielvereinbarungen getroffen, in Budgetbesprechungen strategische Konzepte und die Mittelverteilung diskutiert.

9. *Emotionen sollten nicht geleugnet, sondern aktiv einbezogen werden:* Die emotionale Ansprache und Integration der Mitarbeiter sind der Schlüssel zum Erfolg. Das fängt bei der Namensnennung im persönlichen Gespräch an, betrifft die gewählten Worte und vor allem das Wie der Kommunikation. Emotionen werden dann aktiviert, wenn die Respektierung der jeweiligen Persönlichkeiten mit ihren Gefühlen oder gar Ängsten ergänzt wird durch eine offene Argumentation, die Halbwahrheiten meidet.

10. *Disziplin und Fairness der Kommunikationspartner sind erforderlich:* Noch so gut organisierte Kommunikationsmaßnahmen oder bestens vorbereitete Gespräche können abgleiten, wenn einer oder wenige Partner andere Ziele verfolgen. Eine gut geplante Sitzung wird dann wenig ertragreich bleiben, wenn die Teilnehmer unpünktlich eintreffen, ständig für Telefonate die Sitzung verlassen und auch noch vor der Beschlussfassung gehen. Solche Meetings dauern über Gebühr lang. Besonders schlimm ist es auch, wenn sich manche Teilnehmer nicht an die Beschlüsse halten. Diese Disziplinlosigkeit ist häufig zu beobachten und eine der vielen Ursachen für das Wuchern der Meeting(un)kultur. Gleiches gilt für Kommunikationspartner, die mangels Fairness einen Kommunikationsvorgang bewusst stören.

Sie stellen keineswegs ernst gemeinte Fragen und beißen sich an nebensächlichen Details fest. Wenn ihnen die Ergebnisse einer Analyse oder ein Konzept nicht gefallen, provozieren sie endlose Debatten über die Methoden der Datenerhebung, den Prozess der Entscheidungsfindung oder den unpassenden Zeitpunkt der Erörterung. Sie können nur durch eine strenge Moderation oder notfalls das Einschreiten der Vorgesetzten zur Einhaltung der Kommunikationsregeln gebracht werden.

Hinweise, wie man Verteiler anlegt und pflegt

- Der aktuelle Informationsbedarf entscheidet, wer in einen Verteiler aufgenommen wird. Maßgebend ist also nicht, wer sich vor Jahren oder gar Jahrzehnten einmal hat eintragen lassen.

- Zielgruppen müssen exakt definiert werden. Auf sie wird ein Verteiler ausgerichtet, nicht auf eine zufällige Sammlung von Adressen. Wenn Zielgruppen trennscharf festgelegt werden, entfallen Überschneidungen.

- Adressen werden grundsätzlich nur mit der Zielgruppen-Kennung und dem Eingabedatum gespeichert. Auch Adressen, die schon lange in einem Verteiler sind, müssen auffindbar sein.

- Aktuelle Adressenänderungen müssen unverzüglich eingegeben werden. Besondere Sorgfalt ist bei der Pflege der Adressenliste erforderlich, wenn Führungspositionen neu besetzt worden sind.

- In regelmäßigen Abständen, spätestens alle zwei Jahre, sollte der Adressenbestand durch eine schriftliche Abfrage der Empfänger überprüft werden. Die Abfrage kann sich auf die korrekte Adresse, gegebenenfalls aber auch das Interesse am weiteren Bezug, die Nutzung und auf Verbesserungsvorschläge konzentrieren. Wer sich aus den Kann-Zielgruppen (notfalls auch aus den Soll-Zielgruppen) nicht meldet, wird gestrichen. Wer sich nach der Streichung beschwert, kann nach Einzelprüfung wieder aufgenommen werden.

Kommunikationsmüll –
wie er vermieden und entsorgt wird

Ziel einer optimierten Unternehmenskommunikation muss sein, alle Elemente der Trägheit und des Leerlaufs zu eliminieren. Dazu gehört in erster Linie ein sinnvoll vernetztes System gut funktionierender Besprechungen, die als Medien gegenseitiger Abstimmung und Problemlösung fungieren. Erforderlich sind aber auch effiziente Dialoge zur punktuellen Recherche und Steuerung sowie eine rigide Eliminierung unproduktiver Informations- und Kommunikationsvorgänge. Unter Kommunikationsmüll sind Vorgänge zu verstehen, deren Beitrag zum Unternehmensergebnis selbst unter Zuhilfenahme einer Lupe nicht mehr erkennbar ist, die aber die wertvollen Ressourcen Zeit und Geld binden bzw. verschleudern.

Es gibt drei besonders häufige Situationen, in denen in vielen Betrieben Kommunikationsmüll anfällt:

1. Die ausufernde *Praxis der Besprechungen* ist das wichtigste Handlungsfeld im Kampf gegen den Kommunikationsmüll. Dort wird ein Kommunikationsweg häufig missbraucht, um Entscheidungsschwächen oder Perfektionismus zu verdecken. Wer sich um einen Beschluss drückt oder der Hundertprozentlösung nachstrebt, hält Besprechungen ab oder installiert eine Arbeitsgruppe getreu dem Motto: „Wenn ich nicht mehr weiter weiß, gründe ich einen Arbeitskreis."

2. Kommunikationsmüll entsteht auch dann, wenn Kommunikationsinhalte *gedankenlos in gedruckter Form oder auf elektronischem Wege verteilt* oder überlange mündliche Beiträge bzw. schriftliche Stellungnahmen und Berichte widerspruchslos von Empfänger zu Empfänger weitergereicht werden. Erzeugt wird dieser Müll, weil auf eine gezielte Auswahl, Umarbeitung und vor allem das Wegwerfen verzichtet wird. Wenn Führungskräfte und Mitarbeiter sich jedoch nicht als Gatekeeper verstehen, sondern vielmehr die Schleusen öffnen oder aus Bequemlichkeit bzw. Angst nicht

aktiv eingreifen, werden sie am selbst produzierten Müll ersticken.

Im Übrigen: Wenn es schwer fällt, zu einem üppigen Text eine kurze Zusammenfassung zu erstellen, ist die Langfassung wohl noch nicht richtig durchdacht und konsequent formuliert. Ein kurzes Statement ist oft schwieriger zu schreiben als eine langatmige Ausführung. Produzenten von Kommunikationsmüll kommen in Verlegenheit, wenn sie gezwungen werden, einen Bericht oder die Schilderung eines Vorgangs auch in einer Kurzfassung von nur wenigen Zeilen abzugeben. Das Problem sowie das Für und Wider samt der empfohlenen Maßnahme können durchaus auf einer Seite vorgestellt werden.

Empfehlenswert ist, Richtlinien für die Abfassung von schriftlichen Kommunikationsvorgängen – z. B. Berichten, Analysen und Positionspapieren – vorzugeben. Zum einen kann dabei festgehalten werden, dass solche Texte immer mit einer maximal eine Seite umfassenden Kurzfassung abzugeben sind. Zum anderen können Obergrenzen für den Umfang der Texte vereinbart werden. Solche Richtwerte machen es schwer, ohne besonderen Anlass davon abzuweichen.

3. Kommunikationsmüll entsteht auch dort, wo Personen mit *Kommunikationsvorgängen* „belästigt" werden, für die sie keine Verwendung haben oder *für die andere im Unternehmen zuständig und verantwortlich sind.* Klare Verantwortlichkeiten, Transparenz und die Erreichbarkeit der Kommunikationspartner sind gefragt.

Anti-Müll-Konzept: Optimierung von Meetings

Teambesprechungen und Konferenzen kosten bereits über die Hälfte der Arbeitszeit im Management – doch selten sind die Zusammenkünfte effektiv. Höchste Zeit also für Unternehmen, um ein Anti-Müll-Konzept zu entwickeln. Denn die Zahl der

Besprechungen – das zeigen erste Erfahrungen – wird durch die neuen Organisationsstrukturen mit ihren flacheren Hierarchien und mit dem verstärkten Einsatz des Projektmanagements eher noch zunehmen. Dann könnte der Zeitplan vieler Manager endgültig aus den Fugen geraten, denn sie verbringen bald drei Viertel ihrer Arbeitszeit in teuer bezahlter Langeweile.

Meetings sind moderne Zeitkiller. Keine Firma kann sich solchen Luxus noch leisten. Durch eine Optimierung der Meetings können bereits bei kleinen Änderungen enorme Kosten eingespart werden. Kein Wunder also, dass zahlreiche Firmen (z. B. Lurgi) Programme zur Effizienzsteigerung dieser Kommunikationsformen aufgelegt haben (vgl. Abbildung 12).

Der Grundtenor der Untersuchungen über die Praxis der Gruppenbesprechungen ist eindeutig:

- Je weniger Teilnehmer anwesend sind, desto geringer ist der Zeitaufwand bei den Gruppensitzungen. Rund ein Drittel der Teilnehmer ist überflüssig. Sie haben weder Fach- noch Entscheidungskompetenz.
- Die Zufriedenheit der Teilnehmer nimmt bei längeren Besprechungen deutlich ab. Nach etwa 45 Minuten schwindet die Konzentration rapide.
- Nur rund ein Drittel der Teilnehmer geht gut vorbereitet in eine Gruppensitzung. Die vorgegebene Zeit wird bei etwa 45 % aller Sitzungen überschritten. Protokolle werden gerade in jeder zweiten Sitzung angefertigt.

Zur Gruppengröße ist festzuhalten, dass fünf bis neun Personen optimal sind. Die Nachteile anderer Gruppengrößen sind u. a.:

- Bei zwei Personen gibt es keine eigentliche Mehrheit. Zwei Personen neigen auch dazu, die Probleme zu behutsam anzufassen oder aber zu polarisieren. Es besteht häufig starke Spannung.
- Bei drei Personen verbinden sich oft zwei gegen einen. Der Einzelne wird verunsichert, weil er Isolierung fürchtet.

Meetings:
Ihre persönliche Checkliste

Was war gut, was könnte beim nächsten Mal besser laufen? Wie haben Sie persönlich die Besprechung erlebt? Diese Liste hilft, Stärken und Mängel zu erkennen und die Ergebnisse in die Vorbereitung und Durchführung kommender Meetings einfließen zu lassen. Teilen Sie Ihre konstruktive Kritik den anderen Teilnehmern mit.

	Ja	Nein
Waren alle Teilnehmer pünktlich anwesend?	☐	☐
Wurden alle Agendapunkte bearbeitet?	☐	☐
Wurden die gesetzten Zeiten erreicht?	☐	☐
Wurde das weitere Vorgehen klar festgelegt?	☐	☐
Waren die Teilnehmer vorbereitet?	☐	☐
War der Moderator vorbereitet?	☐	☐
Wurde die vereinbarte Zeit eingehalten?	☐	☐
War die Qualität der Präsentations-unterlagen (inhaltlich/formal) gut?	☐	☐
Gab es Probleme (technisch/organisatorisch)?	☐	☐
Gab es Störungen (Telefonanrufe, Zuspätkommen, Zufrühkommen)?	☐	☐
Gab es sonstige positive/negative Auffälligkeiten?	☐	☐

Quelle: Lurgi AG

Abb. 12: Checkliste Meetings

- Bei Vierer-Gruppen – wie bei allen Gruppen mit gerader Mitgliederzahl – findet sich unter Umständen keine Mehrheit.
- Mehr als zehn Personen neigen dazu, sich in Cliquen aufzuspalten. Der Einzelne fühlt sich weniger verantwortlich.

Eine Besprechung ist die geplante und organisierte Kommunikation in einer Gruppe von Menschen, die eine gemeinsame Aufgabe zu bewältigen haben und die dazu unter der Leitung einer Führungskraft oder eines Moderators zusammengekommen sind. Solche Besprechungen können völlig unterschiedliche Kommunikationsstrukturen aufweisen, je nachdem, welche Aufgabe ansteht und wie der Teamleader den Ablauf gestaltet. Man unterscheidet grundsätzlich zwischen folgenden Besprechungen:

● *Einzelbesprechungen*, also Gespräche unter vier Augen (z. B. Mitarbeitergespräche)
● *Informationsbesprechungen*, die in der Hauptsache dem Wissensaustausch, vielleicht noch zusätzlich dem sozialen Kontakt der Besprechungsteilnehmer dienen
● *Problemlösungsbesprechungen*, die der (teilweisen) Behebung von Problemen dienen

Die vier Phasen einer idealen Besprechung

Besprechungen sollten idealerweise in vier Phasen ablaufen (vgl. Abbildung 13). Diese vier Stufen sollten in der Praxis sorgfältig nacheinander absolviert werden. Werden sie zu schnell oder nur oberflächlich behandelt, besteht die Gefahr, dass sich Unzufriedenheit mit den avisierten Lösungsvorschlägen bildet. Dann kehrt die Diskussion wieder an den Anfang zurück, da das zu lösende Problem und seine Ursachen in den Hintergrund gerutscht sind.

Wichtig ist deshalb das Zeitmanagement. Für die vier Phasen muss genügend Zeit zur Verfügung stehen. Nur dann können die Stufen des Besprechungsprozesses gründlich und unter Beteiligung möglichst vieler Teilnehmer „abgearbeitet" werden.

1. *Problemdefinition und Zielformulierung:* Die erste Phase ist enorm wichtig, da ohne eindeutige Definition des zu lösenden Problems sowie des Ziels die Gefahr besteht, dass der

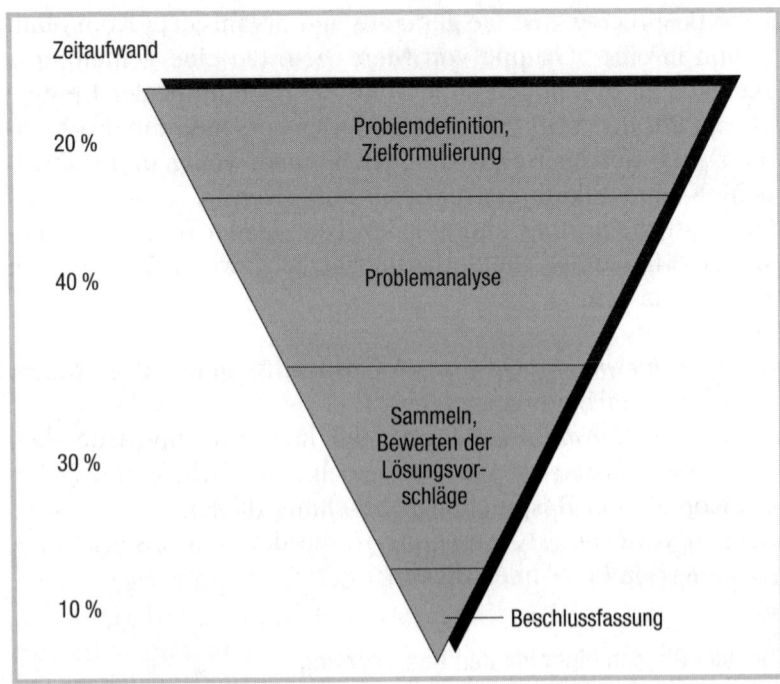

Zeitaufwand

20 % Problemdefinition, Zielformulierung

40 % Problemanalyse

30 % Sammeln, Bewerten der Lösungsvorschläge

10 % Beschlussfassung

Abb. 13: Phasen einer Besprechung

rote Faden verloren geht. Hierfür kann durchaus etwa ein Fünftel der Zeit verwendet werden.

2. *Problemanalyse:* Ohne ausführliche Problemanalyse werden Ursachen nicht genau identifiziert und gewichtet. Die Folge sind Lösungsvorschläge, die nicht den Kern des Problems treffen. Wer bereits zu Beginn eines Meetings mit Lösungsvorschlägen aufwartet, braucht sich nicht zu wundern, wenn im zweiten Teil der Sitzung die Diskussion nochmals von vorn beginnt. Für diese Phase der Besprechung können durchaus 40 % der Zeit aufgewendet werden.

3. *Sammeln und Bewerten von Lösungsvorschlägen:* Ohne klare Bewertung der Lösungsvorschläge werden mehrere Therapievorschläge gleichzeitig verfolgt. Die Gruppe denkt in mehrere Richtungen. Kontroverse Diskussionen entste-

hen und kosten Zeit und Nerven. Auch für diese Phase sollte man sich Zeit nehmen. Empfohlen wird, mindestens 30 % des Zeitbudgets eines Meetings in die Bewertung der Lösungswege zu investieren.

4. *Beschlussfassung:* Ohne klare Beschlussfassung gibt es keine klare Verantwortlichkeit. Die Umsetzungsquote der Maßnahmen ist gering. Für diese Phase einer Besprechung reichen 10 % der Zeit.

Ideale Bedingungen für Meetings sind eindeutige Problemdefinitionen, klare Zielformulierungen und präzise Bewertungsmaßstäbe, Einigkeit über den Ablauf und laufende Orientierung am Ziel. Informierte und motivierte Teilnehmer arbeiten unter einer kooperativen Führung mit und fassen klare Entschlüsse. Solche idealen Abläufe werden jedoch fast nie erreicht – schon gar nicht in Besprechungen. Besprechungsabläufe werden meist von der Persönlichkeit des Moderators geprägt. Er wählt häufig den Besprechungstyp, der ihm liegt. Der gewählte Typus entspricht dann weniger dem Kommunikationsziel bzw. dem Arbeitsauftrag, sondern eher persönlichen Vorlieben.

Die Redezeit möglichst gleichmäßig verteilen

Die Gegenüberstellung eines idealisierten Ablaufs einer Problemlösungsbesprechung und eines typischen Verlaufs in der Praxis belegt die zum Teil dramatischen Abweichungen zwischen beiden Formen (vgl. Abbildung 14). Der ideale Ablauf eines Meetings führt von der Problem- bzw. Zieldefinition Schritt für Schritt zur Beschlussfassung. Nach jeder Phase wird zusammengefasst und gewichtet. Dadurch ist gewährleistet, dass alle Teilnehmer mit dem bislang Besprochenen und den Vorschlägen einverstanden sind.

Anders jedoch der typische Ablauf vieler Sitzungen, die sich nicht an der Reihenfolge der Phasen orientieren. Kaum ist die Besprechung eröffnet und das Thema genannt, werden schon die ersten Lösungsvorschläge auf den Tisch gelegt. Sie packen

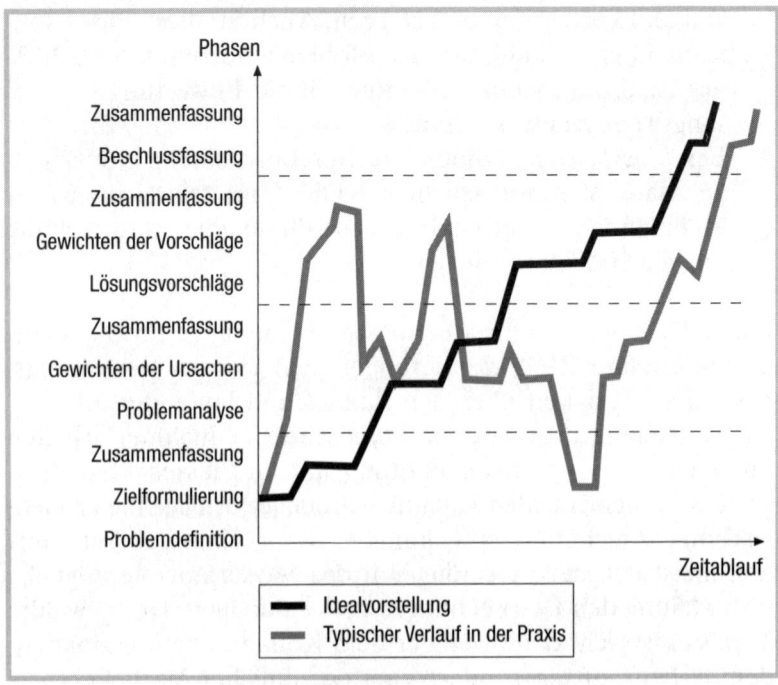

Abb. 14: Soll- und Ist-Ablauf eines Meetings

zwar das Problem nicht bei der Wurzel, sind aber auf den ersten Blick durchaus beeindruckend. „Da veranstalten wir eine Führungskräftetagung" oder „Ein Workshop kann das Problem lösen". Solche Äußerungen sind aus der Faszination einer Maßnahme, nicht aber aus ihrem Beitrag zur Problemlösung geboren. Nach einiger Zeit monieren andere Teilnehmer der Sitzung zu Recht, dass die Vorschläge ja gar nicht den Kern des Problems treffen, denn dieses sei auf andere Ursachen zurückzuführen. Schon ist eine erneute Diskussion über die Hintergründe eines Themas im Gange. Das Meeting dauert deutlich länger. Nun wird die Zeit knapp und die Beschlüsse fallen meist überstürzt. Der Konsens der Teilnehmer mit den Vorhaben ist gering, denn sie glauben nicht an die Effizienz der Beschlüsse. Die Sitzung hat wenig, oft auch gar nichts erreicht.

Effizienzsteigerung von Meetings
Zehn-Punkte-Programm
1. Ein schlüssiges Besprechungskonzept vorbereiten
2. Den Teilnehmerkreis richtig zusammenstellen: möglichst nicht mehr als neun bis zehn Personen auswählen
3. Routinierten, ergebnisorientierten Moderator auswählen
4. Beiträge und Präsentationen gründlich vorbereiten
5. Eigene Meinung überzeugend und knapp vorbereiten, notfalls Redezeitbegrenzungen für die Beiträge vereinbaren
6. Frühzeitig auf Zeitprobleme hinweisen
7. Abgleiten der Diskussion verhindern: zuerst Konsens über das Ziel des Meetings, dann die Vorgehensweise und die Ursachen des Problems herstellen
8. Erzielte Ergebnisse zusammenfassen, die wichtigsten Ursachen oder Lösungen festhalten (Hierarchie bilden!)
9. Klare Verantwortlichkeiten für eventuelle Nachfolgeaktionen zuweisen
10. Protokoll präzise, knapp und zügig verfassen. Verlaufsprotokolle sind meist nicht notwendig, Ergebnisniederschriften genügen vollkommen

Es ist Aufgabe der Moderatoren, den Zeitaufwand der Besprechungsphasen zu planen und zu gestalten sowie für eine möglichst gleichmäßige Verteilung der Redezeit zu sorgen. Zwei bis drei Teilnehmer beanspruchen erfahrungsgemäß oft 80 bis 90 % der Redezeit. Die anderen schweigen oder kommen kaum zu Wort. Die Moderatoren haben es in der Hand, ob Sitzungen überzeugende Ergebnisse zu einem vertretbaren Aufwand produzieren. Das fängt bei den Einladungen an, die wirklich über Ziel und Zweck informieren und nicht Anlass für Spekulationen und vage Interpretationen darstellen sollten. Nicht die „Sitzung" als Kommunikationsform ist das Ziel, sondern eine ziel- und ergebnisorientierte Besprechung mit „rotem Faden" und ökonomischem Umgang mit Zeitbudgets. Dabei sollen möglichst viele Teilnehmer zu Wort kommen. Am Ende sollen Ergebnisse anstelle von Absichtserklärungen stehen. Ein Zehn-

Punkte-Programm zur Effizienzsteigerung von Meetings kann als Einstieg in die Verbesserung dieser Kommunikationsform im Unternehmen dienen. Im Visier steht das Ergebnis einer Besprechung und seine Umsetzung. Kann der Zeitaufwand dafür reduziert werden, ist dies der Erfolg jedes einzelnen Teilnehmers, vor allem jedoch des Moderators. Siemens hat in einer Broschüre einige Tipps zusammengestellt, die vor, während und nach einer Besprechung helfen können (einige davon sind in obigem Zehn-Punkte-Programm enthalten). Nachstehend ein kurzer Auszug aus der Broschüre:

- ● Vorbereitung ist alles
  - – Kritische Beiträge vor der Besprechung abstimmen
  - – Inhalt und Form eigener Beiträge dem Wissensstand und Niveau der Teilnehmer anpassen
  - – Auftreten und Argumentationsmuster bekannter Teilnehmer analysieren
  - – Auf mögliche Konflikte hinweisen und Strategien vorbereiten
- ● In der Besprechung mit gutem Beispiel vorangehen
  - – Parallele Arbeitsgruppen für umfangreiche Themenkomplexe vorsehen
  - – Moderation als wirklich verantwortungsvolle Aufgabe ansehen
  - – Informationen so gut wie möglich visualisieren (Folien, Tafel, Flipchart)
  - – Ergebnisse zusammenfassen
  - – Vorbild sein in der Zeitoptimierung
  - – Klare Verantwortlichkeiten für eventuelle Nachfolgeaktionen zuweisen („action items")
- ● Besprechungen hinterher analysieren
  - – Allgemeinen Verlauf bewerten
  - – Eigene und fremde Diskussionsbeiträge kritisch betrachten
  - – Protokoll präzise und zügig verfassen
  - – Ausführung der „action items" überwachen
  - – Betroffene Mitarbeiter informieren

Die Programme zur Optimierung der Meetings setzen auf eine Verbesserung der Kommunikation in vielen kleinen Schritten. Kommunikationspraktiken können nur schwer völlig verändert werden. Schnell realisierbare Schritte sind ein pragmatischer Ansatz und läuten einen kontinuierlichen Verbesserungsprozess ein. Angesichts der Größenordnung (Anzahl, Anteil an der Arbeitszeit), die Meetings bereits einnehmen und in Zukunft noch bekommen werden, schaffen selbst kleinste Erfolge einen enormen Freiraum an Zeit und Geld, der anderweitig investiert werden kann.

Verbesserung in vielen kleinen Schritten

Die Effizienzsteigerung der Kommunikation in Sitzungen bzw. das Anti-Müll-Konzept für Meetings muss daher an folgenden vier Punkten ansetzen (vgl. Abbildung 15):

1. *Identifizierung* derjenigen Besprechungen, die nicht ergiebig sind und Kommunikationsmüll produzieren
2. *Sensibilisierung der Führungskräfte und Mitarbeiter* für die Folgen unproduktiver Kommunikationsvorgänge in Meetings
3. *Schaffung eines Kostenbewusstseins für unproduktive Abläufe* nach dem Motto: „Diese Sitzung hat nun 50 000 DM gekostet. Wird uns dieses Meeting in unserem strategischen Vorhaben voranbringen? War es mit Blick auf das Ergebnis den Aufwand wert?"
4. *Bereitstellung von konkreten Hinweisen und praktischen Tipps*, wie sich Meetings besser vorbereiten und erfolgreicher durchführen lassen. Einige Firmen setzen hierzu spezielle Checklisten ein oder bieten Schulungen an.

Wichtigster Punkt bleibt jedoch: Überlegen Sie, ob die Sitzung tatsächlich erforderlich ist und welche Ergebnisse Sie erwarten.

Wenn Ihnen die Antwort darauf schwer fällt, verzichten Sie besser auf das Meeting.

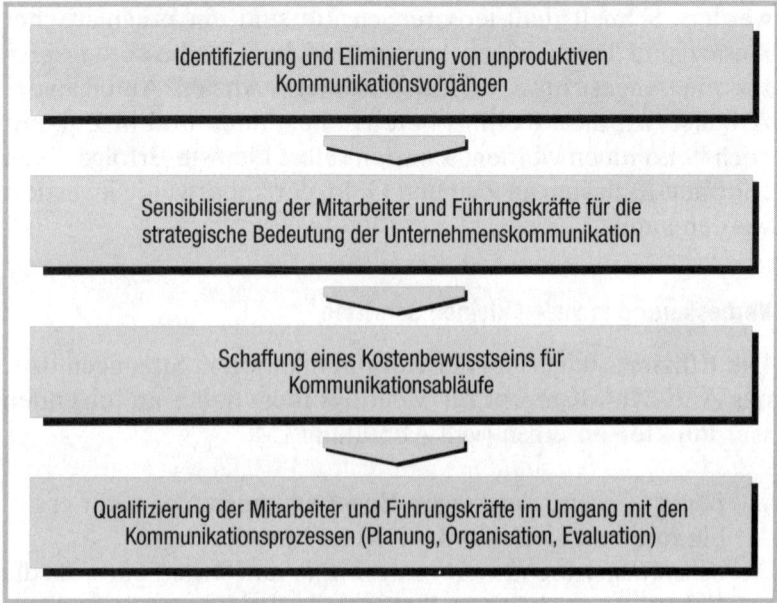

Abb. 15: Entsorgung des Kommunikationsmülls

Zusammenfassung

1. *Betriebliche Kommunikation kann zu Leistungssteigerung und Identifikation führen, aber auch zu Langeweile und Verschwendung von Ressourcen.*
2. *An erster Stelle defizitärer Kommunikationsvorgänge steht in vielen Betrieben das Besprechungsunwesen.*
3. *Produktive Unternehmenskommunikation muss systematisch geplant, organisiert und evaluiert werden.*
4. *Die Zielgruppen für Kommunikationsmaßnahmen können nach ihrer Wichtigkeit für das Unternehmen in Muss-, Soll- und Kann-Gruppen eingeteilt werden.*
5. *Eine offene Argumentation meidet Halbwahrheiten.*
6. *Unfaire Kommunikationspartner provozieren endlose Debatten über die Methoden der Datenerhebung oder den Prozess der Entscheidungsfindung.*
7. *Unter Kommunikationsmüll sind Vorgänge zu verstehen, deren Beitrag zum Unternehmensergebnis selbst unter Zuhilfenahme einer Lupe nicht mehr erkennbar ist.*
8. *Wenn es schwer fällt, zu einem üppigen Text eine kurze Zusammenfassung zu erstellen, ist die Langfassung wohl nicht richtig durchdacht und konsequent formuliert.*
9. *Nicht die „Sitzung" als Kommunikationsform ist das Ziel, sondern eine ziel- und ergebnisorientierte Besprechung mit „rotem Faden" und ökonomischem Umgang mit Zeitbudgets.*
10. *Angesichts der Größenordnung, die Meetings bereits einnehmen und in Zukunft noch bekommen werden, schaffen selbst kleinste Erfolge einen enormen Freiraum an Zeit und Geld.*

Teil 3

Alte und neue Medien – nur das richtige Zusammenspiel führt zum Ziel

7 Was leisten die Medien?

1888 gilt in Deutschland als das Geburtsjahr der Mitarbeiterzeitschrift. Erstmals gab ein Unternehmen, die Steingutfabrik
in Wächtersbach, den „Schlierbacher Fabriksboten" heraus.
Die Arbeiter konnten darin Ermahnungen des Fabrikbesitzers,
Nachrichten über Arbeitsjubiläen, Danksagungen, Todesanzei-
gen u. a. lesen. Nach dem ersten Weltkrieg brachte die Firma
Bosch in Stuttgart den „Bosch-Zünder" für ihre Betriebsangehörigen heraus, gefolgt von den „Siemens-Mitteilungen" und
„Das Werk" (Rheinelbe-Union).

Heute sind in der Bundesrepublik Deutschland rund 700
Mitarbeiterzeitschriften statistisch erfasst. Die geschätzte Zahl
liegt jedoch bei über 2 000. Ihre Auflagen reichen von 150 bis
über 200 000 Exemplaren. Die Themen der Berichterstattung
sind sehr vielfältig geworden. Sie reichen von organisatorischen
Änderungen im Betrieb über die Geschäftsstrategie bis hin zu
Entwicklungen auf den Märkten und Personalnachrichten. Informationen über die Produkte, neue Märkte oder Angebote
der Aus- und Weiterbildung gehören ebenfalls zu den Pflicht-
themen wie Artikel über Veranstaltungen, die Arbeit der Betriebsräte oder Sicherheitsfragen (vgl. Abbildung 16). Die Ge-
samtauflage aller betriebsinternen Zeitschriften hat vermutlich
die Sechs-Millionen-Grenze längst überschritten.

Neue Medien, wie das Intranet als betriebsinternes Informa-
tions- und Kommunikationsnetz, verdrängen die Mitarbeiterzeitschriften als Oldtimer unter den Medien nicht, weisen ihnen
aber eine neue Funktionen zu. Dies bestätigen Unternehmen,
die das Intranet voll einsetzen. Im Gegenteil: „Wir müssen nicht
weniger, sondern mehr drucken" (Kalmus, 1998, 61). Das richtige Zusammenspiel der alten und neuen Medien muss noch geübt werden.

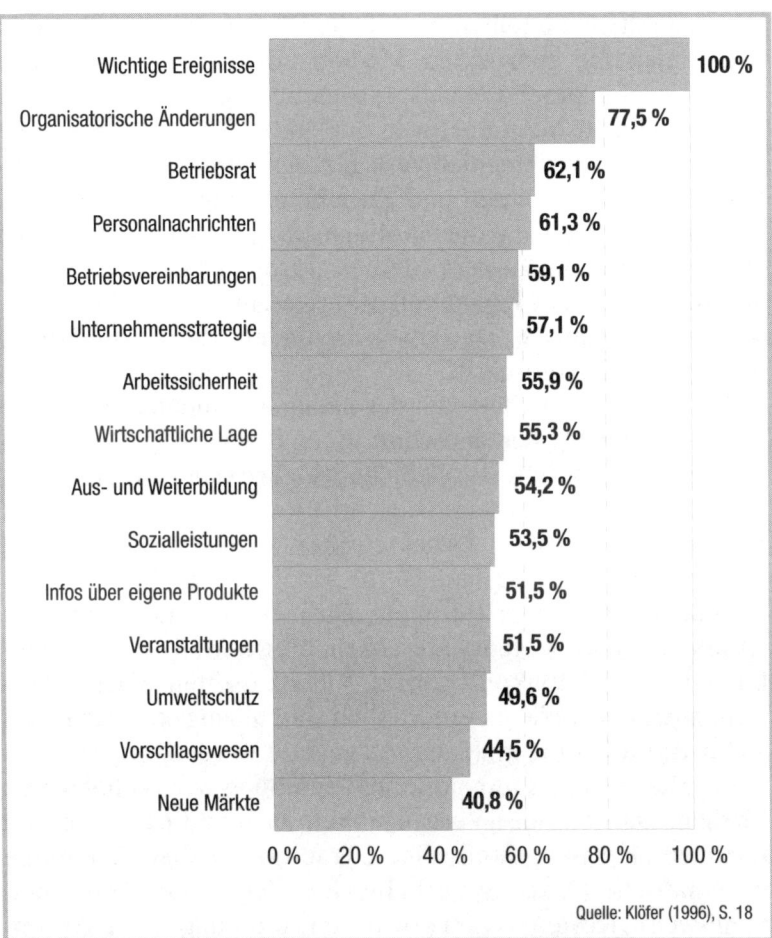

Quelle: Klöfer (1996), S. 18

Abb. 16: Die häufigsten Themen in der Mitarbeiterzeitschrift

Druckmedien vermitteln Hintergründe und Emotionen

Die Mitarbeiterzeitschrift war lange Zeit das wichtigste Medium zur aktuellen Information der Belegschaft. In zahlreichen vor allem fertigungsgeprägten Firmen wird sie es auch unangefochten bleiben. Dort sind viele Arbeitsplätze noch nicht an die elektronischen Informationssysteme angeschlossen. In Unternehmen mit einem hohen Anteil von Büro-Arbeitsplätzen aber bekommen die gedruckten Medien ernsthafte elektronische Konkurrenten durch E-Mails, Intranet und Business TV. Diese Medien können sie mühelos in der Aktualität überholen. Die Leistung der Druckmedien verlagert sich nun auf die Vermittlung von Hintergründen und Zusammenhängen zur Orientierung und vor allem auf die emotionale Bindung der Mitarbeiter an ihr Unternehmen. Alte Medien werden eben – dies ist ein ehernes Gesetz der Kommunikationsgeschichte – nicht ersetzt, sondern ändern sich. Das gilt insbesondere für die altehrwürdige Mitarbeiterzeitschrift.

Nicht nur das Auftauchen der neuen Kommunikationswege verändert die Medienlandschaft eines Betriebs, sondern auch der enorme Zuwachs an medialen Möglichkeiten. Wurde über Jahrzehnte die Mitarbeiterzeitschrift im besten Fall noch von Informationsdiensten, Druckschriften und Aushängen am „Schwarzen Brett" ergänzt, ist die Medienwüste nun zu einem Dschungel geworden: Intranets, Business TV und bald auch Business Radio, Videokonferenzen, Voice-Mail, E-Mail, Mobiltelefone, Telefonkonferenzen, Videokassetten, Themenausstellungen und viele andere Medien sind hinzugekommen.

Ihr Einsatz sollte systematisch geplant werden. Hierbei hilft eine erste Bestandsaufnahme und Ordnung der vorhandenen Medien. Da sie in der Vergangenheit nach und nach hinzugekommen sind und jeweils eine „Tradition" haben, kann eine systematische Ordnung nach Inhalten, Zielgruppen, Erscheinungsweise, Kosten, verantwortlichen Abteilungen und Akzeptanz- oder Nutzungswerten einen Überblick über das Arsenal der Kommunikationswege geben (vgl. Abbildung 17).

Live-Übertragung ist schonungslos

Die Medien in der Binnenkommunikation eines Unternehmens lassen sich darüber hinaus nach den Leistungen unterscheiden, die sie erbringen, mit Blick auf die geforderte Kapazität für die Kommunikationsvorgänge (z. B. kurze Texte für den Bild-

	Inhalte	Zielgruppe	Erscheinungs- weise/Termin	Kosten	Verantwortliche Abteilung	Akzeptanz/ Nutzen

1. Gedruckte Medien

‒ ‒ ‒ ‒ ‒ ‒ ‒ ‒ ‒ ‒

‒ ‒ ‒ ‒ ‒ ‒ ‒ ‒ ‒ ‒

‒ ‒ ‒ ‒ ‒ ‒ ‒ ‒ ‒

‒ ‒ ‒ ‒ ‒ ‒ ‒ ‒ ‒ ‒

‒ ‒ ‒ ‒ ‒ ‒ ‒ ‒ ‒ ‒

2. Elektronische Medien

‒ ‒ ‒ ‒ ‒ ‒ ‒ ‒ ‒ ‒

‒ ‒ ‒ ‒ ‒ ‒ ‒ ‒ ‒ ‒

‒ ‒ ‒ ‒ ‒ ‒ ‒ ‒ ‒

‒ ‒ ‒ ‒ ‒ ‒ ‒ ‒ ‒ ‒

‒ ‒ ‒ ‒ ‒ ‒ ‒ ‒ ‒ ‒

3. Regelmäßige Meetings

‒ ‒ ‒ ‒ ‒ ‒ ‒ ‒ ‒ ‒

‒ ‒ ‒ ‒ ‒ ‒ ‒ ‒ ‒ ‒

‒ ‒ ‒ ‒ ‒ ‒ ‒ ‒ ‒ ‒

‒ ‒ ‒ ‒ ‒ ‒ ‒ ‒ ‒ ‒

‒ ‒ ‒ ‒ ‒ ‒ ‒ ‒ ‒ ‒

Abb. 17: Systematische Aufstellung der Medien

schirm und lange Texte für das Papier), die Anforderungen an die Übertragungsleistungen (nur Text oder auch Bild, Ton und Bewegung) und die Informationsverluste bzw. „Verzerrungen". Bei schriftlicher Kommunikation müssen Botschaften in Aussagen und Argumentationen fixiert werden, bei einer Live-Übertragung im Business TV oder im Face-to-Face-Meeting bleiben alle verbalen und nonverbalen Aussagen (z. B. Mimik, Gestik) unbearbeitet erhalten.

Die Herausforderung für die Unternehmer und Führungskräfte liegt zum einen darin, zu erkennen, für welche Kommunikationsaufgaben die einzelnen Medien infrage kommen. Sie gilt es gezielt einzusetzen. Zum anderen müssen die Manager darauf achten, dass der Kommunikations-Mix stimmt, d. h. die Medien aufeinander abgestimmt sind und die personale Kommunikation nicht verdrängt wird.

Der Kommmunikations-Mix, darunter versteht man den aufeinander abgestimmten Einsatz mehrerer Formen (z. B. Tagungen und Meetings) und Medien (z. B. Mitarbeiterzeitschrift und Internet) der Kommunikation, kann nach folgenden Kriterien geordnet und gestaltet werden:

- *Nach der Richtung, die ein Kommunikationsvorgang in der Firma nehmen soll:* Zu unterscheiden ist die Abwärtskommunikation („top down"), Aufwärtskommunikation („bottom up") und die horizontale Kommunikation des gegenseitigen Austauschs („in between").
- *Nach Vermittlungsformen der Kommunikation:* Zu unterscheiden ist zwischen personaler Kommunikation („Face-to-Face-Kontakte"), Textkommunikation – gedruckt oder auf dem Bildschirm – und audiovisuellen Kommunikationsbeziehungen.
- *Nach der Funktionalität der Kommunikationswege, d. h. ob sich die Kommunikationsformen auch für bestimmte Ziele und Aufgaben eignen:* Medien unterscheiden sich in Bezug auf ihre Vermittlungskapazität, aber auch in Bezug auf die Verständigung (z. B. Schrift, gesprochene Sprache oder

Bild) und die Verteilung der Gestaltungschancen, d. h. wer Einfluss auf den Kommunikationsvorgang nehmen kann. Es gibt mächtige und einflussreiche Kommunikationswege wie das persönliche Gespräch oder das Business TV und eher „ärmere" Kommunikationskanäle wie Texte, deren Möglichkeiten zur emotionalen Ansprache der Mitarbeiter geringer sind.

Medien zur Information der Mitarbeiter

Unter Abwärtskommunikation versteht man vertikale Kommunikationsabläufe, d. h. den Informationsfluss von oben nach unten. Häufig wird diese Form der Kommunikation auch als Informationsdusche oder -kaskade bezeichnet. Kommunikation von oben nach unten verfolgt gewöhnlich folgende Ziele:

● Die Belegschaft erhält Instruktionen und Arbeitsanweisungen.
● Informationen über die Vorhaben eines Unternehmens, Entwicklungen und Pläne werden verkündet.
● Begründungen von Managemententscheidungen werden gegeben.
● Im Rahmen von Aus- und Weiterbildung werden den Mitarbeitern bestimmte Kompetenzen vermittelt. Auch Seminare und Trainingskurse gehören zum Kommunikationsprozess eines Unternehmens.

Je zahlreicher in den vergangenen Jahrzehnten die Hierarchieebenen in den Unternehmen wurden, desto dominanter wurde auch die Kommunikation von oben nach unten. Die meisten Unternehmen verfügen aus dieser Zeit über eine reichhaltige Medienlandschaft, die Fakten und Botschaften in die Belegschaft hineintransportiert. Diese gedruckten Medien besaßen bislang nahezu ein Monopol, erhalten nun aber Konkurrenz von elektronischen Übermittlungsformen.

Offensichtliche Defizite der Kommunikationswege

Trotz des Anwachsens der Kommunikationskanäle sind die Defizite dieser Kommunikationswege offensichtlich. Die Mitarbeiter verlangen nicht nach „mehr" Informationen, sondern nach besseren und sie wollen mehr gehört werden. In manchen Fällen ist die Informationsüberlastung vom Einzelnen nicht mehr zu bewältigen (Problem des „information overload"). Viele Informationen kommen viel zu spät am Arbeitsplatz an (Problem des „timing"). Die Nachrichten, die in Mitarbeiterzeitschriften abgedruckt werden, haben ihr Verfallsdatum oft schon um Wochen überschritten. Dennoch kommen einzelne Gruppen im Unternehmen nur mühsam an die benötigten Informationen, da andere sie zurückhalten (Problem des „filtering"). So gesehen tragen die schnellen elektronischen Medien, z. B. die Intranets, bereits jetzt zu einer qualitativ besseren Versorgung der Belegschaft mit aktuellen Informationen bei.

„Feedback" durch Leserbriefe

Typische Medien der Abwärtskommunikation sind vor allem so genannte Verteilmedien. Das sind Kommunikationsmittel, die von einem Punkt aus an ein möglichst großes Publikum Inhalte „verteilen". Feedback-Möglichkeiten sind – wenn sie überhaupt vorgesehen sind – äußerst spärlich und begrenzt. Manche Mitarbeiterzeitschriften drucken z. B. Leserbriefe ab oder veranstalten Leserdiskussionen, dennoch verbreitet dieses Medium überwiegend Informationen des Managements an die Belegschaft.

Typische Medien der Abwärtskommunikation sind:

● Geschriebene oder gedruckte Kommunikationsformen wie Rundschreiben, Arbeitsanweisungen, Arbeitsplatzbeschreibungen, Jahresberichte, interne Newsletter, Druckschriften, Themenbroschüren, Verteiler für Faxe und Kopien, Handbücher und Aushänge am „schwarzen Brett"

- Audiovisuelle Medien wie Business TV, Videopräsentationen, Filme oder Telefon-Hotlines
- Gruppen-Meetings wie Konferenzen, Tagungen, Workshops, Seminare, Etat- und Abteilungsbesprechungen
- Interviews und Dialoge wie Einstellungsinterviews, Mitarbeitergespräche zur Leistungsbeurteilung, Arbeitsanweisungen, Coaching

---

Typische Formen der Abwärtskommunikation
- Mitarbeiterzeitschriften
- Business TV
- Rundschreiben
- Arbeitsanweisungen
- Jahresberichte
- Newsletter
- Verteiler für Gedrucktes und E-Mails
- Themenbroschüren
- Aushänge: „Schwarzes Brett" und „Bulletin Boards" (Intranet)
- Etat- und Abteilungsbesprechungen
- Konferenzen, Tagungen
- Telefon, Hotlines
- Videopräsentationen, Filme
- Themenausstellungen/Vitrinen
- u. a.

Die Landschaft der Kommunikationskanäle von oben nach unten ist vielfältig. Allerdings weisen Untersuchungen darauf hin, dass Belegschaft und Management offensichtlich unterschiedliche Prioritäten setzen. Das Top-Management vertraut vor allem auf gedruckte und elektronische Medien, die Mitarbeiter möchten aber lieber etwas über Ziele, wichtige Projekte und Vorhaben in persönlicher, unmittelbarer Kommunikation erfahren (Direktgespräche ohne Medieneinsatz).

Umfragen in den USA haben ergeben, dass die persönliche, direkte Kommunikation an erster Stelle steht, wenn es um interne Kommunikation geht. An oberster Stelle steht der unmittelbare Vorgesetzte, auf dem zweiten Platz der ranghöhere Vorgesetzte und an dritter Stelle stehen Besprechungen in kleinen Gruppen (McCathrin 1989, 15). Das ist die Wunschliste. Die Mitarbeiter bevorzugen Live-Kommunikation und keine Medienprodukte aus der Konserve. Deswegen stehen auch die Gerüchte meist auf Platz zwei, unmittelbar nach dem Vorgesetzten, wenn nach den wichtigsten Quellen für interne Informationen gefragt wird.

Wie man Defizite in der Aufwärtskommunikation vermeidet

Unter Aufwärtskommunikation versteht man Kommunikationsabläufe vom Mitarbeiter zu seinem Vorgesetzten, von der Belegschaft zum Management. Über diese Art von Kommunikation sollen folgende Ziele erreicht werden:

● Informationen über die aktuellen Arbeitsabläufe der Mitarbeiter werden den Leitungsebenen vermittelt.
● Ungelöste Probleme im betrieblichen Ablauf müssen in die Entscheidungsebenen transportiert werden.
● Vorschläge für Verbesserungen und Innovationen sollen aus der Belegschaft in die Managementprozesse integriert werden.
● Wissen und Erfahrungen der Mitarbeiter sollen in Zieldefinitionen und Problemlösungen einfließen.
● Meinungen, Einstellungen und Gefühle der Mitarbeiter über ihre Aufgaben, den Unternehmensbereich und die Firma als Ganzes sollen in den Prozess der Ziel- und Strategiefindung integriert werden.

Die Anzahl der Kommunikationswege, die Informationen über die Hierarchieebenen nach oben transportiert, ist begrenzt. Mitarbeiter haben in der Regel nicht die Möglichkeit, große Mengen an Information in die Entscheidungsprozesse einzuspeisen. Manche scheuen davor auch zurück, weil sie sich nicht exponieren wollen. Dennoch würden sie gern vor allem Klagen und Beschwerden über Verhaltensweisen anderer vorbringen und ihre Führungskräfte beurteilen (Goldhaber 1993, 161).

Im Vergleich zur Abwärtskommunikation gibt es wenige typische Formen, die die umgekehrte Richtung, also die Aufwärtskommunikation, stimulieren. Beispiele sind:

- Geschriebene Kommunikationsvorgänge wie Berichte, Notizen und Aktenvermerke
- Organisierte Kommunikationsabläufe wie das betriebliche Vorschlags- und Beschwerdewesen, Mitarbeiterbefragungen, Brief- und Kummerkästen sowie Evaluationsprogramme von Entscheidungen, z. B. nach Restrukturierungsmaßnahmen und Einführung neuer Medien wie Business TV
- Unerwartete Durchlässigkeit der Hierarchien durch das Medium E-Mail oder spezielle Dialogveranstaltungen, die vom Management mit ausgewählten Gruppen der Belegschaft organisiert werden

Typische Formen der Aufwärtskommunikation
- Berichte, Notizen, Aktenvermerke
- Vorschlags- und Beschwerdewesen
- Mitarbeiterbefragungen
- Brief- und Kummerkästen
- Evaluationsprogramme
- E-Mail
- u. a.

Viele Manager lesen ihre E-Mails ohne Einschaltung des Sekretariats

Einige der Kommunikationswege, die für die Kommunikation nach unten genutzt werden, können auch für die andere Richtung eingesetzt werden: Mitarbeitergespräche, Tagungen, Qualitätszirkel, E-Mails oder Hotlines. Insbesondere der Einsatz von Intranets hatte unerwartete Effekte. E-Mails ermöglichen es den Mitarbeitern, mit dem Top-Management leichter und direkter in Verbindung zu treten, als dies auf dem traditionellen Weg über Briefe (geschriebene Kommunikation), Telefon oder gar ein persönliches Gespräch möglich war. Viele Manager lesen ihre E-Mails, ohne dass das Sekretariat sich einschaltet. Dies ist beim Telefonieren und beim persönlichen Gespräch anders.

Der Schlüssel für die Aufwärtskommunikation liegt in der Beziehung Mitarbeiter und Vorgesetzter. Viele Vorgesetzte sind äußerst optimistisch, wenn sie auf ihre liberale Haltung in der Kommunikation angesprochen werden. „Meine Tür steht immer offen", bekräftigen sie. Die Effektivität einer „Open door"-Politik hängt aber vom Vertrauen ab, das in der Beziehung zwischen Mitarbeitern und Vorgesetzten herrscht.

Erfahrungen zeigen, dass folgende Botschaften in der Aufwärtskommunikation Vorfahrt haben:

- Botschaften, die sich in die Unternehmenspolitik und vorhandenen Erwartungen der Manager einfügen. Das Prinzip der kognitiven Dissonanz bezeichnet einen unangenehmen Spannungszustand, der sich auf Grund des Widerspruchs zwischen dem Wissen der Belegschaft und (vermeintlichen) Erwartungen bildet. Dieser Spannungszustand wird dadurch entschärft, dass die Mitarbeiter entweder ihr Verhalten anpassen oder die Situationen meiden, in denen diese Dissonanz entsteht oder gefördert wird. Die Folge ist, dass die Aufwärtskommunikation eine eher bestätigende Funktion ausübt. Mitarbeiter sagen, was nach ihrer Meinung erwartet oder gerne gehört wird, oder schweigen.
- Mitarbeiter geben ungern negative Nachrichten nach oben. Schließlich wollen sie Karriere machen getreu dem Motto: „Nur mit ‚good news' werden Sie befördert." Wer etwas Kritisches sagt, begibt sich in Gefahr, negativ aufzufallen.

Die Akzentuierung der Aufwärtskommunikation, die Bestätigendes eher befördert als Dissonantes, führt dazu, dass Manager oft unvollständig und meist sehr verzerrt informiert werden.

Dennoch könnte die Aufwärtskommunikation weit mehr bieten als ein pures Feedback oder eine bessere Information der höheren Ebenen über das, was in der Organisation geschieht.

Mitarbeiter reagieren positiv auf anonyme Online-Umfragen

Mitarbeiterumfragen, die nach sozialwissenschaftlichen Methoden angelegt sind, vermeiden das Dilemma. Da sie mittlerweile in vielen Unternehmen bereits über Intranet durchgeführt werden können, werden wertvolle Zeit und Geld gespart. In nur sechs Wochen kann ein Fragebogen methodisch umgesetzt, die Befragung abgeschlossen und eine Standardauswertung erstellt werden. Im Siemens-Konzern werden solche anonymen Online-Umfragen kontinuierlich durchgeführt. Die Mitarbeiter reagieren äußerst positiv. Die Rücklaufquote liegt im Durchschnitt bei 60 %. Solche Mitarbeiterumfragen erfolgen im Konzern bereits in den Bereichen Personal und Unternehmenskommunikation sowie in anderen Geschäftsbereichen.

Aufwärtskommunikation befriedigt nicht nur das Bedürfnis der Belegschaft, gebraucht und ernst genommen zu werden, sondern auch das Verlangen, mit einflussreichen und mächtigen Menschen in Kontakt zu kommen. Diese sozialen Kontakte spielen auch für viele Mitarbeiter eine Rolle, die niemals Karriere machen wollen. Zudem sind für diejenigen, die angesichts der schlanken Führungsstrukturen vermutlich selbst nicht zum immer kleiner werdenden Kreis der Manager gehören werden, diese Kommunikationsbeziehungen wohl manchmal eine Art Ersatz für den eigenen Aufstieg.

Mit grenzüberschreitendem Austausch und Dialog zum Geschäftserfolg

Normalerweise haben Unternehmen weniger Kanäle für die horizontale und die Aufwärtskommunikation als für die Abwärtskommunikation zu Verfügung. Dadurch öffnet sich eine gefährliche Falle. Entscheidungen werden gefällt, ohne die vorhandenen Ressourcen voll auszuschöpfen. Projekte werden isoliert umgesetzt, ohne das Know-how dem gesamten Unternehmen zugänglich zu machen.

Das obere Management bemerkt die Defizite der Aufwärtskommunikation sowie des gegenseitigen Austauschs (= horizontale Kommunikation) meist nicht, da es selbst in ein dichtes Netz von Abstimmungs- und Entscheidungsprozessen eingebunden ist. Führungskräfte erkennen in der Regel zu spät, dass sie den Kontakt mit der Belegschaft verloren haben und „abgehoben" agieren. Sie versäumen es dann, den „grenzüberschreitenden" Austausch und Dialog zu planen und zu organisieren. Ohne eine systematische Organisation dieser Kommunikationsabläufe wird die Vorherrschaft der Abwärtskommunikation verhindern, dass Potenziale der Mitarbeiter freigelegt werden. Manager erhöhen somit ihr eigenes Risiko der Fehlentscheidungen und des Scheiterns.

Die geringe horizontale Kommunikation in Unternehmen hat aber noch weitere Gründe: Einzelne Bereiche betrachten sich durchaus als „selbstständig" und sehen wenig Gemeinsamkeiten mit anderen. Sie pflegen ein Eigenleben. Horizontale Kommunikation ist in ihren Augen unnötig, zumal sie anderen Bereichen oder Abteilungen auch noch ein Mitreden ermöglichen würde. Sie wollen sich aus Eigennutz und zum Eigenschutz abschotten. In vielen Fällen wurde auch der Austausch über Organisationsgrenzen hinweg in der Vergangenheit nicht gefordert und nicht trainiert.

Der neue Ansatz des Total Quality Management versucht deshalb, über so genannte Qualitätsgruppen die horizontale Kommunikation zu verbessern. Diese Entwicklung kann vielleicht zusammen mit dem Einsatz computergestützter Systeme wie Intranets die horizontale Kommunikation verbessern.

Gerüchte auf den Fluren killen Organisationspläne

Horizontale Kommunikation dient vorrangig der Koordination, Abstimmung und Problemlösung. Sie kann aber auch durchaus als Ersatz für Aufwärts- oder Abwärtskommunikation fungieren. Wenn z. B. die Gelegenheit zum Gespräch mit den Spitzenmanagern fehlt, tritt die Kommunikation mit Gleichrangigen („peer communication") an ihre Stelle. Einige Kommunikationskanäle, die für die vertikale Kommunikation eingesetzt werden, können auch horizontale Botschaften im Unternehmen verbreiten.

Typische Formen der horizontalen Kommunikation
- Intranet
- (Regelmäßige) Besprechungen
- Projektgruppen, Qualitätszirkel und bereichsübergreifende Teams (Task Force)
- Seminare, Kurse, Schulungen
- Tagungen, Konferenzen, Workshops
- Informelle Gespräche z. B. beim Mittagessen
- „Papers": Stellungnahmen und Analysen
- Telefon und E-Mail
- u. a.

Typische Formen für den gegenseitigen Austausch von Wissen, Erfahrungen und Informationen in der horizontalen Kommunikation sind:

- Die neuen betriebsinternen Netze (Intranets), die sich in den Unternehmen als einheitliche Kommunikationsplattform etablieren. Sie durchdringen die Firmen wie ein feinnerviges Geflecht, das für den Nutzer ein reichhaltiges Angebot an Informationen bereithält, aber auch Kommunikationsverbindungen ermöglicht. Allerdings muss der Nutzer aktiv werden und wissen, was er will. Das Kommunikationsinstrument bietet vielfältige Möglichkeiten. Die

Motivation für eine aktive Mediennutzung jedoch muss im Alltag der Führungspraxis gefördert werden (vgl. Kapitel 8).

● Besprechungen und Gruppenmeetings, die die Grenzen von Abteilungen und Bereichen überschreiten, z. B. Projektgruppen, Qualitätszirkel, bereichsübergreifende Teams (Task Force), Seminare, Kurse und Schulungen

● Informelle Gespräche z. B. beim Mittagessen, im Nachgang zu einer Veranstaltung, in der Freizeit. Dazu gehören auch die Gerüchte, die auf den Fluren Organisationspläne schnellstens außer Kraft setzen.

● Medien, die auch für andere Kommunikationswege genutzt werden können, z. B. verteilte „Papers" mit Stellungnahmen und Analysen, Telefon und E-Mail

Papier oder PC: Wie die Textkommunikation optimiert werden kann

Die schriftliche Kommunikation hat eine lange Tradition in den Unternehmen. Immer neue gedruckte Medien oder vervielfältigte Texte landen auf den bereits übervollen Schreibtischen. Technische Innovationen haben dem gedruckten Wort nun Beine gemacht. Faxgeräte und Kommunikationsnetze wie Intranet sorgen für schnelle Übermittlung. Ob als E-Mail oder Brief, ob als gedruckte Mitarbeiterzeitschrift oder elektronische Online-Information – das Einsatzfeld der Textkommunikation wird vielfältiger. Alte und neue Wege der Textkommunikation ergänzen sich, müssen neu positioniert werden.

Am Beispiel der gedruckten Mitarbeiterzeitschrift und an den Online-Informationen für die Belegschaft wird deutlich, dass neue Medien wie das Intranet eine Umorientierung des alten Mediums notwendig machen. Viele Mitarbeiterzeitschriften brauchen Fitness-Kuren, damit sie den Wettbewerb der Kommunikationskanäle bestehen. Sie müssen ihre Stärken als gedrucktes Medium optimieren. Denn in der Aktualität sind ihnen die elektronischen Systeme weit überlegen.

Bei der Optimierung der Textkommunikation sind für Mitarbeiterzeitschrift und Online-Medien unterschiedliche Grundregeln zu beachten:

Kurze Texte lassen sich leichter am Bildschirm lesen als mehrseitige Ausführungen. Daher sollten längere Texte in den Online-Medien in Module aufgelöst, d. h. in unterschiedliche Ebenen der Information zerlegt werden. Eine 1:1-Übertragung einer gedruckten Mitarbeiterzeitung ins Intranet macht keinen Sinn, da dann die Gesetze der non-linearen Textanordnung (verschiedene Informationsebenen) nicht beachtet werden.

Die gedruckten Medien sind im Vorteil, wenn die Textlänge zwei bis drei Seiten überschreitet. In die Online-Angebote kann dann eine kurze Meldung zur Broschüre oder Zeitschrift gesetzt werden, die den Nutzer aufmerksam macht. In die gedruckte Ausgabe wiederum werden Hinweise auf Online-Informationen aufgenommen, die weitergehende Bedürfnisse der Leser befriedigen oder ständig aktualisiert werden.

Alte und neue Textmedien sollten also nicht nur entsprechend ihrer Eigenart, die die Nutzung prägt, optimiert, sondern gegenseitig vernetzt („verlinkt") werden. Auf jeden Fall sollte vermieden werden, dass Zeitschriften weiter produziert werden, als ob es die schnelleren Wege der Mitarbeiterinformation nicht gäbe, oder dass Inhalte, die für das Lesen auf Papier geschrieben wurden, ohne Bearbeitung in die elektronischen Speicher gestellt werden (vgl. Abbildung 18).

Mitarbeiterzeitschriften können sich verjüngen und an Attraktivität gewinnen

Auswahl und Bearbeitung der Inhalte müssen ebenfalls die veränderte Medienlandschaft in den Unternehmen berücksichtigen. Die Mitarbeiterzeitschrift, die in früheren Jahren als gedrucktes Medium nur eine eingeschränkte Aktualität liefern konnte, bekommt nun Entlastung. Die (tages-)aktuelle Information der Belegschaft und deren Versorgung mit Nachrichten zu Entwicklungen des Unternehmens können das Intranet oder

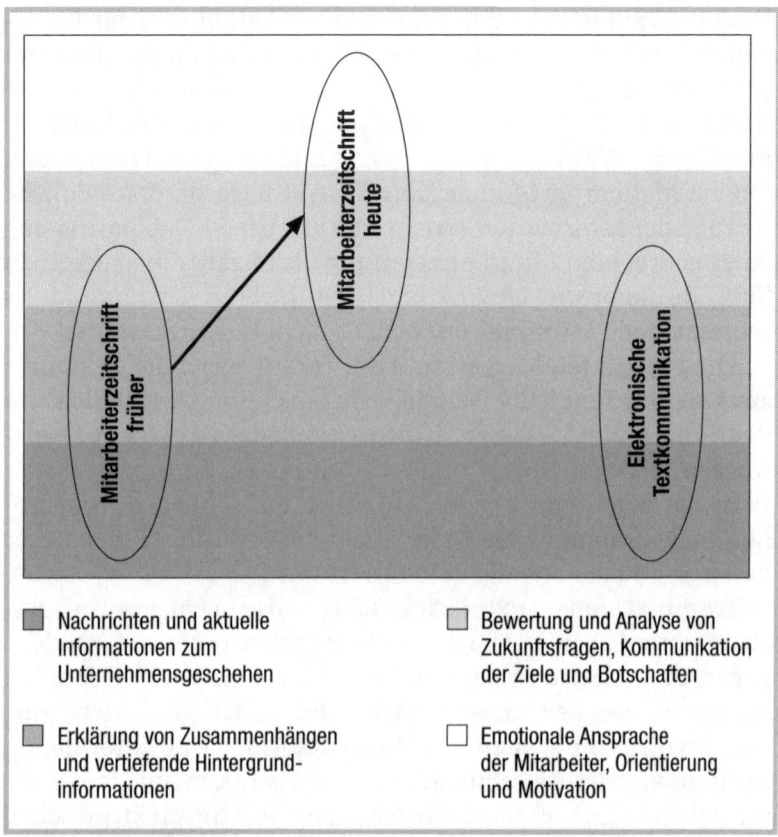

Abb. 18: Neupositionierung der Mitarbeiterzeitschrift im Zeitalter elektronischer Kommunikation

– falls vorhanden – das Business TV übernehmen. Das entlastet die Redaktionskonzepte der Mitarbeiterzeitschriften, die sich nun auf Erklärung von Zusammenhängen und Erläuterung von Hintergrundinformationen sowie bewertende Analysen konzentrieren können. In dieser Funktion ist die betriebsinterne Zeitschrift unersetzbar. „Sie schafft die atmosphärische, emotionale Bindung ans Unternehmen – nicht nur der Mitarbeiter selbst, sondern auch ihres sozialen Umfelds" (Kurt Braatz, Microsoft).

Wenn Mitarbeiterzeitschriften den Freiraum durch eine Neupositionierung aktiv nutzen, können sie sich verjüngen und an Attraktivität gewinnen. Mitarbeiter erwarten von diesen gedruckten Medien jedenfalls nicht nur, dass sie professionell gemacht sind, sondern auch, dass sie die Transparenz fördern, damit Zusammenhänge in den stark arbeitsteiligen Unternehmen deutlich werden. Das ist auch die Voraussetzung für den Aufbau eines Wir-Gefühls, in dem sich der einzelne Mitarbeiter als Teil des Ganzen wiederfindet. Außerdem kann die Zeitschrift die notwendige Orientierung und Motivation der Belegschaft stärken, wenn sie die Unternehmenspolitik oder einzelne Vorstandsentscheidungen anschaulich erläutert.

Die Besonderheiten der Online-Medien – vorausgesetzt, die Mitarbeiter haben am Arbeitsplatz Zugang zu diesen Informations- und Kommunikationsnetzen – sind technisch bedingt. Im Gegensatz zu den gedruckten Medien des räumlichen Nebeneinanders (lineare Anordnung) stellen sie als Medien des Nacheinanders (non-lineare Anordnung) andere Anforderungen an die Textpräsentation und den Nutzer. Erstens können einzelne Informationseinheiten oder Module durch so genannte „Links" verknüpft werden. Das sind Navigationspunkte, die den Sprung von einer Informationseinheit zur anderen ermöglichen. Solche Sprünge sind möglich in der Seite selbst, auf eine andere Seite des gleichen Angebots oder aus dem Angebot weg in eine völlig andere Präsentation (z. B. von Tochterunternehmen oder kooperierenden Firmen).

Stärken der Online-Medien bei Texten
- Verknüpfung einzelner Informationseinheiten oder Module
- Möglichkeit zur ständigen Aktualisierung
- Verbindung von Text mit audiovisuellen Präsentationsformen
- Möglichkeit zur Interaktion mit anderen Partnern

Allerdings stellen Online-Informationen (Hypertexte) den Leser vor einen ständigen Selektionszwang. Er muss entscheiden, auf welchem Weg er weiter in die Tiefen der Speicher vordringen will. Die Intranets müssen daher so gestaltet sein, dass der Überblick über die Angebote und deren Aufbereitung das Finden spezieller Informationen schnell und komfortabel ermöglicht.

Es wird viel zu viel ausgedruckt

Der Computer-Bildschirm, nicht das gedruckte Papier, dient als Schnittstelle zwischen den Informationen und dem Nutzer. Die Begrenzungen des Bildschirms lassen sich beim Einstieg in die elektronische Welt zwar durch eine bequeme Benutzerführung mildern, aber nicht beseitigen. Kein Wunder, dass Mitarbeiter, die den Umgang mit dem neuen Medium noch nicht gewohnt sind, viele Informationen einfach ausdrucken lassen und dann sichten.

Auch Führungskräfte betrachten häufig die neuen Medien mit Skepsis. Ihnen fehlt das Know-how im Umgang mit den Netzen. Sie bitten dann meist die Sekretärin, ankommende Informationen auszudrucken. Dennoch wird der Ausdruck auf Papier langfristig nur in wenigen Fällen notwendig werden, z. B. zur Dokumentation, zum Mitnehmen oder zum Weiterbearbeiten mit Texten anderer Herkunft, z. B. Faxe, Briefe u. a.

Intranets können sich zum elektronischen Gedächtnis eines Unternehmens entwickeln

Die bestechendste Stärke der neuen Online-Medien ist die Möglichkeit der ständigen Aktualisierung. Kontinuierlich können veraltete Inhalte durch neue überschrieben werden. Dieser Vorteil ist in Zeiten des schnellen Wandels der Märkte unbezahlbar. Veraltete Daten, Fakten oder Versionen verschwinden spurlos oder wandern über einen neuen Link in die Dokumentation (Archiv), für die riesige Speichermöglichkeiten und Suchfunktionen zur Verfügung stehen. Die Intranets können sich zum elektronischen Gedächtnis eines Unternehmens entwickeln.

Online-Medien können darüber hinaus Texte multimedial verknüpfen mit Bild, Ton, Video und Animation. Daher bezeichnet man sie auch als Hypermedien. Für die Textkommunikation eines Betriebs öffnet sich damit das weite Feld der audiovisuellen Medien. Textkommunikation kann ergänzt werden durch attraktive und kostengünstige Kommunikationsformen, die genau auf Ziel und Anlass eines Kommunikationsvorgangs abgestimmt sind. Hinzu kommt, dass Online-Medien interaktionsfähig sind. Sie bieten Rückkanäle per E-Mail oder Diskussionsforen, d. h., der Leser kann etwas hinzufügen, kritisieren oder aber mit anderen Kontakt aufnehmen.

Online-Texte haben ihren Leistungsschwerpunkt in der Schnelligkeit und Aktualität der Informationen, den niedrigen Kosten der Produktion und Verbreitung sowie in der Verknüpfung mit anderen Kommunikationsformen. Sie eignen sich eher für kurze, nicht zu komplexe Inhalte, auf die der Nutzer jederzeit zugreifen kann. Die gedruckten Medien haben die Nase vorn, wenn es um die Vertiefung einer Botschaft geht, um Hintergründe und Analysen. Sie können unabhängig von Zeit, Raum und technischer Ausstattung genutzt werden und eignen sich eher für die Reflexion und emotionale Bindung der Leser an ihr Unternehmen. Angesichts der neuen Möglichkeiten müssen sie konzeptionell jedoch überarbeitet und neu positioniert werden (vgl. Abbildung 19).

Audiovisuelle Medien auf dem Vormarsch

Audio- und Videokassetten werden in Firmen seit langem eingesetzt. Neu hinzugekommen sind in einigen Firmen bereits aufwendige Business TV-Programme, die im Intranet zur vollen Entfaltung kommen können. Auch über Business Radio wird bereits nachgedacht. Damit sind audiovisuelle Medien im Begriff, die Unternehmen zu erobern. Mit ihnen dringen Kommunikationswege in die Binnenkommunikation der Firmen vor, die die Mitarbeiter aus ihrer Freizeit bestens kennen und

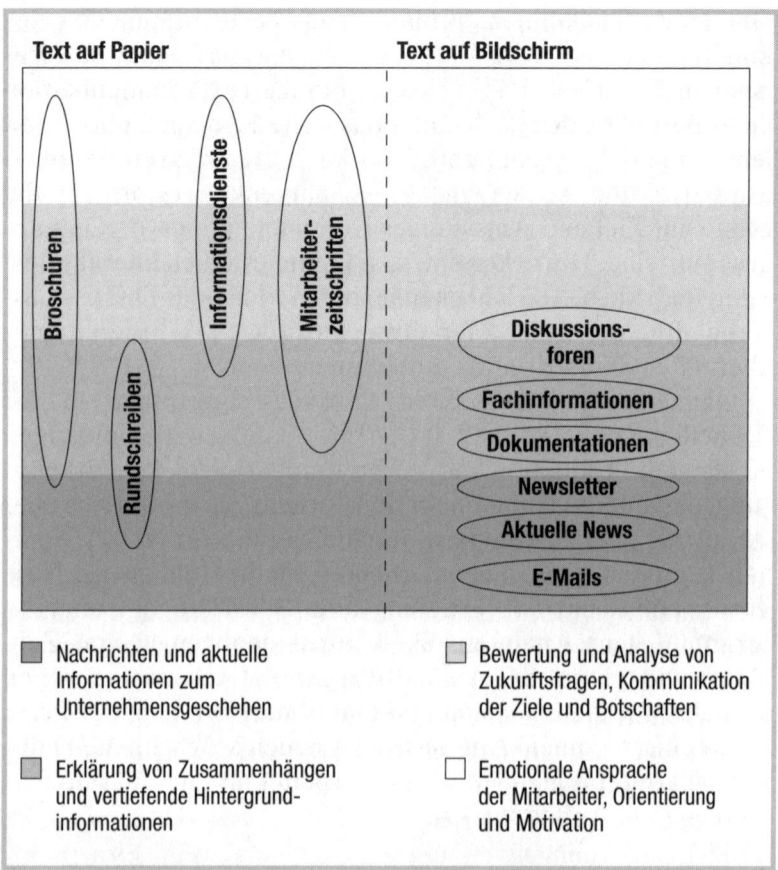

Abb. 19: Arbeitsteilung zwischen gedruckten Medien und Internet

die ein hohes Maß an Authentizität mit höchster Aktualität verbinden. Sie können die Mitarbeiter Ereignisse live erleben lassen und somit das Zusammengehörigkeitsgefühl stärken. Sie lassen Unternehmer, Führungskräfte und Mitarbeiter zu Wort kommen und verleihen der technisierten Kommunikationslandschaft eines Unternehmens „Gesichter", d. h., die unvermittelte persönliche Kommunikation erhält ein mediales Pendant.

Business TV kann (so zeigen erste Erhebungen) vor allem zur Optimierung der Kommunikation von Unternehmen dienen. Es hat gegenüber herkömmlichen Kommunikationswegen, z. B. den Mitarbeiterzeitschriften, den Vorteil, dass Informationen direkter, schneller und authentischer an die Empfänger gelangen. Als audiovisuelles Medium erzielt es auch bessere Erinnerungswerte, da Text, Bild und Sprache zusammenwirken. Business TV kann zwar den persönlichen Kontakt nicht ersetzen, transportiert aber als audiovisuelles Medium Aussagen und Eindrücke von Personen an die Arbeitsplätze der Mitarbeiter. Es verstärkt die Personalisierung der Unternehmenskommunikation.

Firmenfernsehen hilft, wenn regional oder global große Entfernungen zu überbrücken sind

In der Regel nutzen die Unternehmen das Medium Fernsehen für die schnelle Verbreitung und Kommentierung von Firmennachrichten, Produktinformationen und – in Krisenzeiten – für den blitzartigen Informationsfluss von der Spitze in die einzelnen Bereiche des Unternehmens. Business TV wird in Deutschland derzeit vorrangig für die interne Kommunikation und die Mitarbeiterschulung eingesetzt (vgl. Kapitel 9).

Firmenfernsehen hat seinen Leistungsschwerpunkt in der schnellen und kostengünstigen Übertragung von Informationen und entfaltet seine Vorteile, wenn regional oder gar global große Entfernungen zu überbrücken sind. Für Firmen mit dezentraler Organisation bzw. Mitarbeitern, die räumlich ungebunden sind, können Fernsehprogramme aller Art die Unternehmenskommunikation bereichern. Es wäre aber verhängnisvoll, dieses Medium isoliert zu betrachten, es möglicherweise auf Grund seiner Leistungsvielfalt einzuführen, ohne die anderen Kommunikationswege im Betrieb darauf abzustimmen (vgl. Abbildung 20).

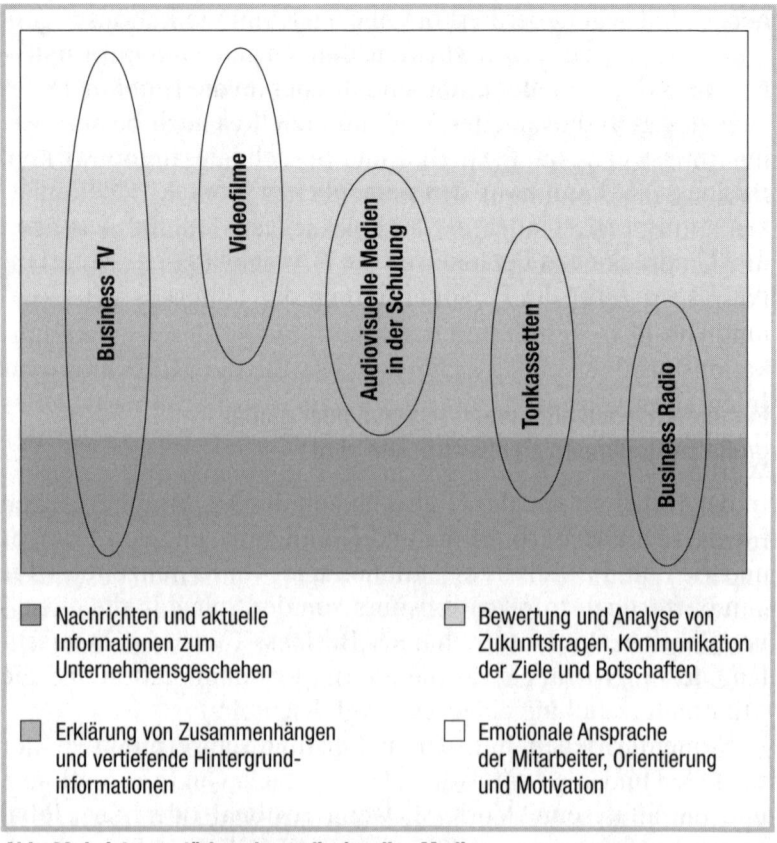

Abb. 20: Leistungsstärken der audiovisuellen Medien

Unverzichtbar: das persönliche Gespräch

Das persönliche Gespräch ist die Kommunikationsform, die die meisten Funktionen gleichzeitig erfüllt. Face-to-Face-Kommunikation läuft direkt zwischen Personen ab, d. h., es entfallen die Informationsverluste, die bei einem Medieneinsatz unvermeidlich sind. Persönliche Gespräche und Meetings geben den Kommunikationspartnern laufend Rückkoppelungsmöglichkeiten, indem sie abwechselnd sprechen, rückfragen, Unklarheiten beseitigen und sowohl die verbale wie auch die nonverbale Ebene der Kommunikation einbeziehen. Das erklärt die Intensität der Beeinflussung, die bei dieser Kommunikationsform möglich ist.

Persönliche Gespräche sind anderen Kommunikationsformen überlegen, wenn intensive Kontakte aufgebaut und Einfluss auf die Kommunikationspartner ausgeübt werden sollen. Sie sind der Weg, auf dem komplexe Sachverhalte behandelt werden können und gleichzeitig ein Höchstmaß an emotionaler Ansprache möglich ist. Auf Grund der persönlichen Übermittlung von Botschaften und der Interaktivität dieser Kommunikationsform eignen sie sich besonders für die Motivation und Integration von Mitarbeitern, aber auch zu Beratung und Betreuung. Beim Verkauf von Produkten beim Kunden ist der Wert persönlicher Kommunikation längst anerkannt.

Allerdings ist die persönliche Kommunikation auch ein sehr restriktiver Kanal, da der Teilnehmerkreis begrenzt und an Ort und Zeit gebunden ist. Es handelt sich aber um einen besonders aufwendigen und einflussreichen Weg, der dann seine volle Wirkung entfaltet, wenn er gezielt eingesetzt wird. Face-to-Face-Kontakte sind dann wichtig, wenn

- es in der Kommunikation auf Nuancen ankommt, weil Emotionen im Spiel sind (z. B. bei Fusionen),
- komplizierte Verhandlungen geführt werden müssen (z. B. bei Konflikten),
- detaillierte Problemanalysen durchgeführt werden sollen (z. B. bei massiven Ertragseinbrüchen),
- schwierige Einweisungen anstehen und komplizierte Aufgaben zu erledigen sind (z. B. bei Sanierungen),
- Fachleute oder Spezialisten, die auf dem Arbeitsmarkt knapp sind, für den Eintritt in eine Firma gewonnen werden müssen (z. B. bei Erweiterungen).

Die vier Wege der Face-to-Face-Kommunikation

In der Face-to-Face-Kommunikation stehen folgende Wege zur Verfügung:

1. Dialoge (Gespräche zwischen zwei Menschen)
2. Gruppenmeetings (z. B. bei Besprechungen oder Workshops)
3. Versammlungen (z. B. Betriebsversammlungen, die das Betriebsverfassungsgesetz verlangt oder freiwillige Zusammenkünfte einer meist großen Anzahl von Mitarbeitern)
4. Tagungen, Kongresse, Schulungsveranstaltungen

● *Einzelgespräche (Dialoge):* Das Einzelgespräch (Mitarbeitergespräch) zwischen Vorgesetztem und Mitarbeiter gehört zu den häufigsten und wichtigsten Kommunikationswegen, wenn es um die Information, Motivation, Orientierung und Beurteilung von Mitarbeitern geht. Im Einzelgespräch kann am besten auf das jeweilige Problem und die individuellen Bedürfnisse der Kommunikationspartner eingegangen werden. Vor allem in schwierigen Situationen ist der Dialog ein absolutes Muss (vgl. Kapitel 4).

● *Gruppengespräche (Meetings):* Das Gruppengespräch findet im Betriebsalltag in Arbeitsgruppen, Teams, Ausschüssen, Projektgruppen und anderen Zusammenkünften statt. Das Gruppengespräch soll sicherstellen, dass bei allen Beteiligten ein gleicher Informationsstand erreicht wird. Gruppengespräche oder Besprechungen dienen außerdem der Entscheidungsvorbereitung, der Ermittlung und Lösung von Problemen, müssen aber professionell vorbereitet und durchgeführt werden (vgl. Kapitel 6).

● *Versammlungen:* Versammlungen von Teilen oder der kompletten Belegschaft eines Unternehmens zu Informationszwecken sind eher selten. Die Betriebsversammlung, die sämtliche Mitarbeiter aller Funktionsstufen und Abteilungen umfasst, ist vom Betriebsverfassungsgesetz als Informationsmöglichkeit vorgesehen. Sie ist vor allem in Zeiten konjunktureller Krisen oder betrieblicher Umstellungen ein geeignetes Forum, um klärende Antworten zu geben. Die gesetzlich vorgeschriebene Unterrichtung der Arbeitnehmer über die wirtschaftliche Lage des Betriebs erfolgt üblicherweise auf der Betriebsversammlung. In Unternehmen, die einen Betriebsrat haben, hat dieser einmal im Kalendervierteljahr eine Betriebsversammlung einzuberufen und in ihr einen Tätigkeitsbericht zu erstatten (§ 43 BetrVG).

● *Tagungen, Kongresse, Schulungsveranstaltungen:* Führungskräftetagungen zur strategischen Ausrichtung des Managements, Budgetbesprechungen zur Abstimmung der Geschäftspolitik und Mittelverteilung sowie Kongresse zu Spezialthemen wie Auswirkungen von E-Commerce, Asienkrise oder Liberalisierung vormals reglementierter Märkte haben sich in den Unternehmen als Instrument zur Information und Motivation bewährt. Immer mehr Firmen greifen zu dieser Kommunikationsform und setzen bewusst auf die zeit- und kostenaufwendige persönliche Kommunikation (vgl. Abbildung 21).

Das Kommunikationsziel bestimmt die Wahl des Mediums

Welchen Kommunikationsweg soll ich wählen? Viele Manager denken über die Frage nur wenig nach. Sie bereiten sich auf den Inhalt dessen vor, was sie sagen wollen. Dabei kommt die Frage zu kurz, auf welchem Weg sie ihr Ziel erreichen wollen. Wenn der Einsatz von Medien und Formen des Austauschs im Betrieb nur zufällig geschieht oder durch die persönlichen Vorlieben und Unsicherheiten der Partner gesteuert wird, werden die Defizite in der Unternehmenskommunikation kaum behoben.

Manager müssen den gezielten Einsatz von Medien und die Optimierung des Kommunikationsgeflechts, in dem sie und ihre Mitarbeiter agieren, meist noch lernen. Empfehlenswert ist

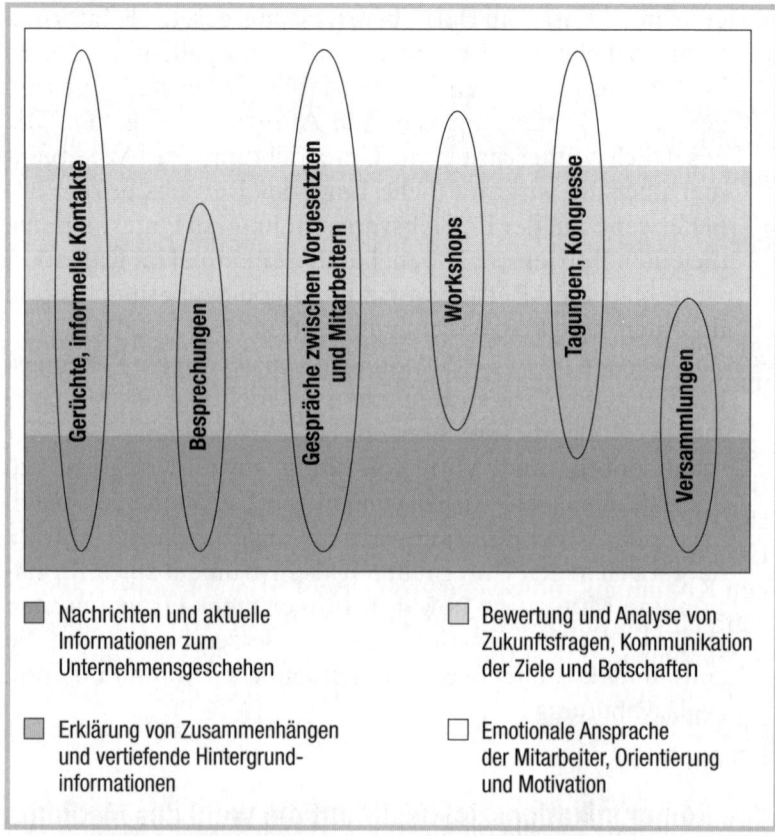

Abb. 21: Persönliche Kontakte decken alle Kommunikationsfunktionen ab

in diesem Fall, einen Kommunikationsplan für den eigenen Verantwortungsbereich aufzustellen, gegebenenfalls unter Mithilfe der Abteilung für Public Relations oder eines externen Beraters. Er besteht aus einer Analyse, die die vorhandenen Kommunikationswege nach ihren Inhalten einteilt. Darauf folgt eine Analyse, die die Funktionen und Leistungen der Medien berücksichtigt und den Handlungsbedarf offen legt. Basis ist die Ausrichtung des Leistungsspektrums der Medien auf das Kommunikationsziel bzw. die zu bewältigende Aufgabe.

Erster Schritt: Klassifikation der Kommunikationswege nach Leistungsfähigkeit

Ordnen Sie die in Ihrem Unternehmen vorhandenen Kommunikationswege (personale und mediale Kommunikation) und teilen Sie sie in leistungsfähige oder weniger leistungsfähige ein. Diese Klassifikation geht auf eine in den USA entwickelte Theorie des Medienreichtums („media richness") zurück, die zwischen „reichen" und „weniger reichen" Medien unterscheidet. Sie teilt Kommunikationskanäle grob danach ein, ob sie umfangreichere Leistungen bzw. komplettere Kommunikationsinhalte transportieren können als andere.

Reichere Kommunikationswege haben einfach eine größere Kapazität und vermitteln z. B. neben Text und Sprache auch Bild, sind interaktiver oder haben sonstige Möglichkeiten, welche die „ärmeren" Transportwege nicht bereitstellen können. Es genügt völlig, wenn in der Praxis der Betriebe die vorhandenen Kommunikationswege grob geschätzt und in eine Reihung gebracht werden. Sofern neuere Ergebnisse von Nutzungsuntersuchungen oder Mitarbeiterumfragen vorliegen, kann diese Reihung modifiziert werden. Sie dient einer ersten Orientierung über die Unterschiede in den Leistungsumfängen eines Kommunikationskanals.

Was aber sind leistungsstarke, „reiche" Medien? Der Medienreichtum („media richness") setzt sich aus vier Komponenten zusammen, die sich alle im persönlichen Gespräch wiederfinden:

● Zeitpunkt und Umfang des Feedback-Potenzials: Ein „reiches" Medium ermöglicht sofortiges Feedback.
● Vermittlung vielfältiger Kommunikationsdimensionen, z. B. nonverbale und verbale Kommunikation
● Gebrauch der menschlichen Sprache im Gegensatz zu mathematischen oder anderen Codes
● Soziale Präsenz der Partner

Auf der Skala des „Medienreichtums" bzw. Leistungsumfangs steht die persönliche Face-to-Face-Kommunikation an erster Stelle. Das Feedback findet gleichzeitig zur Produktion einer Botschaft statt und ist sichtbar. Das gesamte Spektrum der nonverbalen Codes (z. B. Mimik, Gestik) begleitet die Sprache. Die Reaktionen der Individuen sind unmittelbar beobachtbar. Deswegen ist das persönliche Gespräch im Unternehmen unverzichtbar.

Das Telefon ist näher an der persönlichen als an der schriftlichen Kommunikation

Ein geschriebener Bericht hingegen weist weniger „Reichtum" auf. Das Feedback findet zeitversetzt statt. Nur die geschriebenen Zeichen können interpretiert werden, wodurch es interessant wird, „zwischen den Zeilen zu lesen". Die Sprache ist auf die Verwendung der Schriftzeichen reduziert und die Gefühle des Absenders bleiben im Dunkeln. Das Telefon liegt zwischen diesen beiden Medien, aber es ist näher an der persönlichen als an der schriftlichen Kommunikation. Das akustische Feedback findet gleichzeitig statt, aber alle visuellen Codes (z. B. Körpersprache) fehlen. Auch E-Mails können nonverbale Codes oder unmittelbares Feedback nicht vermitteln.

Manager bedienen sich häufig der geschriebenen oder unpersönlichen Kommunikation – also der eher „armen" Medien –, wohingegen die Belegschaft die „reichere" persönliche Kommunikation favorisiert. Leistungsstarke Kommunikationswege sind gut geeignet, um in Situationen eingesetzt zu werden, die durch Unsicherheit oder gar Ängste geprägt sind, und um komplexe Kommunikationsaufgaben zu lösen. „Reichere" Medien sollten auch dann verwendet werden, wenn Inhalte kommuniziert werden, die nicht eindeutig, sondern eher mehrdeutig sind und die unterschiedlich interpretiert werden können. Routineinformationen (z. B. Termine, Aktualisierung von Zahlen) können hingegen durchaus auf weniger „reichen" Kommunikationswegen transportiert werden.

Briefpost ist für Manager oft weniger interessant als Gerüchte und Stimmungen

So gesehen ist es verständlich, warum das Top-Management für die eigene Information eher die „reichen" Kommunikationswege bevorzugt. Top-Manager müssen häufig mit unklaren Situationen und unvollständiger Information umgehen und dennoch Entscheidungen fällen. Hierfür wollen sie möglichst „reichhaltig" informiert werden. Dieses Ergebnis hat Henry Mintzberg (Universität Montreal) bereits 1973 in seiner berühmten Untersuchung über den Alltag von Managern herausgefunden: Führungskräfte benutzen für ihre eigene Information die persönliche Face-to-Face-Kommunikation weit häufiger als schriftliche Komunikationsformen. Mintzberg hält fest: „A most interesting phenomenon was that of ‚instant communication' – the very current, ‚hot' information that flowed frequently and informally, by telephone or unscheduled meeting" (Mintzberg 1973, 36).

Die eingehende Briefpost wurde vom Management als weniger interessant betrachtet und mit Alltagsroutine behandelt. Vielen schriftlichen Berichten von einzelnen Bereichen des Unternehmens wurde eingeschränkte Beachtung geschenkt, weil die Manager immer nach den neuesten Informationen suchen, die sie aber in diesen Kanälen nicht vermuten.

Mintzberg hielt fest, dass Manager oft ein hohes Maß an Unsicherheit akzeptieren, das an Spekulationen, Gerüchten oder gar Stimmungen hängt, solange sie nur neu und unverbraucht sind. In diesem Punkt unterscheiden sie sich von ihren Mitarbeitern nicht.

Während Manager für die eigene Information durchaus auf „reiche" Medien setzen, vertrauen sie bei der Information ihrer Mitarbeiter auf die schriftlichen und elektronischen Kommunikationskanäle. Neuere Untersuchungen in Deutschland haben vor wenigen Jahren bestätigt, dass sich an den Ergebnissen der klassischen Studie von Henry Mintzberg bedauerlicherweise wenig geändert hat (Pribilla, Reichwald, Goecke 1996). Im Gegenteil: Die Arbeit des Managers ist anstrengender und riskanter geworden. Deshalb, so darf gefolgert werden, legt er noch mehr Wert auf die richtige „Witterung".

Natürlich können einfache Botschaften über „reiche" Medien (Gespräche) verbreitet werden. Allerdings sollten die Konsequenzen vorher bedacht werden: Es kann zu einer Überbetonung einer trivialen Information führen oder die Mitarbeiter suchen nach der verborgenen Bedeutung für diesen Kommunikationsakt.

Der sinnvolle Kommunikationsplan

Der erste Schritt für einen sinnvollen Kommunikationsplan ist die Klassifikation der vorhandenen Kommunikationskanäle, die im Betrieb zur Verfügung stehen. Hierbei reicht es vollkommen aus, wenn die Medien in eine grobe Reihung – gemessen nach ihrem Leistungsumfang – gebracht werden. Die Klassifikation der Medien nach Leistungsumfang (Abbildung 22) gibt hierzu Hilfestellung.

Die Systematik sollte auf die jeweilige Firma justiert werden. Dabei können einige Kommunikationskanäle entfallen und andere eingefügt werden.

Der zweite Schritt ist die Auflistung der Kommunikationsaufgaben, die nach dem Grad der Komplexität geordnet werden.

Einfache Themen sind z.B. die Aktualisierung von Zahlen und Fakten, schwierige Aufgaben entstehen, wenn Ziele vereinbart und die Motivation gestärkt werden sollen. Auch diese – regelmäßig und unregelmäßig – anfallenden Kommunikationsaufgaben können in einer Checkliste erfasst werden. Sie sind ebenfalls speziell auf die Firma und deren Situation abzustimmen (Abbildung 23).

Der effiziente Einsatz von Kommunikationskanälen ist dann gegeben, wenn der Komplexitätsgrad der Aufgabe in Bezug zum Leistungsspektrum gesetzt wird. Bei einfachen Kommunikationsaufgaben reichen auch einfache Medien. Bei komplexen Sachverhalten oder in angespannten Situationen sind die leis-

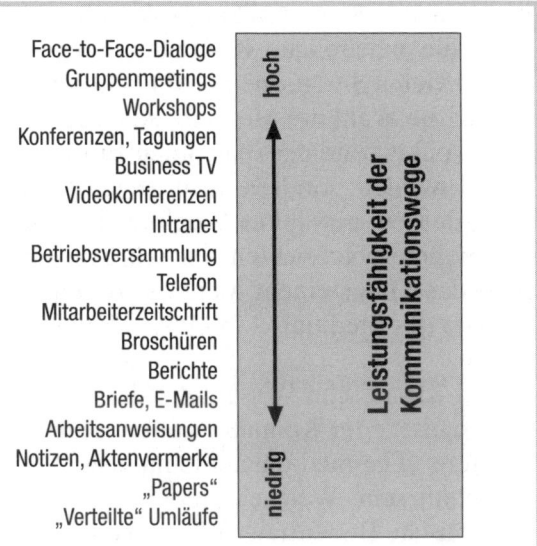

Face-to-Face-Dialoge
Gruppenmeetings
Workshops
Konferenzen, Tagungen
Business TV
Videokonferenzen
Intranet
Betriebsversammlung
Telefon
Mitarbeiterzeitschrift
Broschüren
Berichte
Briefe, E-Mails
Arbeitsanweisungen
Notizen, Aktenvermerke
„Papers"
„Verteilte" Umläufe

hoch

niedrig

Leistungsfähigkeit der
Kommunikationswege

Abb. 22: Klassifikation der Kommunikationswege nach Leistungsfähigkeit

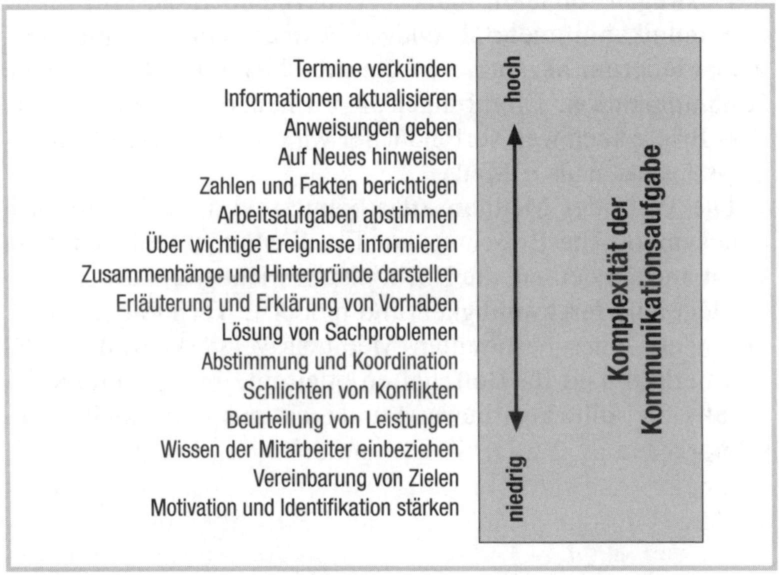

Termine verkünden
Informationen aktualisieren
Anweisungen geben
Auf Neues hinweisen
Zahlen und Fakten berichtigen
Arbeitsaufgaben abstimmen
Über wichtige Ereignisse informieren
Zusammenhänge und Hintergründe darstellen
Erläuterung und Erklärung von Vorhaben
Lösung von Sachproblemen
Abstimmung und Koordination
Schlichten von Konflikten
Beurteilung von Leistungen
Wissen der Mitarbeiter einbeziehen
Vereinbarung von Zielen
Motivation und Identifikation stärken

hoch

niedrig

Komplexität der
Kommunikationsaufgabe

Abb. 23: Klassifikation der Kommunikationsaufgaben nach Komplexitätsgrad

tungsstarken Kommunikationskanäle gefordert. An der Spitze steht die persönliche Kommunikation – aufwendig, effizient und in vielen Situationen unverzichtbar (vgl. Abbildung 24).

Auf die Wahl des Mediums sollte nicht nur aus Gründen der Wirksamkeit und des sparsamen Einsatzes von Ressourcen geachtet werden, sondern auch wegen der symbolischen Bedeutung, den ein gewählter Weg für die Belegschaft hat. Wer unangenehme Nachrichten auf schriftlichem Weg erfährt, während das Management hierzu schweigt, deutet den gewählten Einsatz des Mediums – in diesem Fall eines Briefes – auf seine Weise.

Der kanadische Wissenschaftler Marshall McLuhan hat ein Grundgesetz der Kommunikation unüberhörbar in Erinnerung gerufen: „The medium is the message." Das Medium kann die Botschaft sein. Welches Medium gewählt wird, hat auch eine symbolische Bedeutung. Wenn etwas in einem Bericht oder einer Aktennotiz aufgeschrieben wird, wirkt es verbindlicher, als wenn es nur erzählt wird.

Deswegen forcieren manche Unternehmen die schriftliche Kommunikation mehr als andere Formen. Andere Unternehmen wiederum akzentuieren die mündliche, möglichst legere Kommunikation. Erfahrungen in Firmen deuten darauf hin, dass Briefe auch weit verbindlicher wirken und sorgfältiger abgefasst werden als E-Mails.

Die Wahl des Mediums, das benutzt wird, stellt also auch eine symbolische Botschaft dar. Ein E-Mail zu schicken kann somit auch bedeuten, die Nachricht ist wichtig und der Absender legt auf Geschwindigkeit und moderne Technologie Wert. Die Wahl eines bestimmten Mediums verstärkt deshalb die Aufmerksamkeit für Botschaften oder eine Interpretation des Inhalts. Sie sollte aber bewusst und nicht missbräuchlich eingesetzt werden.

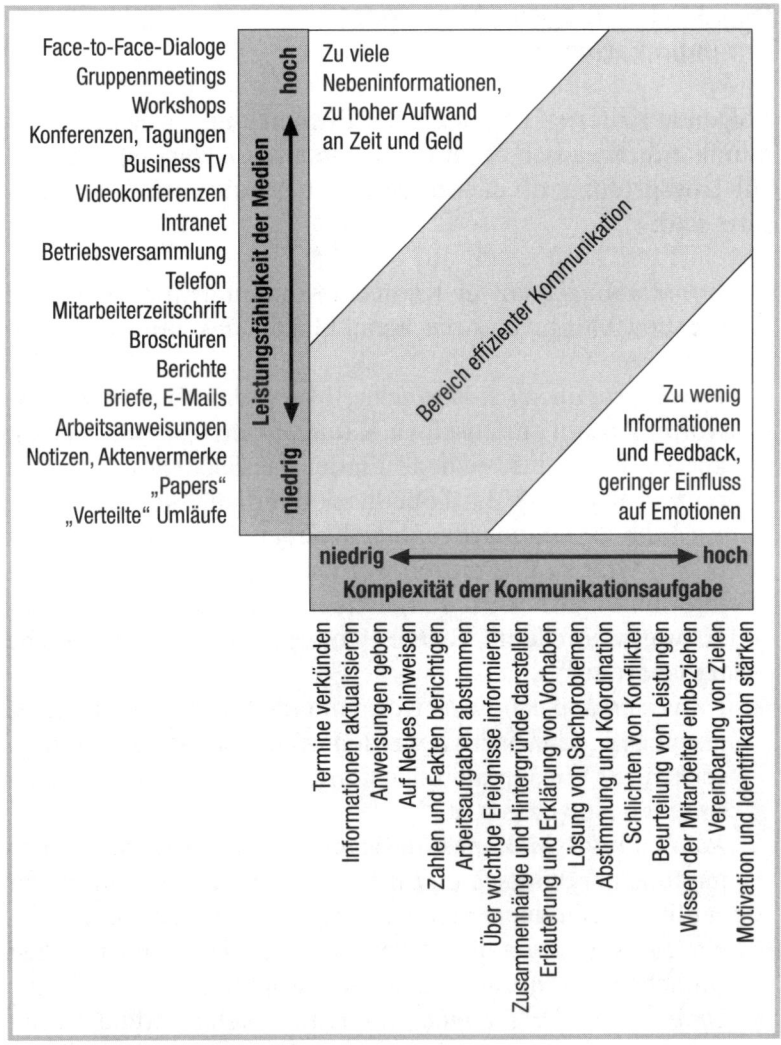

Abb. 24: Kommunikationskanäle gezielt einsetzen

Checkliste zur Auswahl geeigneter Kommunikationskanäle

Folgende Kriterien helfen bei der Entscheidung, welcher Kommunikationsweg sich für einen bestimmten Anlass eignet, bzw. zur Überprüfung, ob die vorhandenen Medien effizient eingesetzt sind:

- *Informationskapazität:* Kann ein Kommunikationskanal die Qualität/Menge und die Schnelligkeit des Transports bewältigen?
- *Feedback-Potenzial:* Wie schnell kann ein Mitarbeiter antworten? Kann er denselben Kanal nutzen oder muss er auf andere Wege ausweichen? Findet das Feedback eventuell zeitversetzt statt? Wird Feedback überhaupt gewünscht?
- *Eignung für komplexe Inhalte:* Können Diagramme, Schaubilder, Grafiken vermittelt werden oder nur einfache Textinformationen? Wird Farbe übertragen oder gibt es nur Schwarzweißbilder? Werden bewegte Bilder und Sprache transportiert?
- *Universalität der Inhalte:* Können verschiedene Botschaften gleichzeitig transportiert werden? Wie groß ist das Themenspektrum? Wie umfangreich können Inhalte sein? Ab wann sinkt die Nutzungsquote?
- *Raum-Zeit-Bindung:* Unterliegen die Anbieter von Informationen und/oder Zielgruppen einer räumlichen und/oder zeitlichen Bindung? Sind sie frei, wann und wo die Inhalte eingegeben oder genutzt werden? Welche räumlichen und zeitlichen Restriktionen sind zu beachten?
- *Umgang mit der Technik:* Können Anbieter und/oder Zielgruppen den Kanal leicht nutzen oder gibt es Schwierigkeiten bzw. Akzeptanzbarrieren? Haben sie am Arbeitsplatz Zugang zu den technischen Systemen oder müssen sie sie anderswo nutzen?
- *Vertraulichkeit, Sicherheit:* Können sich Anbieter darauf verlassen, dass ihre Botschaften nur diejenigen erhalten, für

die sie gedacht sind? Können die Nutzer darauf vertrauen, dass ihre Daten bzw. ihr Nutzungsverhalten nicht ohne ihr Wissen Dritten zugänglich ist?

● *Kosten:* Was kostet die Nutzung dieses Kanals im Vergleich zu anderen?

● *Formalität:* Wie förmlich ist der Kanal? Eignet er sich zum Abschluss von Vereinbarungen und Verträgen? Wird sein Image mit einem Unternehmen identifiziert? Ist er ein wesentlicher Bestandteil der Unternehmenskultur?

● *Symbolische Bedeutung:* Ist der Kommunikationsweg in vergleichbaren Situationen üblich? Welche Praxis ist aus anderen Firmen bekannt?

● *Effizienz:* Ist der gewählte Kommunikationskanal mit Blick auf die Kommunikationsaufgabe geeignet? Gibt es Medien, die diese Aufgabe besser erfüllen? Warum werden sie nicht eingesetzt?

Das richtige Zusammenspiel alter und neuer Medien

Kommunikationskanäle bieten also unterschiedliche Leistungen an. Manche eignen sich für bestimmte Aufgaben und Situationen besser als andere. Sie sollten in einem Medienplan erfasst sein. Anlass zum Überdenken der bisherigen Kommunikationspraxis geben neue Medien wie E-Mail, Intranet oder gar das Business TV. Mit ihnen dringen leistungsfähige Kommunikationskanäle in das betriebliche Geschehen vor (vgl. Abbildungen 25 und 26).

Die herkömmlichen Kommunikationswege sollten daher auf folgende Punkte überprüft werden:

● Enthalten sie Inhalte, die besser in den neuen Medien aufgehoben wären? Können sie Ballast abwerfen, um Freiraum für eine attraktive Umgestaltung zu gewinnen (Arbeitsteilung unter den Medien)?

● Werden Hinweise auf die neuen Medien und deren aktuelles Leistungsangebot gegeben? Sind die Inhalte so konzi-

Kommunikationswege			
Mündliche Kommunikation	**Schriftliche, gedruckte Kommunikation**	**Elektronische Kommunikation**	
Tagungen, Konferenzen . . .	Hauszeitschriften, gedruckte Informationsdienste . . .	Business TV, Intranet, E-Mail . . .	Gruppenübergreifende Kommunikation
Besprechungen, Workshops . . .	Protokolle, Arbeitspapiere . . .	Intranet, E-Mail . . .	Kommunikation in der Gruppe
Gespräch Mitarbeiter und Manager, Dialoge zwischen Kollegen und Kolleginnen . . .	Briefe . . .	E-Mail . . .	Kommunikation zwischen Personen

Abb. 25: Das richtige Zusammenspiel der alten und neuen Medien

piert, dass sie ergänzend zu den neuen Angeboten genutzt werden können (Vernetzung der Medien)?

● Transportieren sie Inhalte, die die Nutzer auch in diesem Medium suchen und abrufen (Nutzerakzeptanz und -intensität)?

● Können im Prozess der Medienproduktion Einsparungen vorgenommen werden, indem Redaktionen zusammengelegt werden oder mehrere Medien betreuen (Arbeitsorganisation)?

● Müssen bestehende Medien im Kommunikationsplan neu positioniert werden, weil sie andere Funktionen übernehmen (neues Konzept)?

● Müssen die Zielgruppen überdacht und eventuell enger gefasst werden (Marktanalyse)?

● Ist ihre Präsentation noch zeitgemäß? Bedarf es eines neuen Layouts? Welches Image wird ihnen von den Mitarbeitern zuerkannt (Imageverbesserung)?

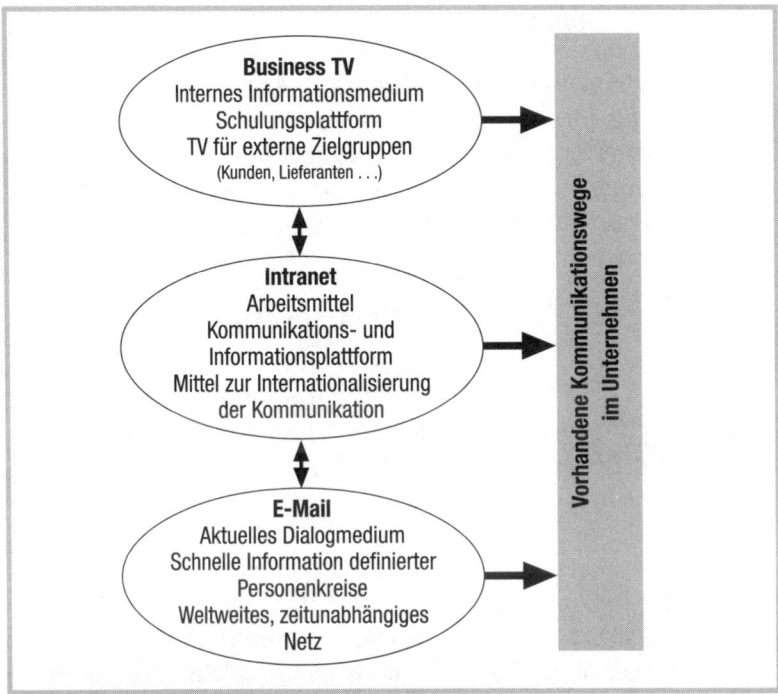

Abb. 26: Neue Medien integrieren und vernetzen

Zusammenfassung

1. *In Unternehmen mit vielen Büro-Arbeitsplätzen bekommen die Mitarbeiterzeitschriften ernsthafte elektronische Konkurrenz durch E-Mail, Intranet und Business TV, die sie mühelos in der Aktualität überholen.*
2. *Das Top-Management vertraut auf gedruckte und elektronische Medien, doch die Mitarbeiter wollen das direkte Gespräch.*
3. *Mitarbeiter geben ungern negative Nachrichten nach oben, weil sie nicht negativ auffallen wollen.*
4. *Ohne Verstärkung der Aufwärtskommunikation verkümmern Mitarbeiterpotenziale und wachsen Managerrisiken.*
5. *In der Textkommunikation sollten alte und neue Medien entsprechend ihrer Eigenart genutzt und gegenseitig vernetzt werden.*
6. *Die Intranets müssen so gestaltet sein, dass das Finden spezieller Informationen komfortabel möglich ist.*
7. *Audiovisuelle Medien lassen Führungskräfte und Mitarbeiter zu Wort kommen und verleihen der technisierten Kommunikationslandschaft eines Unternehmens „Gesichter".*
8. *Manager müssen den gezielten Einsatz von Medien und die Optimierung des Kommunikationsgeflechts, in dem sie und ihre Mitarbeiter agieren, meist noch lernen.*
9. *Top-Manager bevorzugen die „reichen" Kommunikationswege und benutzen zur eigenen Information die persönliche Face-to-Face-Kommunikation weit häufiger als schriftliche Formen.*
10. *Weil das Medium auch die Botschaft sein kann, wirken sorgfältig abgefasste Briefe verbindlicher als E-Mails.*

8 Intranet – auf dem Weg zur Nummer eins der internen Medien

Das öffentliche Internet verbreitet sich schneller, als viele glaubten. Das firmeneigene Informations- und Kommunikationsnetz („Intranet") erobert ein Unternehmen nach dem anderen. Es macht Informationen – im Gegensatz zum öffentlichen Internet – nur einem fest definierten Benutzerkreis des firmeneigenen Computer-Netzwerks zugänglich. Das Intranet bedient sich dabei der Technologie des Internets und verknüpft Computersysteme und Informationspools im Unternehmen. Häufig ist es verbunden mit weiteren Netzen, die ebenfalls nur für fest definierte Gruppen zur Verfügung stehen. Diese so genannten Extranets wenden sich an externe Partner wie Lieferanten, Kunden oder auch Aktionäre, denen speziell abgestimmte Leistungen angeboten werden.

Das Intranet ist zunächst eine integrierende Plattform, die in den verschiedenen Teilen des Unternehmens für unterschiedliche Anwendungen genutzt werden kann. Im ersten Schritt bieten die Unternehmen häufig allgemeine Informationen, die von den Mitarbeitern abgerufen werden können (z.B. Pressemitteilungen, Organisationspläne, Ansprechpartner, Telefonlisten, Handbücher), Produktinformationen, Vorträge und Präsentationsunterlagen (z.B. Folien), Projektbeschreibungen und Weiterbildungshinweise.

Vier Anwendungstypen des Intranets

Allerdings haben Intranets als interne Informations- und Kommunikationsnetze ein über die Mitarbeiterinformation hinausgehendes Funktionsspektrum.

Im Allgemeinen unterscheidet man vier Anwendungstypen des Intranets, die von den einzelnen Firmen höchst speziell umgesetzt werden:

- *Publishing:* Darunter fallen Veröffentlichungen von Informationen aller Art – vom Newsletter für Führungskräfte über Geschäftsberichte bis zu Vorträgen auf Tagungen.
- *Kommunikation, Zusammenarbeit und Abstimmung:* Dieser Anwendungsbereich des Intranets unterstützt die Kommunikation und Kooperation im Unternehmen. Information und Wissen ergeben sich aus der Kommunikation der Mitarbeiter und stehen nicht – wie bei der Publishing-Funktion – als fertiges Produkt zum Abruf bereit.
- *Workflow-Anwendungen:* Die internen Netze werden zur Steuerung von Geschäfts- und Produktionsprozessen verwendet.
- *Knowledge Warehouse:* Dieses anspruchsvolle Konzept will das Modell des Wissensmanagements in die Praxis umsetzen und Informationen aus den unterschiedlichen, meist heterogenen Informationssystemen zusammenführen und zugänglich machen.

Welches Medium gewinnt? Welches Medium verliert?

Interne Unternehmenskommunikation – quo vadis? Die Ergebnisse der Umfrage unter DAX-100-Unternehmen (vgl. Kapitel 10) weisen auf drei zentrale Kommunikationswege, die – jeder auf seine Art – zum Kernbereich der Binnenkommunikation gehören:

- Die „alte" Mitarbeiterzeitschrift, die sich den Trends der Elektronisierung und Internationalisierung anpasst
- „Neue" Medien wie Intranets, die die Plattform für vielfältige Anwendungen, künftig verstärkt auch für Business TV (vgl. Kapitel 9) bilden

- Die persönliche, unvermittelbare Kommunikation, deren Bedeutung angesichts der Medien- und Informationsflut im Betrieb noch steigen wird

Eine Kurzumfrage vom März 2000 bei innovativen Firmen zeichnet ein plastisches Bild.

1. Vergangenheit
Welches Medium der internen Kommunikation hat bei Ihnen in den letzten Jahren an Bedeutung gewonnen?

- „Das Intranet, weil es aktuelle schriftliche und audiovisuelle Kommunikation ohne räumliche und zeitliche Einschränkungen ermöglicht." (Kurt Braatz, Microsoft)
- „E-Mail und Intranet, da beide Transmitter sehr schnell alle Mitarbeiter, auch im Home Office, erreichen." (Udo Freialdenhofen, Sony Deutschland)
- „In den vergangenen zwei Jahren ist die interne Kommunikation zunehmend elektronischer geworden. Das Informationsangebot im Intranet und die Nutzung der Inhalte sind im Zuge der konzernweiten Vernetzung von Bildschirmarbeitsplätzen explodiert. Über 200 000 Seiten stehen schätzungsweise allein im Intranet. Die Deutsche Telekom Gruppe hat über 160 000 Bildschirmarbeitsplätze, die per Intranet und E-Mail-System miteinander verbunden sind. In diesem Zusammenhang sind ganz neue Medien entstanden: eine zentrale Leit- bzw. Navigations- und Schlagzeilen-Seite im Intranet, ‚Mail Direkt' (das ist ein elektronischer Brief an jeden Beschäftigten am Netz), SMS-Nachrichten für Führungskräfte, eine Online-Ergänzung zur monatlichen Führungskräfte-Zeitschrift und eine Online-Ausgabe der monatlichen Mitarbeiterzeitschrift." (Bernd G. E. Merkel, Deutsche Telekom)
- „Die Kommunikation ist in den letzten Jahren virtueller geworden. Das betrifft die Beziehung zwischen Vorgesetzten und Mitarbeitern (Stichwort: Telearbeit) und die Kommu-

nikation im Unternehmen schlechthin (Stichwort: Intranet, Internet). Der Mensch lebt aber nicht von der Virtualität allein. Vorgesetzte und Management müssen anfassbar bleiben und Mitarbeiterinnen und Mitarbeiter haben das Bedürfnis, sich im direkten Gespräch auszutauschen. Deshalb sind bei IBM so genannte ‚Face-to-Face-Programme' immer wichtiger geworden. ‚Meet & Breakfast', wo Geschäftsführer und nach bestimmten Kriterien ausgewählte Gruppen von Mitarbeitern zusammenkommen, ist ebenso Bestandteil wie Veranstaltungen mit mehreren hundert Beschäftigten." (Thomas Mickeleit, IBM Germany)

- „Das Intranet hat in den letzten Jahren sehr stark an Bedeutung gewonnen. Für die Mitarbeiter ist es nach der mündlichen Kommunikation mit Kollegen und Führungskräften das wichtigste Medium der internen Kommunikation geworden. Das hängt vor allem damit zusammen, dass bei Hewlett-Packard nahezu jeder Mitarbeiter mit einem PC und Internet- bzw. Intranet-Zugang ausgestattet ist und das Angebot im Intranet stetig ausgebaut und verbessert wird." (Michaela Meier, Hewlett-Packard GmbH)

- „Das Medium Intranet hat auch bei Bosch an Bedeutung gewonnen." (Helmut Krause, Robert Bosch GmbH)

- „In den letzten Jahren haben sich die elektronischen Medien auch in den Unternehmen verbreitet und entwickelt. Zu nennen sind für unseren Betrieb das Intranet und Outlook. Beide Medien werden stärker genutzt, wobei gegenwärtig die E-Mails über Outlook weitaus bedeutender sind. Die einfache Benutzerführung und gute Vernetzung extern und intern sind die Gründe dafür." (Barbara Nickerson, Nestlé Deutschland)

- „Die personale Kommunikation bis hin zu Feten haben an Bedeutung gewonnen, weil die Überlast an Papier und Elektronik zu Abrissen in der Motivation und Disposition (Pseudo-Integration bei dezentraler Parzellierung) führt." (Klaus Kocks, VW)

- „Eindeutig das Intranet. Durch die zunehmende Ausstattung von immer mehr Arbeitsplätzen mit PCs ist die Nutzung dieses Netzwerks für die interne Kommunikation massiv verstärkt worden." (Dieter Schmidt, Opel)

● „Zugenommen hat die interne Kommunikation über E-Mail und Intranet. Über diese Medien erreichen aktuelle Informationen die Adressaten am schnellsten. Das Gleiche gilt für Rückfragen und Kommentare zu den bestellten Informationen. Allerdings lassen sich Neuerungen und Veränderungen nicht nur über die Einbahnstraße als Information vermitteln, sondern müssen auch im Dialog diskutiert werden. Daher gewinnen neben den elektronischen Medien bereichsübergreifende Veranstaltungen zu aktuellen Themen an Bedeutung. Printmedien werden verstärkt zur Hintergrundinformation eingesetzt." (Martina Kieß, Allianz Lebensversicherungs-AG)

● „An Bedeutung gewonnen haben sowohl die Printmedien, was an deutlich erhöhter Seitenzahl pro Ausgabe (1995: rund 36; 2000: rund 48) und an der gestiegenen Anzahl der Ausgaben pro Jahr (1995: 5; 2000: 6) zu sehen ist, als auch digitale Medien (Lotus-Notes-Datenbanken und Intranet), die es in unserem Konzern vor fünf Jahren – wenn überhaupt – nur in kaum nennenswerter Form gab." (Karsten Wehmeier, parion Konzern)

● „In den letzten Jahren hat das Intranet an Bedeutung gewonnen, weil es ein optimales Informationsmanagement ermöglicht." (Rolf Darmstadt, Commerzbank)

● „Inhouse Line als elektronisches Medium hat an Bedeutung gewonnen aus inhaltlichen Gründen – Präsentation und Verfügbarkeit der Informationen sowie Archivfunktion – und auf Grund formaler Effekte als Basismedium." (Michael Münch, DG Bank)

● „Ohne Zweifel hat die elektronische interne Kommunikation auf Lotus-Notes-Basis, die wir seit drei Jahren betreiben, die bisherigen Kommunikationswege revolutioniert. Der PC hat eindeutig an Bedeutung gewonnen." (Peter Sahl, Frankfurter Sparkasse)

2. Gegenwart
Was ist derzeit Ihr wichtigstes Medium zur internen Mitarbeiter-
kommunikation?

- „Die Mitarbeiterzeitschrift: Sie schafft die atmosphärische, emotionale Bindung ans Unternehmen – nicht nur der Mitarbeiter selbst, sondern auch ihres sozialen Umfelds." (Kurt Braatz, Microsoft)
- „Unser Newsletter, weil er Inhalte zeitnah und ausführlich transportiert." (Udo Freialdenhofen, Sony Deutschland)
- „Heute ist das wichtigste Basis-Medium nach wie vor die gedruckte Mitarbeiterzeitung ‚Monitor' mit einer Auflage von 225 000 Exemplaren. Sie erreicht die gesamte Belegschaft konzernweit, auch die Mitarbeiterinnen und Mitarbeiter, die keinen Bildschirmarbeitsplatz haben." (Bernd G. E. Merkel, Deutsche Telekom)
- „Die wichtigste Kommunikationsplattform (auch im Sinne von Dialog) ist bei IBM heute das Intranet. Innerhalb von zwei Jahren ist es von den hinteren Rängen der Bedeutung in der Kommunikation inzwischen zum zweitwichtigsten Kommunikationsmedium geworden. Im letzten Jahr, das haben Erhebungen ergeben, hat das Intranet den Vorgesetzten als zweitwichtigste Informationsquelle (vor den Kolleginnen und Kollegen) abgelöst." (Thomas Mickeleit, IBM Germany)
- „Wir setzen bei Hewlett-Packard auf einen Kommunikations-Mix. Wir informieren die Mitarbeiter über Intranet, Massen-Mails, Ansprachen und unsere Mitarbeiterzeitschrift." (Michaela Meier, Hewlett-Packard GmbH)
- „Der ‚Bosch-Zünder' ist das wichtigste Medium der internen Kommunikation, da hier Aktivitäten, Entwicklungen und Tendenzen ausführlich begründet dargestellt werden können." (Helmut Krause, Robert Bosch GmbH)
- „Nach wie vor die Mitarbeiterzeitung. In einem Unternehmen mit einer großen Zahl gewerblicher Arbeitsplätze, also solchen, die noch nicht an die elektronischen Informations-

systeme angeschlossen sind, hat dieses klassische Medium der Mitarbeiterkommunikation nach wie vor seinen hohen Stellenwert." (Dieter Schmidt, Opel)

● „Die wichtigsten Medien sind Zeitschrift, Vermerke (Mails) und Meetings, leider noch nicht das Corporate TV, das aber kommt." (Klaus Kocks, VW)

● „Wichtig ist, das richtige Medium bzw. den richtigen Kommunikationsprozess zum kommunizierten Thema einzusetzen. So eignet sich z. b. für einen standort- und hierarchieübergreifenden Dialog besonders gut die Mitarbeiterzeitschrift. Sie kann motivieren und die Identifikation mit dem Unternehmen stärken. Außerdem vermag sie auf interessante und spannende Weise Hintergrundinformationen zu vermitteln. Bei strukturellen Veränderungen kann es sinnvoll sein, eine ganze Reihe von Maßnahmen (z. B. E-Mail, Intranet, Veranstaltungen mit der Geschäftsleitung und die Mitarbeiterzeitschrift) einzusetzen." (Martina Kieß, Allianz Lebensversicherungs-AG)

● „Das derzeit wichtigste Medium ist unsere Mitarbeiterzeitschrift." (Karsten Wehmeier, parion Konzern)

● „Das Intranet." (Rolf Darmstadt, Commerzbank)

● „Das wichtigste Medium ist das Mitarbeitermagazin." (Michael Münch, DG Bank)

● „Die elektronische Kommunikation hat schrittweise fast alle schriftlichen Informationen abgelöst und ist daher von zentraler Bedeutung. Neben der elektronischen Kommunikation zählt die Mitarbeiterzeitung, die nach wie vor gedruckt wird, zu den wichtigsten Kommunikationswegen." (Peter Sahl, Frankfurter Sparkasse)

3. Zukunft
Welchem Medium geben Sie in der internen Kommunikation die größten Zukunftschancen?

● „Medien verdrängen einander nicht, sie substituieren einander. Das Intranet hat die Funktion der Mitarbeiterzeitschrift verändert: Es wird von ihr nicht mehr verlangt, was sie ohnehin kaum je leisten konnte, nämlich aktuell zu informieren. Ich glaube nicht, dass irgendein Kanal der internen Kommunikation keine Zukunftschancen mehr hat." (Kurt Braatz, Microsoft)

● „Das Intranet wird auf Grund seiner permanenten Verfügbarkeit und Schnelligkeit besonders in Krisensituationen das Medium der Kommunikation werden. Flankierend wird sich in dezentralen Organisationsformen interaktives Business TV etablieren." (Udo Freialdenhofen, Sony Deutschland)

● „Die Zukunftschancen gehören der Weiterentwicklung der elektronischen Medien. WAP und UMTS – über diese Technologien wird das Intranet mobil – bieten sicherlich große Chancen. Web-Streaming wird auch ausbaufähig sein und langfristig gegenüber dem heutigen Business TV in seinen diversen Varianten an Bedeutung gewinnen. Die medienspezifischen Vorzüge von gedruckten versus elektronischen Medien (vornehmlich online) werden sich klarer differenzieren, um künftig eine effektivere Arbeitsteilung in der internen Unternehmenskommunikation zu realisieren." (Bernd G. E. Merkel, Deutsche Telekom)

● „Das Intranet wird perspektivisch zum wichtigsten Kommunikationsmedium. Ist es heute schon in vielen Unternehmen die wichtigste Informationsquelle, wird es in Kürze einen neuen partizipatorischen Ansatz in der Kommunikation möglich machen. Da stehen wir erst ganz am Anfang. Auch Intranets sind vielfach in der ‚Doppelseiten-Denke‘ gestaltet und nutzen die Möglichkeiten der neuen Technologie nicht annähernd aus. Chats, Foren, spontane Meinungsumfragen und Beteiligung an Entscheidungen sind Dialogoptionen, die rasant an Bedeutung gewinnen und die Kommunikation in den Unternehmen grundlegend verändern." (Thomas Mickeleit, IBM Germany)

● „Dem Intranet geben wir die größten Zukunftschancen. Es ist ein schnelles, aktuelles, multimediales Medium und bietet umfassende Möglichkeiten zum Dialog mit den Mitarbeitern." (Michaela Meier, Hewlett-Packard GmbH)

- „Das Intranet wird sicher weiter an Verbreitung gewinnen, ein gedrucktes Medium aber nicht ersetzen können." (Helmut Krause, Robert Bosch GmbH)

- „Wir rechnen damit, dass das Intranet in Zukunft wichtiger werden wird, da sich die Oberflächenbenutzung verbessern wird und die Anwender ihre Informationen direkt selbst in Frames einstellen und schnell abrufen werden können." (Barbara Nickerson, Nestlé Deutschland)

- „Die Zukunft gehört dem Intranet zur Entlastung der Kommunikationsabläufe und dem Teamwork mit seinen hohen personalen und affektiven Anteilen (‚business friends‘)." (Klaus Kocks, VW)

- „Das ist abhängig vom Charakter des Unternehmens. In bürogeprägten Unternehmen (Banken, Verwaltungen, Behörden) sehe ich große Entwicklungschancen für innerbetriebliches Fernsehen und eine weitere Zunahme des Intranet-Anteils an der internen Kommunikation. In stärker fertigungsgeprägten Unternehmen wird man auch mittelfristig nicht auf die klassischen Medien wie Mitarbeiterzeitung, schwarzes Brett, Flugblatt u. a. verzichten können." (Dieter Schmidt, Opel)

- „Die größten Zukunftschancen hat ein ausgewogener Medien-Mix: Elektronische Medien werden eingesetzt, wenn große Datenmengen anfallen und Informationen möglichst rasch zur Verfügung stehen sollen. Printmedien eignen sich zur Aufarbeitung von Hintergrundinformationen. Die persönliche Kommunikation spielt eine wichtige Rolle bei der Motivation und Vermittlung von Veränderungen." (Martina Kieß, Allianz Lebensversicherungs-AG)

- „Größte Zukunftschancen dürften die elektronischen Medien haben. Hier können Informationen schneller transportiert und Wissen besser verfügbar (speicherbar und leichter wieder auffindbar) gemacht werden. Dennoch wird man auf ein Printmedium als Mittel der internen Kommunikation

auf absehbare Zeit nicht verzichten können. In einer Zeitschrift lassen sich beispielsweise längere Artikel oder Fotos
besser lesen bzw. betrachten. Außerdem erreicht man mit
einer Zeitschrift Zielgruppen, die auf digitalem Wege in der
Regel nicht erreicht werden: Familien der Mitarbeiter oder
Pensionäre." (Karsten Wehmeier, parion Konzern)

● „Dem Intranet, ergänzt durch Inhouse TV." (Rolf Darmstadt, Commerzbank)

● „Aktuelle elektronische Medien zusammen mit Printmedien haben die größten Chancen wegen der Parallelität der
Rezeptionsgewohnheiten." (Michael Münch, DG Bank)

● „Auch in den kommenden Jahren wird die elektronische
Kommunikation auf Lotus-Notes-Basis im Mittelpunkt stehen." (Peter Sahl, Frankfurter Sparkasse)

Neue Formen interner Kommunikation

Die Informations- und Kommunikationsnetze der Firmen bieten eine breite Palette an neuen Formen der internen Kommunikation. Mit ihnen ist es möglich, Informationen und das im
Unternehmen vorhandene Wissen allen Mitarbeitern unabhängig von Zeit und Ort zur Verfügung zu stellen. Intranets können
sämtliche Kommunikationsfelder im Unternehmen verknüpfen
und dienen der Transparenz sowie der Verbesserung von hori-
zontaler und vertikaler Kommunikation.

Das Intranet ermöglicht neue Formen zum Austausch von
Inhalten. Dafür gibt es bereits sehr überzeugende Beispiele:

● Über die elektronische Post (E-Mail) können Nachrichten
auf elektronischem Weg an Besitzer eines elektronischen
Briefkastens („E-Mail-Account") versendet werden. E-
Mails ersetzen zum Teil Briefe, werden aber auch zur
schnellen Information der Mitarbeiter benutzt.

● Informationsabrufdienste aller Art können aufgebaut werden. Der Nutzer gelangt über Querverweise (Links) zu an-

deren Informationsmodulen oder Angeboten. Sie werden in den Unternehmen primär zur Vermittlung von Hintergrundinformation eingesetzt.

● Informationsverteildienste (z. B. „Mailing"-Listen) können die Kommunikation unter Fachleuten zu bestimmten Themenbereichen fördern. Verteildienste werden meist zur schnellen und gezielten Information der Mitarbeiter genutzt.

● Diskussionsgruppen („Newsgroups") und Diskussionsforen („Chats") kommunizieren miteinander zu bestimmten Themen. Sie werden in den Intranets nach ersten Erfahrungen bisher nur wenig genutzt. Chat-Foren werden auch nur selten angeboten.

Die Gründe, die Unternehmen dazu bewegen, Intranets auf- bzw. auszubauen, liegen aber nicht nur in der Optimierung der Binnenkommunikation, sondern auch in ökonomischen Überlegungen. Intranets ermöglichen eine schnelle, weltweite und kostengünstige Verteilung von Informationen. Sie unterstützen aber auch die schnellere und bessere Ausführung von Arbeitsaufgaben und steigern damit die Produktivität.

Das Intranet kann mehrere Funktionen gleichzeitig erfüllen:

● Als *Arbeitsmittel*, das zur Optimierung der Produktionsprozesse beiträgt

● Als *Informations- und Kommunikationsplattform*, die es ermöglicht, Wissen zu sammeln, zu hinterlegen und den Mitarbeitern zugänglich zu machen. Dabei dient das Intranet auch als Schnittstelle für die Kommunikation mit externen Partnern wie Kunden, Lieferanten oder Kapitalgebern.

● Als *Mittel zur Internationalisierung der Kommunikationsabläufe*, das für dezentral organisierte und international tätige Firmen einen schnellen und gleichzeitig kostengünstigen Kommunikationsweg zur Verfügung stellt. Es hebt die Unternehmensgrenzen in räumlicher und zeitlicher Hinsicht auf und überbrückt Kommunikationsbarrieren.

Ein Medium zur Selbstbedienung
Inhalte von Intranets (Beispiele)
● Unternehmensdaten, Präsentationsunterlagen
● Adressen und Telefonverzeichnisse
● Handbücher und Unterlagen für verschiedene Arbeitsprozesse
● Angebote der Aus- und Weiterbildung
● Veröffentlichungen des Unternehmens, Broschüren, Vorträge
● Übertragungen von Pressekonferenzen, Hauptversammlungen, Messeauftritten u. a.
● Interne Job-Börsen
● Internes Bestellwesen
● Bulletin Board („schwarzes Brett")
● Diskussionsforen

Der Inhalt des Intranets ist also sehr vielfältig. Es ist ein Medium zur Selbstbedienung, das Informationen offeriert. Der Nutzer muss seinem Bedarf entsprechend Informationen aktiv aus dem Netz „ziehen", Intranets sind so genannte Pull-Medien. Meist verfügen sie jedoch auch über so genannte Push-Programme, d. h., der Empfänger bekommt eine Information auf seinen Rechner zugespielt.

Wichtiges und Eiliges taucht dann sofort auf dem Bildschirm auf und macht sich mit Tönen, Animationen, Info-Flashs oder Newssticker bemerkbar. Auch wenn die internen Netze beide Funktionen beinhalten, werden sie überwiegend als Pull-Medium genutzt.

Hansjörg Bullinger (Fraunhofer-Institut Stuttgart) fasst die Gründe und Vorteile für die Nutzung von Intranets im Unternehmen folgendermaßen zusammen: Intranets schaffen einen gemeinsamen, stets aktuellen Informationspool, bieten eine universelle Kommunikationsplattform und verbessern bzw. beschleunigen den Informationsfluss im Unternehmen. Die betriebsinternen Netze schaffen ein einheitliches, standardisiertes Unternehmensnetzwerk, ermöglichen eine schnelle wie auch kostengünstige Einführung von neuen Anwendungen und Updates im Inhouse-Netz und steigern die Produktivität. Außerdem werden die Identifikation der Mitarbeiter mit dem Unternehmen gestärkt, Kompetenzen geschaffen und das Wissen in der Firma allen zugänglich gemacht, d. h. „demokratisiert" (Bullinger 1996).

Akzeptanzbarrieren: Datenwüsten, Erreichbarkeit und Nutzerfreundlichkeit

Wenn die Intranets als geduldige Speicher die ohnehin große Informationsfülle, die bereits jetzt kaum mehr bewältigt werden kann, im Unternehmen noch unübersichtlicher machen, werden ihre Akzeptanz und ihr Nutzen für die tägliche Arbeit sinken.

Daher ist es wichtig, sich nicht nur um die technische Implementierung zu kümmern, sondern vor allem um den Aufbau und die Aufbereitung des Inhalts. Dieser Weg ist für die Unternehmen nicht leicht, da Intranets auf die speziellen Belange der jeweiligen Firma zugeschnitten sind.

Die Entwicklung der unternehmensinternen Netze läuft meist in folgenden Phasen ab:

- *Phase 1:* In der ersten Euphorie über die technischen Möglichkeiten stellen viele Abteilungen Interessantes und weniger Nützliches ins Netz. Es wächst eine Datenwüste, in der sich der Nutzer nur schwer zurechtfindet. In dieser Phase werden vorhandene Inhalte wie Geschäftsberichte oder Mitarbeiterzeitschriften unbearbeitet ins Intranet gestellt. Doch neuartige Angebote werden nur selten erstellt. Die Zielgruppen, die angesprochen werden, sind die gleichen wie die der gedruckten Kommunikation.
- *Phase 2:* Nach den ersten Erfahrungen werden allgemeine Richtlinien für die Architektur und das Einstellen von Informationen erarbeitet; zum Teil werden Intranet-Redaktionen etabliert. Ohne klare Spielregeln für die Nutzung läuft das Intranet ins Leere. Damit die gewünschten Informatio-

nen schnell und per Mausklick auf dem Bildschirm erscheinen, sind eine klare Strukturierung und Transparenz des Angebots ebenso erforderlich wie die Benutzerfreundlichkeit der Zugangswege. Zu entscheiden ist jetzt: „Welches sind die Oberkategorien, die das Angebot gliedern, und wie komplex sollen die Verzweigungen in die Unterkategorien sein?" Vorhandene Inhalte werden kombiniert oder mit Zusatzinformationen ergänzt, die gedruckte Mitarbeiterzeitschrift erhält jetzt eine eigene Online-Version.

● *Phase 3:* In der Optimierungsphase geraten die Aktualität und Verwertbarkeit des Inhalts der Netze in den Mittelpunkt. Die Unternehmen haben jetzt erkannt, dass der Erfolg bzw. Nutzen eines Intranets steht und fällt mit der Qualität des Inhalts. Völlig neue Inhalte und Präsentationsformen werden entwickelt, manchmal wird auch das Business TV integriert. Intranet-Redaktionen müssen nun nicht nur auf die Einhaltung der Richtlinien achten, sondern kritisch überprüfen und bewerten, welche Informationen eingespeist werden und welche Angebote im Intranet nichts zu suchen haben. Veraltete Informationen oder „Datenfriedhöfe" schaden der Akzeptanz der Netze. Erste Erfahrungen in den Unternehmen zeigen, dass – quantitativ betrachtet – eigentlich zu viele Informationen eingespeist werden. Wie man die Qualität in den Griff bekommt, ist noch offen.

Manchmal ist der Weg über eine bewertende Instanz – die Intranet-Redaktion – in den Unternehmen nicht konsensfähig. Dann kann das Modell eines „Information Broker" möglicherweise weiterführen. Das sind Dienstleister, die im Auftrag von Abteilungen Informationen im Intranet wie auch im Internet recherchieren und sie dem Auftraggeber schnell und effizient liefern. Dieser muss sich dann nicht selbst auf die zeitraubende Suche in den unendlichen Weiten von Intranet und Internet machen.

Die Anwendungsvielfalt des Intranets und die Fülle des gespeicherten Materials verführen manchen Manager zu glauben, dass ja nun kein Mitarbeiter mehr behaupten könne, er sei schlecht informiert worden. Im Netz stehen alle Informationen zur Verfügung. Informationen werden nun, wie sie meinen, endgültig von einer Bring- zu einer Holschuld. Doch diese Argumentation verkennt nicht nur die Anforderungen einer modernen Unternehmenskommunikation, sondern ist zudem unlogisch. Die Aufforderung an die Mitarbeiter, sich die Informationen zu holen, hat schon nicht gegriffen, als die konventionelle Papierkommunikation noch dominierte. Auch dort waren erfahrungsgemäß die Informationen bereits geschrieben und veröffentlicht, nach denen die Mitarbeiter verlangten.

Die Gefahr einer „Zweiklassengesellschaft" droht

Das ist bei der elektronischen Kommunikation nicht anders. Dort gilt es zunächst einmal, die Hürden der Erreichbarkeit und Nutzerfeindlichkeit zu überwinden. Die elektronischen Informationen erreichen oft nur einen Teil der Mitarbeiter, da nicht an jedem Arbeitsplatz ein PC steht. Vor allem gewerbliche Mitarbeiter in den Produktionsbereichen sind von diesem Mangel betroffen. Die Hoechst AG versuchte, dieses Problem z. B. durch die Aufstellung von „Multimedia-Kiosken" zu lösen, die mit Rechnern und Druckern ausgestattet wurden.

Die Einführung der Intranets in den Unternehmen birgt die ernste Gefahr einer „Zweiklassengesellschaft": diejenigen, die mit den leistungsfähigen Netzen arbeiten, und die Nicht-Nutzer. Meist bildet sich bei Einführung der Intranets eine kleine Gruppe fortgeschrittener Anwender heraus, die die technischen Möglichkeiten umfassend nutzen können und wollen. Diesen Anwendern stehen Gruppen gegenüber, die das Netz nicht oder nur oberflächlich nutzen. Um die Unterschiede in der Einbindung der Mitarbeiter in das Informationsangebot abzubauen, werden in den Unternehmen Schulungen durchgeführt und Hotlines eingerichtet.

Der amerikanische Konzern Ford will seinen 350 000 Beschäftigten kostenlos einen Personalcomputer, einen kostengünstigen Internet-Zugang, mindestens zwei E-Mail-Adressen und die Möglichkeit zu einer Web-Site zur Verfügung stellen. Als Begründung für den ungewöhnlichen Schritt erklärte Ford-Chef William Clay Ford jr., das Internet sei das Fließband des 21. Jahrhunderts. Alle Ford-Mitarbeiter sollten über den Fortschritt im elektronischen Bereich auf dem Laufenden sein. Durch diese Maßnahme will der Konzern auch die interne Kommunikation verbessern.

Die technisch bedingte Akzeptanzbarriere so niedrig wie möglich halten

Mit ausreichender Nutzerfreundlichkeit ist gemeint, dass Online-Informationen so zugänglich sein müssen, dass auch Nicht-Computerfreaks unter den Mitarbeitern damit umgehen können. Die technisch bedingte Akzeptanzbarriere muss so niedrig wie möglich gehalten werden.

Sowohl im Intranet wie im Internet hängt die Akzeptanz eines Angebots darüber hinaus von der Orientierung an Nutzerbedürfnissen ab. Deshalb wird die Rechnung, die Mitarbeiter zu einer Nutzung der Intranets zu „zwingen", indem Informationen nur über diese Quelle verfügbar sind, nicht aufgehen. Denken Sie nur an die „Kosten", die anfallen, wenn Mitarbeiter umständliche und frustrierende Suchvorgänge erledigen müssen und sich dabei über das Intranet ärgern.

Ebenso unsinnig wäre es, die gesamte Unternehmenskommunikation ins Netz zu verlagern. Für bestimmte Zwecke wird die konventionelle Papierkommunikation überlegen bleiben, so dass deren Vorteile auch genutzt werden sollten. Erste Erfahrungen in den Unternehmen zeigen, dass vor allem Papierdokumente wie Handbücher, Adressenverzeichnisse, Umläufe und Rundschreiben Schritt um Schritt substituiert werden, da sie über das Intranet kostengünstiger, gezielter und aktueller verbreitet werden können. Das schwarze Brett als klassisches Medium verliert an Bedeutung, wird aber nicht verschwinden. Die „Bulletin Boards" des Intranets übernehmen seine Funktion, da reine Mitteilungsvorgänge per Netz leichter vollzogen werden können. Voraussetzung ist allerdings, dass die Mitarbeiter Zugriff auf das elektronische System haben. Die Mitarbeiterzeitschrift allerdings behält ihren zentralen Platz in der internen Kommunikation.

Siegeszug der E-Mails

Elektronische Post (E-Mail) ist die wohl am weitesten verbreitete Anwendung des Internets bzw. Intranets und ersetzt in großen Unternehmen mehr und mehr Briefe, Faxe und Botengänge. Das ergab eine Studie bei 139 europäischen und amerikanischen Großkonzernen mit durchschnittlich 50 000 Beschäftigten (IW-Medienspiegel Nr. 27, 5. 7. 1999). In 10 % der befragten Unternehmen werden bereits drei Viertel bzw. alle Dokumente per E-Mail verschickt. 17 % der Firmen übermitteln per E-Mail etwa die Hälfte bis drei Viertel der Dokumente, 30 % ein Viertel bis die Hälfte und 39 % bis zu einem Viertel. In der Binnenkommunikation wird das neue Medium allerdings weit häufiger genutzt als bei Briefen an Kunden und Lieferanten (vgl. Abbildung 27).

Hauptgründe für den Einsatz von E-Mails sind: die Verkürzung der Antwortzeit gegenüber den Kunden und Mitarbeitern (amerikanische Firmen: 92 %, europäische Firmen: 63 %), Einsparungen beim Porto (USA: 76 %, Europa: 42 %), Dokumente werden von Mitarbeitern oder Kunden in elektronischer Form erwartet (USA: 51 %, Europa: 39 %) und Reduzierung von Papier (USA: 78 %, Europa: 36 %). Gegen die Verwendung von E-Mail sprechen vor allem Sicherheitsaspekte (USA: 35 %, Europa: 72 %) und ein zu großer Datenverkehr im Netz (USA: 3 %, Europa: 38 %). Manche Unternehmen haben noch weitere Vorbehalte gegenüber der E-Mail-Nutzung, z. B. mangelnde Ausstattung mit E-Mail-Adressen und Furcht vor einer Informationsflut.

So viel Prozent aller Dokumente werden per E-Mail verschickt:

	Intern	Extern	Gesamt
0 bis 25 Prozent	33	66	39
26 bis 50 Prozent	15	23	30
51 bis 75 Prozent	24	6	17
76 bis 100 Prozent	27	1	10
keine Angaben	1	4	4

Basis: Befragung von 139 Großunternehmen in Europa und USA
Quelle: AFP Technology zit. nach IW-Medienspiegel Jg. 23 Nr. 27 vom 5. Juli 1999

Abb. 27: Nutzung von E-Mails in Großunternehmen

Grundlegende Eigenschaften von E-Mails

● Nachrichten werden fast immer übermittelt, wenn die E-Mail-Adresse stimmt. „Besetzt" oder „Empfänger nicht erreichbar" gibt es nicht. Das hat zur Folge, dass immer mehr Mitarbeiter darüber stöhnen, dass sie Tag für Tag mitunter mehrere Stunden E-Mails abrufen bzw. anschauen müssen. Viele Chefs delegieren die Auseinandersetzung mit der E-Post mittlerweile an ihre Sekretärin, die nun vor der nicht leichten Aufgabe steht, zu entscheiden: „Was ist wichtig und was Schrott?"

● Die Information für einen Benutzer wird in einer ihm persönlich zugeordneten Mailbox gespeichert. Es gibt auch die Möglichkeit des Zugriffs mehrerer Personen auf eine Mailbox. Angesichts des intensiven Gebrauchs von E-Mails empfiehlt es sich in vielen Fällen bereits, mehrere Adressen zu haben und sie auch nur wohl dosiert bekannt zu geben.

● Es gibt unterschiedliche Versandarten und Empfangsbestätigungen, so dass der Absender z. B. erkennen kann, ob der Empfänger seine Mitteilung gelesen hat.

● Nachrichten können an einen bzw. mehrere Empfänger oder mit dem Hinweis CC („Carbon Copy") als Kopie an weitere Empfänger geschickt werden. Mit dieser Funktion wird gelegentlich Missbrauch getrieben. Man kann ganze Gruppen mittels „CC"-Zeile ständig mit E-Mails bombardieren. Das wird mit der Zeit lästig, zumal die Antworten auf „CC"-Mails ebenfalls wieder an die gesamte Gruppe gehen.

● Eingegangene Nachrichten können gelesen, u. U. abgehört, bearbeitet, weiterverschickt und in verschiedenen Verzeichnissen abgelegt werden.

● An Nachrichten können Dateien unterschiedlichen Inhalts, die so genannten Attachements, angehängt werden. Aber Vorsicht: Große Dateien (z. B. Grafiken, Fotos, Videos) bedingen lange Übertragungs- bzw. Ladezeiten.

Vor- und Nachteile der E-Mail-Kommunikation

E-Mails haben gegenüber der Face-to-Face-Kommunikation, aber auch gegenüber dem üblichen Schriftverkehr bzw. Telefon gleichermaßen Vor- und Nachteile. In Großraumbüros z. B. ist es sicher angenehm, wenn Vorgänge per E-Mail diskreter und vertraulicher behandelt werden können. Die Mithörbarkeit von Telefongesprächen kann durch E-Mail vermieden werden. Dies kann für den Mitteilungsabsender oder -empfänger und auch für die „Mithörer" positiv sein.

In einem Handbuch zur Implementierung eines E-Mail-Systems in einem Unternehmen finden sich folgende Hinweise (Holland 1998, 193):

E-Mails sind eher geeignet
● für unbürokratisches Senden von zeitkritischen Mitteilungen als Ersatz zum Telefon,

- für die gleichzeitige Information mehrerer Empfänger,
- für das unbürokratische Senden von kurzen Mitteilungen wie aktuelle Nachrichten, Hinweise auf Neuigkeiten, Anfragen, Besuchsankündigungen,
- für Einladungen zu Sitzungen, Arbeitsgruppen, Besprechungen,
- um anderen Mitarbeitern Mitteilungen über Abwesenheit zukommen zu lassen,
- um an wichtige Vorgänge erinnert zu werden oder zu erinnern,
- zur Abstimmung von Kurzprotokollen, Textformulierungen u. a.
- zum schnellen Versenden von standardmäßigen Vorgängen.

E-Mails sind eher ungeeignet
- für Vorgänge mit umfangreichem Text (außer zur Versendung von Attachements),
- für Schriftstücke, die eine Unterschrift benötigen,
- für Vorgänge, bei denen ein Dienstweg über mehrere Stationen einzuhalten ist,
- für Vorgänge, die aufbewahrungspflichtig sind und „Urkundenform" verlangen,
- wenn eine Nachricht nur teilweise mit E-Mail versandt werden kann (z. B. Anlage in Papierform).

Besonderheiten der elektronischen Post

E-Mails unterscheiden sich grundlegend von Briefen, auch wenn man sie ausdrucken kann. Sie sind schneller. Texte können unmittelbar bearbeitet und weiterverschickt werden. Dadurch kann eine Dynamik entstehen, die dem Wortwechsel in Gesprächen nahe kommt. Doch in der Praxis wird ihre Leistungsfähigkeit dann verschenkt, wenn die E-Mail-Systeme zur Schneckenpost verkommen und Antworten im Unternehmen oft länger dauern als über die Hauspost. Eine Ursache ist die Inflation der E-Mails, die oft bis zu 100 Nachrichten in den Postkasten befördert. Wichtiges und Eiliges ist mit Nebensächlichem gemischt.

Regeln für die Versender von E-Mails

- Der Mailtext kann nicht kurz genug sein. Besser ein kurzes Mail zum Lesen als ein langes zum Versenken.
- Kurze Absätze sind leichter zu lesen als lange Passagen. Nach vier bis fünf Zeilen ist spätestens ein Absatz angebracht.
- Der Betreff ist wichtig. Er wirkt wie eine Schlagzeile eines Artikels in einer Zeitung.
- Ein nachträglich eingefügtes „PS" am Ende des E-Mails unterliegt der Gefahr, nicht mehr gelesen zu werden.

Mit E-Mails haben die Mitarbeiter endgültig die Möglichkeit, auch den Chef oder die Kollegen zu erreichen, die fast nie ans Telefon zu bekommen sind. Außerdem lassen sich per E-Mail mühelos die üblichen hierarchischen Kommunikationswege außer Kraft setzen. Es ist leichter als im persönlichen Gespräch oder im dokumentierten Schriftverkehr, den üblichen Kommunikationsweg zu umgehen.

Am ehesten kann der Austausch von E-Mails mit den Memos verglichen werden, die im Unternehmen oft formlos ausgetauscht werden: Zettel, auf die eine kurze Mitteilung geschrieben wurde, Randbemerkungen auf Kopien, Klebezettel mit Kommentaren oder kurze Hinweise, die wichtige Stellen eines Dokuments farbig kennzeichnen. Solche Art von Memos werden meist formlos ausgetauscht.

Kaum Möglichkeiten zur Gestaltung der Schriftstücke

E-Mails basieren auf einem technischen Verfahren (ASCII-Code), das kaum Möglichkeiten zur Gestaltung der Schriftstücke erlaubt. Manche Mailprogramme bieten die Möglichkeit, E-Mails optisch ansprechender zu gestalten. Dies gilt aber unter

Nutzern als hochgradig unprofessionell, da nicht alle Mailprogramme damit umgehen und manche Nutzer die Nachricht
unter Umständen gar nicht lesen können. Das CI eines Firmen-
briefs kann also via E-Mail nicht transportiert werden. Umlau-
te, das „ß" und Sonderzeichen werden im Mailverkehr aus den
gleichen Gründen ungern verwendet.

Der Empfänger einer E-Mail sieht üblicherweise in seinem
Mailprogramm Absender und Betreff der Nachricht. Nach dem
„Öffnen" der Mail kann er erkennen, ob die Nachricht nur an
ihn oder auch an andere Empfänger gesendet wurde. Der Absender kann jedoch auch eine Blindkopie an andere Adressen
schicken, ohne dass diese Information für den Empfänger sichtbar wird.

Außerdem bietet fast jedes Mailsystem die Möglichkeit, am
Ende der Nachricht automatisch eine so genannte Signatur an-
zufügen, die üblicherweise Daten wie Name, Titel, Anschrift,
Telefonnummer, Webadresse u. a. enthält.

Mails erwecken den Eindruck einer relativen Flüchtigkeit.
Man kann sie schnell schreiben, weiterverarbeiten und wieder
löschen. Daher fasst man sich in der Regel kurz und vermeidet
lange Hinführungen zu einem Thema. Häufig werden auch
Kürzel wie „mfg" (mit freundlichen Grüßen) verwendet und als
Unterschrift ein Namenskürzel gesetzt. Die Sprache ist also im
E-Mail-Verkehr oft weit weniger förmlich als in herkömm-
lichen Briefen oder auch im persönlichen Gespräch.

Gegenüber dem Telefon und der Face-to-Face-Kommunikation ist der E-Mail-Verkehr „entkontextualisiert", d. h. aus
dem Zusammenhang von Raum und Zeit gerissen. Das Gefühl,
mit jemandem zu reden, der keine Reaktion zeigt, wird von
manchen als unangenehm empfunden. Andererseits wiederum
erzeugt die Kommunikationssituation „ohne Kontext" auch
eine Art Enthemmung. Dieser Effekt tritt bereits beim Anrufbeantworter ein. Das hat zur Folge, dass mancher ungern „auf
Band" oder in die Mailbox spricht. Andere dagegen teilen unangenehme Botschaften lieber dem Anrufbeantworter mit als
dem Gesprächspartner am Telefon.

Unangenehme Inhalte werden lieber per E-Mail erledigt

Ähnliches vollzieht sich bei E-Mails. Unangenehme Inhalte werden lieber per E-Mail erledigt als im Telefonat. Das kann sogar so weit gehen, dass Personen via E-Mail ihrem Ärger ungebremst Luft verschaffen und extreme Positionen vertreten. Dieses Phänomen ist als „flaming" bekannt. Durch die scheinbare Flüchtigkeit und Leichtigkeit des Mediums lassen sich manche – meist unerfahrene Nutzer – zu Aussagen hinreißen, die sie im persönlichen Gespräch nicht wagen und sich auch in einem handschriftlichen Brief oder Zettel dreimal überlegen würden. (Frey 1999)

Die E-Mail-Systeme werden sich technisch weiterentwickeln, vermutlich zur Multi-Media-Mail, die bereits in Anfängen realisiert ist (Frey 1999). Multi-Media-Mails sind eine Kombination von Videokonferenzen sowie Mail- und Präsentationssystemen, die synchron und zeitversetzt eingesetzt werden können. Die E-Mail-Systeme werden sicher komfortabler werden und sich weiter verbreiten. Die Kompetenz der Mitarbeiter, aber auch der externen Partner eines Unternehmens wird steigen. Es ist eine Frage der Zeit, wann Internet, Intranet und E-Mail-Systeme genauso selbstverständlich benutzt werden wie heute die elektronische Textverarbeitung.

Zusammenfassung

1. *Die drei zentralen Kommunikationswege, die künftig zum Kernbereich gehören, sind Mitarbeiterzeitschrift, Intranet einschließlich Business TV und die persönliche, unmittelbare Kommunikation.*
2. *Bei bürogeprägten Unternehmen wie Banken und Versicherungen haben Business TV und Intranet große Zukunftschancen, während in fertigungsgeprägten Betrieben mittelfristig nicht auf klassische Medien wie Mitarbeiterzeitschrift und schwarzes Brett verzichtet werden kann.*

3. *Intranets ermöglichen eine schnelle, weltweite und kosten-günstige Verteilung von Informationen, helfen aber auch bei der effizienteren Ausführung von Arbeitsaufgaben.*

4. *Im Intranet kann der Nutzer Informationen aktiv aus dem Netz „ziehen" (Pull-Medium) oder auf seinen Rechner zugespielt bekommen (Push-Medium).*

5. *Wenn das Intranet die Informationsfülle, die bereits jetzt kaum mehr bewältigt werden kann, im Unternehmen noch unübersichtlicher macht, werden seine Akzeptanz und sein Nutzen für die tägliche Arbeit sinken.*

6. *Viele Manager glauben fälschlicherweise, in den Intranets stünden alle Informationen zur Verfügung, und wandeln endgültig die Bring- in eine Holschul der Mitarbeiter.*

7. *Weil für Ford das Internet das Fließband des 21. Jahrhunderts ist, stellt das Unternehmen allen Beschäftigten kostenlos einen Personalcomputer zur Verfügung.*

8. *Angesichts der Inflation von E-Mails empfiehlt es sich in vielen Fällen bereits, mehrere Adressen zu haben und sie auch nur wohl dosiert bekannt zu geben.*

9. *Mit E-Mails haben die Mitarbeiter endgültig die Möglichkeit, auch den Chef oder die Kollegen zu erreichen, die fast nie ans Telefon zu bekommen sind.*

10. *Durch die scheinbare Flüchtigkeit und Leichtigkeit des Mediums E-Mail lassen sich manche meist unerfahrene Nutzer zu Aussagen hinreißen, die sie im persönlichen Gespräch nicht wagen würden.*

9 Business TV – das kommende Medium

Noch steckt das neue Medium Business TV in den Kinderschuhen. Während viele Firmen, vor allem der Mittelstand, noch zögern, haben andere Unternehmen wie HypoVereinsbank, DaimlerChrysler, Deutsche Bank, SAP, Kaufhof, Gerling, VW, Würth oder Schwäbisch Hall die Vorteile des neuen Kommunikationswegs bereits schätzen gelernt. Über 40 Unternehmen in Deutschland nutzen zur Zeit Firmenfernsehen regelmäßig. Das Spektrum der Fernsehprogramme reicht von täglichen Fünf-Minuten-Sendungen über mehrstündige Schulungs- und Weiterbildungsformate bis hin zur Übertragung von Veranstaltungen, z. B. Messen, Hauptversammlungen oder Pressekonferenzen.

Positive Auswirkungen auf die Akzeptanz des neuen Mediums sind zu erwarten, wenn Mitarbeiter die Veranstaltungen an ihrem Arbeitsplatz-PC verfolgen und abrufen können, ohne an ein festes zeitliches Programmschema des Business TV gebunden zu sein. Außerdem kombiniert das Firmenfernsehen via Intranet die Stärken eines audiovisuellen Mediums mit der Möglichkeit zur Interaktion mit dem Benutzer per E-Mail oder Live-Beteiligung bei Sendungen. Viele Unternehmen, z. B. Commerzbank oder Sony, sind der Überzeugung, dass das Intranet in Verbindung mit dem Inhouse-Fernsehen das Zukunftsmedium der internen Kommunikation sein wird.

Dass sich bislang vor allem große Unternehmen in diesem Medium engagieren, liegt vor allem an den hohen Anfangsinvestitionen in der Technik und – etwas geringer – in der Redaktion. Professionell gemachtes Business TV ist nach wie vor ein teures, aber extrem leistungsstarkes Medium. Wenn die derzeit eingesetzte aufwändige Broadcast-Technik durch die Verbreitung im Internet oder im Intranet abgelöst bzw. ergänzt wird,

wird dieser Kostenfaktor an Bedeutung verlieren. Der Einsatz von Fernsehbeiträgen oder ganzen Sendungen in der internen Unternehmenskommunikation wird dann auch für den Mittelstand interessant.

Fernsehen – ein mächtiges Medium

Das neue Medium Business TV hat viele schillernde Gesichter. Als internes Informationsmittel ist es nicht nur geschwind, sondern dient auch der emotionalen Ansprache. Als audiovisuelles Medium kann es extrem schnell aktuelle Informationen verbreiten und sogar große Zielgruppen live, d. h. gleichzeitig an verschiedenen Standorten, erreichen (vgl. Abbildung 28). Diese Möglichkeit spielt vor allem bei wichtigen Ereignissen, z. B. bei Fusionen oder in Krisensituationen wie Unfällen, eine Rolle.

Außerdem informiert Fernsehen authentisch. Die Unternehmer oder Führungskräfte erläutern Entscheidungen selbst und stellen sich – sofern es vorgesehen ist – den Fragen der Mitarbeiter. Damit erfährt die Belegschaft aus erster Hand und ohne Einschaltung der Hierarchieebenen Informationen und Hintergründe des Geschehens in ihrem Unternehmen. Manager als Personen, die überzeugende Antworten geben, sind gefragt.

Fernsehen legt Stärken und Schwächen schonungslos offen

Fernsehen ist ein sehr mächtiges Medium, da es Stärken und Schwächen schonungslos offen legt. Um es zu beherrschen, muss es richtig eingesetzt und mediengerecht genutzt werden. Mitarbeiter werden Auftritte von Managern, die eher an Videoaufnahmen privater Familienfeiern erinnern, belächeln. Manager müssen daher Medienkompetenz vorweisen und mit dem Fernsehen professionell umgehen. Sonst sinkt ihre Wertschätzung und Glaubwürdigkeit im Unternehmen.

Firmen haben bislang sehr unterschiedliche Projekte im Firmenfernsehen realisiert. Sie reichen vom Aufbau eines unter-

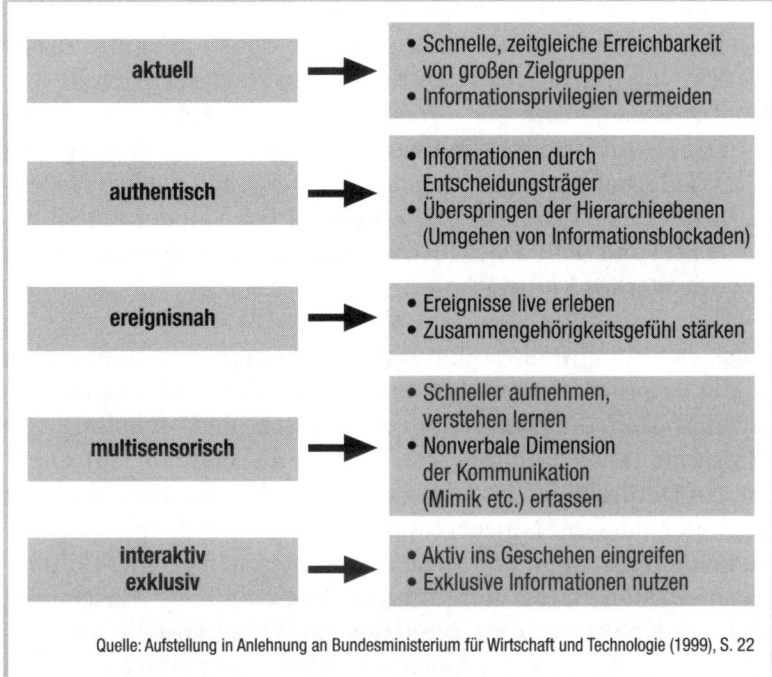

aktuell	→	• Schnelle, zeitgleiche Erreichbarkeit von großen Zielgruppen • Informationsprivilegien vermeiden
authentisch	→	• Informationen durch Entscheidungsträger • Überspringen der Hierarchieebenen (Umgehen von Informationsblockaden)
ereignisnah	→	• Ereignisse live erleben • Zusammengehörigkeitsgefühl stärken
multisensorisch	→	• Schneller aufnehmen, verstehen lernen • Nonverbale Dimension der Kommunikation (Mimik etc.) erfassen
interaktiv exklusiv	→	• Aktiv ins Geschehen eingreifen • Exklusive Informationen nutzen

Quelle: Aufstellung in Anlehnung an Bundesministerium für Wirtschaft und Technologie (1999), S. 22

Abb. 28: Leistungen von Business TV

nehmenseigenen Fernsehnetzes für die interne Kommunikation bis hin zum Firmenfernsehen, das Nachrichten an Kunden oder gar an die Öffentlichkeit vermittelt. Einsatzfelder von Business TV sind:

● *Fernsehprogramme für die eigenen Mitarbeiter* und eine spezielle Gruppe: Schwäbisch Hall produziert z. B. für den Außendienst mit rund 3000 Mitarbeitern Programme zur Information und zum Gedankenaustausch.

● *Fernsehprogramme für externe Zielgruppen* (z. B. Kunden): Diese Anwendungsform wendet sich nicht mehr an die Mitarbeiter, sondern an externe Partner wie Kunden. Man unterscheidet das *Point of information TV*, das Programme an öffentlich zugängliche Bereiche wie Kaufhaus- oder Bankfilialen überträgt. Der andere Ansatz, das so genannte *Home TV,* will den potenziellen Kunden zu Hause erreichen.

● *Firmenmagazine im öffentlichen Fernsehen:* Die BASF strahlt seit 1996 regelmäßig einmal pro Monat mit mehreren Wiederholungen ein Magazin in einem regionalen Fernsehsender aus. Das Magazin wird inhaltlich von der BASF gestaltet und richtet sich an die Bevölkerung in der Umgebung des Werkes Ludwigshafen.

Business TV wird also nicht nur in der internen, sondern auch in der externen Unternehmenskommunikation eingesetzt. Allerdings sind die Mitarbeiterinformation und -schulung das klassische Anwendungsgebiet, in dem die meisten Unternehmen in Deutschland das Medium verwenden. Es wendet sich an eine geschlossene Nutzergruppe, d. h., die Sendungen werden ausschließlich für einen von dem Unternehmen genau bestimmbaren Personenkreis ausgestrahlt. Unerwünschte Zuschauer, wie z. B. Konkurrenzunternehmen, werden so ausgeschaltet.

Das audiovisuelle Medium erzielt bessere Erinnerungswerte

Erreicht wird die Geschlossenheit der Nutzergruppe durch eine technische Verschlüsselung der (digitalen) Signale. Es handelt sich hierbei um ein ähnliches Verfahren, wie es für Pay-TV benutzt wird, um es ebenfalls nur einer bestimmten Gruppe, den zahlenden Abonnenten, zugänglich zu machen. Die Übertragung erfolgt über Satellit. Empfangen werden die Sendungen von Business TV über einfache Satellitenschüsseln. Nachdem die Signale in einem Decoder entschlüsselt wurden, werden die Sendungen mittels eines herkömmlichen Fernsehgeräts dargestellt. Empfangsstationen werden so aufgestellt, dass sie für die Mitarbeiter leicht zu erreichen sind. Schwäbisch Hall z. B. informiert die Außendienstmitarbeiter über etwa 300 bundesweit verteilte Empfangsstationen. Hinzu kommen Übertragungswege via Internet oder Intranet, die einige Firmen, z. B. Siemens, nutzen. Dadurch wird das Fernsehen am PC des eigenen Arbeitsplatzes möglich.

Business TV hat gegenüber herkömmlichen Kommunikationswegen, z. B. Mitarbeiterzeitschriften, den Vorteil, dass Informationen direkter und schneller an die Empfänger gelangen. Als audiovisuelles Medium erzielt es auch bessere Erinnerungswerte, da Text, Bild und Sprache zusammenwirken. Angesichts der immer kürzeren Innovationszyklen auf den Märkten und in der Technik kann Business TV ein schnelles Kommunikationsinstrument sein, um wichtige Informationen gezielt an die Mitarbeiter weiterzugeben bzw. mit ihnen in einen Dialog zu treten.

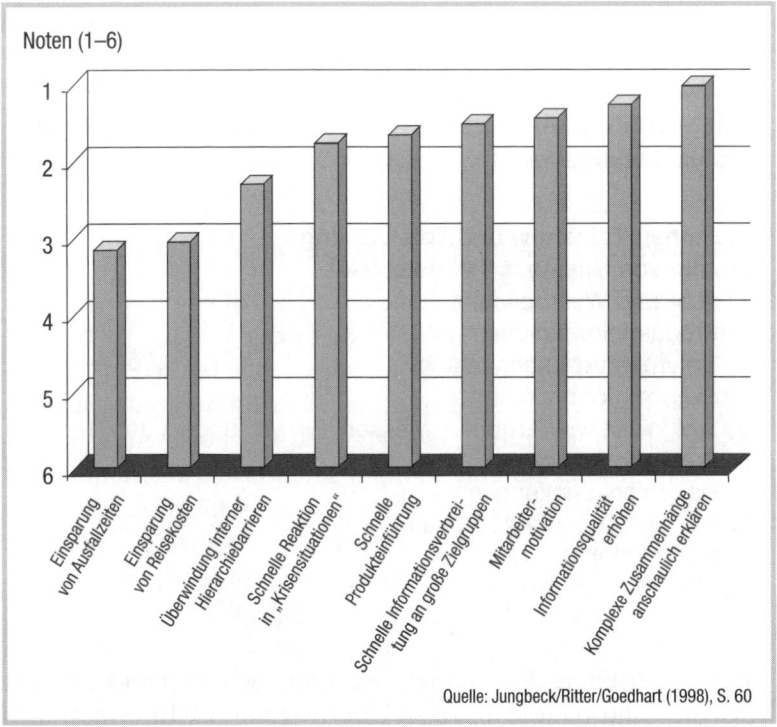

Quelle: Jungbeck/Ritter/Goedhart (1998), S. 60

Abb. 29: Ziele beim Einsatz von Business TV

Firmen, die sich des Mediums Fernsehen bedienen, haben vor allem Kommunikationsziele im Auge wie „Komplexe Zusammenhänge anschaulich erklären", „Informationsqualität erhöhen", „Motivation der Mitarbeiter" oder „Schnelle Produkteinführung" (vgl. Abbildung 29). Im Vordergrund steht also die Produktivitätssteigerung im Betrieb.

Vorrangig für interne Kommunikation und Mitarbeiterschulung

Die Inhalte des Firmenfernsehens sind dementsprechend gestaltet. In der Regel nutzen die Unternehmen das Medium für die schnelle Verbreitung und Kommentierung von Firmennachrichten, Produktinformationen und – in Krisenzeiten – für den raschen Informationsfluss von der Spitze in die einzelnen Bereiche. Typische Motivationsshows, wie sie vor allem von amerikanischen Firmen eingesetzt werden, sind dagegen in Deutschland weniger vertreten. Business TV wird hierzulande noch vorrangig für interne Kommunikation und Mitarbeiterschulung eingesetzt.

Zwischen Talkshow und Telelearning
Inhalte von Business TV (Beispiele)
- Aus- und Weiterbildung
- Produktinformationen
- Unternehmensnachrichten
- Serviceinformationen
- Ereignisse wie Fusionen, Messen, Einweihungen, Jubiläen
- Pressekonferenzen
- Hauptversammlungen
- Präsentationen auf Messen
- Krisenkommunikation
- Motivationsshows

Firmenfernsehen hat seinen Leistungsschwerpunkt in der schnellen und kostengünstigen Übertragung von Informationen und entfaltet seine Vorteile, wenn regional oder gar global große Entfernungen zu überbrücken sind. Für Firmen mit dezentraler Organisation bzw. Mitarbeitern, die räumlich ungebunden sind, können Fernsehprogramme aller Art die Unternehmenskommunikation bereichern.

Der Hierarchie-Killer belebt das Zusammenwachsen nach Fusionen

Es wäre aber verhängnisvoll, dieses Medium isoliert zu betrachten, es möglicherweise auf Grund seiner Leistungsvielfalt einzuführen, ohne die anderen Kommunikationswege im Betrieb darauf abzustimmen. Als innovatives Element der Unternehmenskommunikation revolutioniert Business TV die Landschaft, weil es Mitarbeiter aktuell und anschaulich aus erster Hand informiert. Wenn z. B. Führungskräfte Botschaften direkt an eine Vielzahl von Mitarbeitern an mehreren Standorten oder auch weltweit verkünden, werden Informationsblockaden im Management umgangen und eigennützige bzw. eigenwillige Interpretationen von Beschlüssen, Zielen oder Problemen auf den vielen Stufen der Informationskaskade vermieden.

Top-Manager umgehen durch Business TV das für sie immer weniger zu kalkulierende Geflecht von Hierarchieebenen, persönlichen Macht- und Einflussnetzen bis hin zu Animositäten und wenden sich direkt an die Belegschaft. Wenn sie ihre Aussagen mediengerecht formulieren, haben sie es in der Hand, ob sie überzeugen oder nicht. Sie gewinnen Zeit und vermeiden „Verluste" auf dem langen Weg bis zum einzelnen Mitarbeiter in der Fertigung oder in den Büros.

Verantwortung und Expertentum werden personifiziert

Mitarbeiter erleben, manchmal sogar live, wer die Entscheidungen verantwortet. Verantwortung und Expertentum verstecken sich nicht mehr hinter Führungsebenen oder anonymen Fachabteilungen, sondern sind personifiziert. Die Personen selbst sind Nachrichten, nicht nur ihre Aussagen. Das Management gerät dadurch aber auch gewaltig unter Druck. Gilt es doch, vor den Augen eines medienverwöhnten und durchaus anspruchsvollen Publikums eine gute Figur zu machen. Außerdem müssen Fragen – manchmal sogar live – beantwortet werden, die ohne den Filter der Führungsebenen an die Chefs gelangen. Die Top-Manager können sich bei Live-Fragen nur wenig auf diese Rede-, Antwort- oder vielleicht Diskussionssituation vorbereiten. Eine Strukturierung der Fragen bzw. vorbereitete und vorformulierte Antworten können hier helfen.

Fernsehen im Unternehmen ist ein direktes Medium. Es erreicht unmittelbar ein großes Publikum und versorgt alle mit den gleichen Informationen und Argumenten. Seine revolutionäre Kraft führt zum Zusammenbruch vieler Hierarchiestufen, die in etlichen Firmen bereits drastisch reduziert wurden.

Vor allem das mittlere Management wird als Transporteur von Informationen nach oben und unten weitgehend überflüssig. Kein Wunder, dass es das neue Medium überwiegend skeptisch beäugt. Die Rolle des mittleren Managements als Bindeglied bzw. Transmissionsriemen zwischen Unternehmensführung und Belegschaft wurde in der Vergangenheit bereits heftig kritisiert. Denn aus Eitelkeit, Schwäche, Egoismus oder welchen Erwägungen auch immer wurden nicht selten Informationen gefiltert, verfälscht, zurückgehalten oder gar vernichtet.

Auch wenn die Leistungsfähigkeit des Unternehmensfernsehens nicht überschätzt werden sollte, wird es vor allem Hierarchieebenen killen, die ihre Daseinsberechtigung auf das „Eigentum" von Informationen gründen. „Hamsterverhalten" bei Informationen ist für Unternehmen ebenso schädlich wie gezielte Manipulation.

Ziel ist ein hierarchiefreier Zugang zu Informationen und ein effizienter Transfer von Wissen. Auf beides müssen Mitarbeiter schnell und flexibel zugreifen können, wenn es ihre Arbeitsaufgabe erfordert. Der Wettkampf auf den globalen Märkten verzeiht weder Trägheit noch Arroganz.

Zäher Informationsfluss nach Entscheidungen und der Verlust wichtiger Informationen zwischen den Hierarchieebenen sind, wenn dort hoch bezahlte Manager ihre persönlichen Spielchen treiben, ein teures Ärgernis. Der richtige Konter des Top-Managements darauf ist die Einführung von Business TV.

Business TV stärkt Motivation und Zusammengehörigkeitsgefühl

Das Medium ist in der derzeitigen Technik zwar teuer und daher vor allem für kleine und mittlere Firmen noch eine Investitionshürde, aber sein Geld wert. Es fördert die Beweglichkeit der Kommunikation in den Unternehmen, sorgt für die notwendige Schnelligkeit und lässt Menschen authentisch sichtbar werden – in einer Welt der Bites und Bytes.

Es klingt paradox: Ein Hierarchie-Killer wie das Business TV stärkt die Motivation und fördert das Zusammengehörigkeitsgefühl. Die Mitarbeiter erleben, wie sie gleichwertig in die Informationspolitik ihrer Firma eingebunden werden und wie Business TV frustrierenden Informationskaskaden endlich Einhalt gebietet. Das Unternehmensfernsehen baut Brücken der Verständigung zwischen Menschen, Standorten und Kulturen.

Als personalisierendes Medium ist Business TV unverzichtbar, wenn Gräben, Klüfte oder Grenzen von unterschiedlichen Unternehmenskulturen zu überwinden sind, z. B. bei Fusionen. Es fördert das Zusammenwachsen und begünstigt die nicht rechenbaren weichen Faktoren, die häufig über den Erfolg eines Zusammenschlusses den Ausschlag geben. Unternehmensfernsehen entschärft die Konflikte auf Grund unterschiedlicher Kulturen, mildert die Starrheit vorhandener Strukturen und mindert die Schwerfälligkeit fusionierter Unternehmen.

Eisbrecher-Funktion beim Zusammenwachsen von Unternehmen

Medien wie Business TV oder das Intranet leisten somit wichtige Eisbrecher-Funktionen. Sie sind auch von Menschen aus unterschiedlichen Kulturen akzeptiert und liefern Botschaften mit emotionalem Gehalt. Dies leistet derzeit kein anderes Medium der internen Kommunikation. Beim Zusammenwachsen von Chrysler und Daimler, von Bankers Trust und Deutscher Bank ebenso wie von Hypo- und Vereinsbank sind neben persönlichen Begegnungen und Gesprächen die Programme des Unternehmensfernsehens unverzichtbar.

Das Medium Fernsehen hat in den letzten Jahrzehnten das Verhalten der Menschen in der Freizeit grundlegend verändert und großen Einfluss z. B. auf Politik und andere Bereiche errungen. Das lässt ahnen, welche Umwälzungen den Unternehmen durch Business TV noch bevorstehen. Schließlich folgt auf die Fernsehgesellschaft nun bereits das elektronische Zeitalter. Das Internet TV steht in den Startlöchern. Zwar behindern technische Probleme wie schlechte Bildqualitäten noch die netzgestützte Verbreitung des Fernsehens in den Betrieben, doch technische Barrieren fallen meist schneller als erwartet. Fernsehen wird deshalb am Arbeitsplatz bald genauso selbstverständlich sein wie nach Feierabend. Wetten, dass …?

Manager im Betrieb – Ihr Auftritt bitte

Mit Business TV zieht erstmals das Fernsehen in den Unternehmensalltag ein. Unternehmer und Führungskräfte, die in diesem Medium eine gute Figur machen wollen, müssen sich Medienkompetenz aneignen, denn ihre Mitarbeiter werden in der Freizeit mit dramaturgisch ausgeklügelten Medienangeboten konfrontiert und übertragen diese Maßstäbe auch auf die Unternehmenskommunikation. Da Führungskräfte nicht von heute auf morgen zum Medienstar werden können, hat sich in vielen Projekten das Zwei-Redaktionen-Prinzip durchgesetzt. Die Fachleute aus dem Unternehmen kümmern sich um die kompetente Beantwortung von Fragen und geschulte Moderatoren sorgen für lebhafte Dialoge sowie die mediengerechte Aufbereitung.

Überzeugende Antworten bei Rede-Antwort-Gefechten

Auftritte im Firmenfernsehen unterscheiden sich von Interviews, Statements oder Diskussionen im öffentlichen Fernsehen, seien es nun nationale Programme wie ARD, ZDF, n-tv, N 24, RTL, SAT 1 oder regionale Programme. Die Redaktionen oder Reporter der Business TV-Programme sind Angestellte der Firma oder arbeiten im Auftrag des Unternehmens. Sie vertreten also durchaus die Position der Firma und agieren nicht etwa als Anwälte von Kontrahenten, Kritikern oder z. B. extremen Umweltaktivisten. Das heißt aber nicht, dass sie nur als Stichwortgeber fungieren, denn auch sie müssen Spannung erzeugen durch pointierte Fragen und Meinungsbeiträge. Sie wollen die Aufmerksamkeit der Mitarbeiter gewinnen, die oft äußerst kritische Zuschauer sind. Die Belegschaft weiß oft mehr, als die Führungskräfte glauben, und ist zudem von vielen Problemen, über die im Business TV gesprochen wird, direkt betroffen.

Manager, die im Business TV auftreten, haben es also schwer und leicht zugleich. Zum einen kennen sie ihre Zielgruppe, die Mitarbeiter, die sie bei vielen Gelegenheiten treffen. Sie wissen also genau, wo der Schuh drückt. Im öffentlichen Fernsehen bleiben dagegen die Zuschauer, deren Interessen und Sorgen eher im Hintergrund. Zu heterogen ist das Publikum bei Sendungen wie „Plusminus" (ARD) oder „Money Trend" (RTL). Zum anderen haben es die Manager im Business TV mit einem ausgesprochen kritischen und anspruchsvollen Publikum zu tun, das zudem sachkundig ist, auf Zwischentöne achtet und emotionale Zuwendung erwartet.

Manager müssen nicht perfekt, aber gewandt auftreten

Manager müssen im Business TV nicht perfekt auftreten, wohl aber gewandt. Profil und Glaubwürdigkeit erringen sie, wie bei Diskussionen auch, nicht durch rhetorische Perfektion im Detail, sondern durch überzeugende Aussagen, die aber fernsehgerecht aufbereitet sind, d. h. kurz, anschaulich, persönlich und pointiert.

Bei einem Fernsehinterview haben Manager wenig Zeit für ihre Aussagen. Langatmige Ausführungen sind fehl am Platz. Erstens bergen sie die Gefahr, dass Nebensächlichkeiten in den Augen des Publikums zur Hauptsache werden. Zweitens erzeugen sie gähnende Langeweile. Wichtige Botschaften müssen so drastisch wie möglich gleich zu Beginn eines Interviews oder Gesprächs artikuliert werden. Aussagen müssen auf wenige Sätze, Beispiele oder Vergleiche verdichtet werden. Die Aussage in Kurzform für das Fernsehen sollte vorher gut überlegt werden. Man braucht einige Minuten Zeit, um über die wichtigsten Botschaften und ihre sprachliche Übersetzung nachzudenken. (Hinweise zum Umgang mit Fragen und zur offensiven Argumentation enthält Kapitel 3).

Denken Sie daran, dass Fernsehen ein visuelles Medium ist. Ihr Outfit ist auch eine Botschaft, die Sie bewusst gestalten können. Auf jeden Fall sollten Sie Störeinflüsse der Kleidung vermeiden, die auf dem Bildschirm nicht gut wirken. Ihre Kleidung sollte keinen starken Kontrast (z. B. schwarzer Anzug mit weißem Hemd), grobe Muster (z. B. kariertes Jackett) und große Motive (z. B. bei Krawatten) aufweisen. Auch sollte auf klein karierte oder fein gemusterte Stoffe verzichtet werden, da sie ein Flimmern im Bild erzeugen können.

Hinweise für Statements

Wenn Sie ein Statement oder eine Präsentation im Business TV übernehmen sollen, wirkt es professionell, wenn Sie folgende Punkte beachten:

● Besprechen Sie mit der Redaktion, welche Länge das Statement bzw. die Präsentation einnehmen soll. Versuchen Sie, die vorgegebene Zeit einzuhalten.

● Erarbeiten Sie ein Stichwortkonzept, auf keinen Fall aber einen vollständig ausformulierten Text. Wenn Sie vorbereitete Aussagen ablesen, glaubt man, Sie seien unsicher. Außerdem ist es gut, bei der Aufnahme etwas Freiheit zu haben, meistens läuft die freie Rede anders ab als die vorbereitete Schreibe. Sie wirken glaubwürdiger und authentischer, wenn Sie in die Kamera oder zu Ihrem Gesprächspartner sprechen.

- Reden Sie den Reporter nicht mit Namen an. Es geht besser ohne. Vermeiden Sie auch Verweise auf ein Vorgespräch, das möglicherweise stattgefunden hat. Formulierungen „Wie ich schon sagte …" oder „Was ich neulich bereits sagte …" sollten nicht verwendet werden.

- Verwenden Sie kurze Sätze, dann ist die Gefahr des „Hängenbleibens" geringer. Wenn Sie den Faden verloren haben, beginnen Sie am besten nochmals mit Ihrem Statement, z. B. mit der eleganten Überleitung: „Anders ausgedrückt …" oder „Lassen Sie uns das Thema anders betrachten …". Wenn es nicht anders geht, fragen Sie zurück: „War das Ihre Frage?"

- Formulieren Sie Ihre Aussage nicht als Werbeslogan. Das kommt bei keinem Publikum gut an. Argumentieren Sie nüchtern und konkret. Erfolge sollten durchaus herausgestellt werden, aber Übertreibungen wirken kontraproduktiv. Vor absoluten Behauptungen sollten Sie sich besonders vorsehen. „Jetzt sind wir nicht mehr zu schlagen …"

- Sprechen Sie nicht lauter als im „normalen" Gespräch. Im Fernsehstudio werden Geräusche anders wahrgenommen. Die Technik kümmert sich um die richtige Lautstärke.

- Wenn Sie auf einmal bemerken, dass die verbleibende Zeit zu kurz ist, um all Ihre Überlegungen zu behandeln, sollten Sie nicht versuchen, alle Argumente noch unterzubringen, indem Sie schneller sprechen oder auf Erläuterungen verzichten. Setzen Sie vielmehr eine Zäsur, wenn Sie sehen, Sie schaffen Ihre Ausführungen nicht mehr in voller Länge, und betonen Sie ihre Haupt- bzw. die Schlussbotschaft: „Das Wichtigste in diesem Problemfeld ist in meinen Augen, dass …"

Hinweise für Fernsehinterviews

Bei Interviews oder Frage-Antwort-Situationen, die über Business TV übertragen werden, denken Sie an folgende Punkte:

- Fragen offensiv beantworten: Vermeiden Sie, nicht gestellte Fragen zu beantworten, und greifen Sie bei Mehrfachfragen den „günstigsten" Ansatz heraus. Er ergibt sich aus Ihrer Botschaft, die Sie haben, oder der Situation, in der Sie agieren.
- Wichtigstes nach vorne: Bringen Sie Ihre wichtigste Aussage gleich zu Beginn Ihrer Antwort. Sie wissen nicht, wie lange Ihnen die Zuschauer aufmerksam folgen.
- Antworten aus der Perspektive des Publikums beginnen: Wirkungsvolle Statements wollen Distanzen zum Publikum abbauen, um die Aufmerksamkeit und das Herz der Zuschauer zu gewinnen. Greifen Sie Probleme, Sorgen, Erfolge Ihrer Zielgruppe auf und verknüpfen Sie sie mit Ihrer Botschaft (vgl. Kapitel 2).
- Antworten auf wenige Sätze begrenzen: 30 bis 40 Sekunden, maximal eine Minute lang kann eine Antwort im Fernsehen beanspruchen. Im öffentlichen Fernsehen liegen diese Werte bereits niedriger. Daher sollten Sie Ihre Aussage knapp halten und auch nicht mehr weitersprechen, wenn Sie Ihre „Hauptbotschaft" bereits formuliert haben.
- Ruhig, aber bestimmt: In Situationen, in denen Aufregung herrscht, Mitarbeiter verärgert oder aggressiv reagieren, weil sie persönlich von einem Thema betroffen sind, empfiehlt es sich, stets ruhig, aber bestimmt zu argumentieren. Zeigen Sie Verständnis für vorhandene Aufregung. Persönliche Angriffe, Unterstellungen u. a. weisen Sie gelassen, aber konsequent zurück.
- Ihre Zielgruppe ist das Publikum: Nicht den Reporter oder den Fragesteller müssen Sie überzeugen, sondern das Publikum an den Bildschirmen.

Akzeptanzfaktoren beachten

Ob Business TV in den Kommunikationsprozess eines Unternehmens erfolgreich eingebaut werden kann, hängt nicht nur von der Kompetenz und den Einstellungen des Managements ab, sondern von der Kommunikationslandschaft, in die es integriert werden soll, und der Kommunikationskultur im Unternehmen. Als neues Medium muss es gezielt im Kommunikations-Mix etabliert werden und die alten Medien müssen auf den Neuankömmling ausgerichtet werden.

Alles in allem lassen sich fünf Dimensionen der Akzeptanz festhalten, unabhängig davon, wie das einzelne Projekt konkret ausgestaltet und welcher technische Weg beschritten wird:

1. Zielgruppenspezifische Themen und praxisbezogene Inhalte geben den Ausschlag

In der Sprache der Medien heißt dies, dass die Inhalte exakt auf die Interessen der Empfänger ausgerichtet sein und auch einen Nutzwert haben müssen. Für Presse und Rundfunk sind solche redaktionellen Ziele selbstverständlich. Diese Spielregeln gelten nun auch für die betrieblichen Medien.

Besonderes Augenmerk sollte daher auf die Themenauswahl gelegt werden, denn zielgruppenspezifische und für die Belegschaft praxisrelevante Inhalte bestimmen in erster Linie die spätere Nutzung. Je mehr die Teilnehmer die Programme im Business TV für ihre tägliche Arbeit verwenden können, desto mehr wird das Medium als nützlich und wichtig eingestuft. Bei Einführung dieses neuen Mediums sollten also die Themen besonders genau vorbereitet werden, sonst setzt ein verhängnisvoller Prozess ein: anfängliche Neugier und Spannung, Enttäuschung über die Sendungen, beginnendes Desinteresse. Außerdem gibt es in den Betrieben meist die starke Fraktion „Das brauchen wir nicht", die dann Terrain gewinnt.

Gleiches gilt für die Aktualität der Inhalte. Das Interesse an dem neuen Medium wird über den Faktor Aktualität gesteuert.

Wenn Business TV einen deutlich höheren Neuigkeitswert gegenüber anderen Medien der Mitarbeiterkommunikation vorweist, wächst die Akzeptanz. Exklusive Nachrichten im Business TV fördern die Nutzung. Als Fernsehmedium muss es auf Schnelligkeit und hohen Neuigkeitswert setzen. Gleiches gilt für andere elektronische Medien wie das Intranet. Gedruckten Informationen wird eine geringere Aktualität unter Umständen verziehen.

2. Professionalität der Akteure ist entscheidend

Entscheidend ist jedoch die Kompetenz der Akteure im Umgang mit diesem Medium. Auch wenn Unternehmer und Führungskräfte keine Medienstars werden müssen, benötigen sie doch Grundkenntnisse. Ein dilettantischer Umgang mit dem Mikrofon oder die Unfähigkeit, präzise auf eine Frage zu antworten, hinterlässt bei den Mitarbeitern generelle Zweifel an der Professionalität ihrer Vorgesetzten oder ihren aktuellen Botschaften.

Neben der Medienkompetenz der Manager ist daher die Qualität der Moderation wichtig, die auch von externen Kräften übernommen werden kann. Auch wenn Business TV „Fernsehen von Mitarbeitern für Mitarbeiter" sein und mehr informieren als unterhalten will, wird es doch nach den Maßstäben des herkömmlichen Fernsehens beurteilt. Die Moderation muss neben fachlicher Kompetenz vor allem rhetorisches Geschick besitzen und mit dem visuellen Medium umgehen können. Sonst wird Business TV als „unprofessionell" oder gar „stümperhaft gemacht" eingestuft.

Möglichkeiten der Mitarbeiter zur Interaktion steigern die Akzeptanz, zumal gegenseitige Kommunikation und Austausch gefragt sind. Manager kommen damit den Bedürfnissen der Mitarbeiter entgegen, auch gehört zu werden und vor allem beteiligt zu sein. Die aktive Einbindung und Teilnahme des Nutzers wirkt nur dann positiv, wenn die Manager bzw. Moderatoren die Fähigkeit haben, auf die gestellten Fragen einzugehen. Andernfalls sollten Fachleute vor Ort im Studio bereit-stehen, um aufkommende Fragen sofort und direkt zu beant-worten. Auf jeden Fall müssen mangelnde Auskünfte oder lan-ge Verweise auf kompetente Gesprächspartner, die aber nicht zugeschaltet sind, oder gar das Nachreichen von Informationen auf schriftlichem Wege vermieden werden.

3. Als elektronisches Medium stellt Business TV hohe Anforderungen an die audiovisuelle Präsentation und unterhaltende Effekte

Das Fernsehen, das die Mitarbeiter nach Feierabend ansehen, setzt Maßstäbe. Business TV kann daher auf eine gekonnte au-diovisuelle Präsentation nicht verzichten, d. h., in einer Sendung sollten verschiedene Darstellungsformen (Filme, Statements, Interviews, Grafiken, Aufnahmen am Arbeitsplatz und im Stu-dio) verwandt werden. Das vermittelt ein Gefühl der Abwechs-lung und erhöht die Aufmerksamkeit der Teilnehmer. Visuelle Mittel machen einen Vortrag anschaulicher. Gleiches gilt für Computeranimationen, die z. B. komplizierte technische Zu-sammenhänge sichtbar machen können, grafisch aufgearbeitete Informationen oder Videoeinspielungen. Durch die Kombina-tion verschiedener Präsentationsformen ist das Business TV den herkömmlichen Wegen der internen Kommunikation über-legen.

Der Einbau unterhaltender Elemente steigert die Aufmerk-samkeit. Inhalte werden eher aufgenommen und behalten, wenn sie spannend präsentiert werden und die Neugier immer wieder aufs Neue geweckt wird.

4. Weniger ist mehr: Kurze Beiträge und kurze Sendungen sind besser

Das Fernsehen ist ein schnelles Medium. Beiträge sind oft nur eine Minute 30 Sekunden lang, Sendungen mit mehr als 30 Mi-nuten Länge müssen äußerst spannend präsentiert werden. Schließlich soll die Aufmerksamkeit des Publikums erhalten bleiben. Nicht nur nach Feierabend vor dem Flimmerkasten,

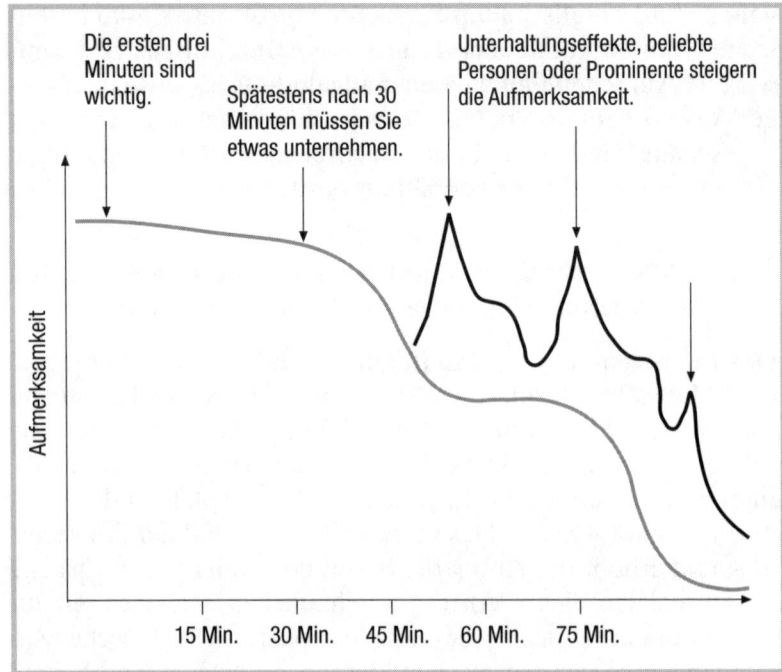

Die ersten drei Minuten sind wichtig.

Spätestens nach 30 Minuten müssen Sie etwas unternehmen.

Unterhaltungseffekte, beliebte Personen oder Prominente steigern die Aufmerksamkeit.

Aufmerksamkeit

15 Min.   30 Min.   45 Min.   60 Min.   75 Min.

Abb. 30: Aufmerksamkeit der Zuschauer von Business TV-Programmen

auch am Arbeitsplatz muss um die Zuwendung des Zuschauers gerungen werden. Wenn Business TV an Monitoren auf den Gängen der Büros empfangen wird, sollten die Sendungen dazu motivieren, auch länger als drei Minuten stehen zu bleiben. Wird Business TV als Video on demand über das Intranet am Arbeitsplatz-PC empfangen, muss sich das Fernsehen ebenfalls lohnen. Mitarbeiter haben viel zu erledigen und überlegen genau, wie viele Minuten ihrer Arbeitszeit der Inhalt der Fernsehsendung wert ist (vgl. Abbildung 30).

Nach 30 Minuten beginnt die Aufmerksamkeitskurve erheblich zu sinken – wenn nichts unternommen wird. Dramaturgische Effekte lassen sich durch das Einblenden beliebter Personen in der Firma, prominenter Gäste oder Kunden sowie durch Unterhaltungselemente wie Cartoons oder Sketche erhöhen.

5. Solange Business TV zu festen Zeiten gesendet wird, sollten sich die Angebote harmonisch in den Tagesablauf der Belegschaft integrieren

Lange Wege zu den Geräten, mit denen die Fernsehprogramme empfangen werden können, oder eine ungünstige Positionierung auf entlegenen Gängen im Betrieb sollten vermieden werden. Je individueller die Nutzung in den Tagesablauf der Mitarbeiter eingeplant werden kann, je besser die Sendetermine mit den Arbeitsabläufen der Zielgruppen abgestimmt werden, desto höher ist die Bereitschaft, Business TV als Informationsquelle für interne Belange zu nutzen.

Eigentlich selbstverständlich, aber als Akzeptanzfaktor immer noch ein Problem, sind technisch gute Bild- und Tonqualität.

Informationsverluste wegen schlechter technischer Qualität führen bei Nutzern letztlich zur Ablehnung des Mediums. Dieses Handicap betrifft derzeit noch die Übertragung über das Internet bzw. das Intranet.

Business TV kann Kommunikationsbarrieren im Betrieb überbrücken, aber es zwingt die Akteure zur professionellen Handhabung, Disziplin und einer zielgruppengerechten Auswahl der Themen. Als audiovisuelles Medium mit eigenen Gesetzmäßigkeiten setzt es persönliche Besitzstände und Eitelkeiten in den Kommunikationsabläufen gewaltig unter Druck.

Business TV hat sich in einigen Unternehmen bereits einen festen Platz unter den Medien erkämpft. Es hat – ersten Erfahrungen zufolge – vorhandene Medien nicht verdrängt, sondern das Leistungsspektrum der internen Kommunikationswege ergänzt. Auf Grund seiner medialen Nähe zum öffentlichen Fernsehen sind die Akzeptanzprobleme einerseits begrenzt, andererseits aber die Anforderungen an die professionelle Präsentation hoch. Business TV fördert als interaktives Medium die Flexibilisierung der internen Kommunikation von Unternehmen. Allerdings ist der Nutzen von Business TV letztlich abhängig von der Beweglichkeit und Offenheit des Kommunikationssystems, in das es integriert wird.

Zusammenfassung

1. *Viele Unternehmen sind der Überzeugung, dass das Intranet in Verbindung mit dem Inhouse-Fernsehen das Zukunftsmedium der internen Kommunikation sein wird.*

2. *Business TV wird nicht nur in der internen, sondern auch in der externen Unternehmenskommunikation (Kunden, Messebesucher) eingesetzt.*

3. *Top-Manager wenden sich mit Business TV direkt an die Belegschaft und umgehen damit das für sie immer weniger zu kalkulierende Geflecht von persönlichen Macht- und Einflussnetzen der Hierarchieebenen.*

4. *Das Unternehmensfernsehen wird vor allem Hierarchieebenen abbauen, die ihre Daseinsberechtigung auf das „Eigentum" von Informationen gründen.*

5. *Wenn die technischen Barrieren beim Internet TV fallen, wird Fernsehen am Arbeitsplatz bald genauso selbstverständlich sein wie nach Feierabend.*

6. *Beim Zwei-Redaktionen-Prinzip kümmern sich Fachleute um kompetente Antworten und geschulte Moderatoren um lebhafte Dialoge sowie mediengerechte Aufbereitung.*

7. *Reden Sie den Reporter nicht mit Namen an und beginnen Sie, wenn Sie den Faden verloren haben, am besten nochmals mit dem Statement samt der eleganten Überleitung: „Anders ausgedrückt …"*

8. *Ein dilettantischer Umgang mit der Medientechnik oder die Unfähigkeit, präzise auf eine Frage zu antworten, hinterlässt bei den Mitarbeitern generelle Zweifel an der Professionalität ihrer Vorgesetzten.*

9. *Durch die Kombination verschiedener Präsentationsformen und den Einbau unterhaltender Elemente ist Business TV den herkömmlichen Wegen der internen Kommunikation überlegen.*

10. *Business TV hat – ersten Erfahrungen zufolge – vorhandene Medien nicht verdrängt, sondern das Leistungsspektrum der internen Kommunikationswege ergänzt.*

Teil 4

Von anderen lernen

10 Interne Kommunikation als Wettbewerbswaffe entdeckt

Ergebnisse einer Umfrage unter DAX-100-Unternehmen

Unternehmen optimieren die Kommunikationsabläufe. Sie gestalten die interne Kommunikation als Wettbewerbsfaktor. Das Intranet kam als betriebsinternes Kommunikationsnetz den Unternehmen im Kampf gegen die Informationsflut wie gerufen. Dies sind Ergebnisse einer Umfrage unter DAX-100-Unternehmen, die der Lehrstuhl für Kommunikationswissenschaft und Journalistik der Universität Hohenheim (Stuttgart) im Frühsommer 1999 durchgeführt hat.

Nahezu alle befragten Unternehmen haben ein derartiges betriebsinternes Netz als Kommunikationsplattform oder wollen es in Kürze einführen. Dennoch bleiben alte Medien wie die Hauszeitschrift weiterhin in Ehren, wenngleich sie ihr Outfit ändern. Die Ergebnisse der Umfrage beleuchten die Schwerpunkte und Entwicklungen in der internen Unternehmenskommunikation.

Ob als Abteilung im Personalbereich oder in der Unternehmenskommunikation – die interne Kommunikation macht Karriere. Die Umfrage ergab, dass dabei vier zentrale Zielsetzungen verfolgt werden, die auf den ersten Blick einfach erscheinen oder gar selbstverständlich. Dennoch ist ihre Umsetzung in den Betrieben ausgesprochen schwierig und erfordert Engagement, Durchhaltevermögen und Einfallsreichtum gleichermaßen.

> **Strategische Zielsetzungen der internen Kommunikation**
> 1. Aktualität im Visier:
>   Aktualität und Authentizität der Kommunikation erhöhen
> 2. Kampf gegen die Informationsflut:
>   Zielgruppengenaue Adressierung der Inhalte
> 3. One voice policy:
>   Kommunikation als Klammer für dezentrale und internationale
>   Unternehmen
> 4. Orientierung im Informationsdschungel durch Formulierung
>   von Botschaften und Dialog mit den Mitarbeitern

Aktualität im Visier: Sollen Mitarbeiter wirklich schlechter informiert werden als Journalisten?

Das erste Ziel ist, die Belegschaft aktueller zu informieren. Geflügelte Worte wie „Meine Kunden wissen aus der Zeitung mehr als ich über meinen Arbeitgeber" weisen auf die Schwachstellen hin. Die Belegschaft, von der unternehmerisches Vorgehen und aktive Mitarbeit gefordert wird, ist oft schlechter informiert als Geschäftspartner oder Journalisten, die vom Top-Management Nachrichten aus erster Hand erhalten. Die internen Mediensysteme waren aber in der Vergangenheit kaum in der Lage, die notwendige Aktualität zu liefern, mit der Folge, dass das Verfallsdatum einer Nachricht meist schon überschritten war, wenn sie die Belegschaft Wochen später in der Mitarbeiterzeitschrift las.

Die meisten Unternehmen stellen daher inzwischen ihre Pressemitteilungen ins Intranet oder verteilen sie über E-Mail. Stephan Becker-Sonnenschein (RWE) berichtet, dass „wichtige Unternehmensnachrichten, die als Pressemitteilungen ins Intranet gestellt wurden, vor allem auch von Mitarbeitern stark genutzt wurden". Daher macht dieses Unternehmen wie auch andere (z. B. SAP) Hauptversammlungen, Pressekonferenzen oder Messeauftritte den Mitarbeitern übers Intranet zugänglich.

Auf diese Weise wird die Belegschaft authentisch informiert und verliert das Gefühl, schlechter als externe Gesprächspartner behandelt zu werden – angesichts der Bedeutung der Ressource Personal im Wettbewerb ein eminent wichtiger Fortschritt.

Auf die Rolle der E-Mails für die aktuelle interne Information verweist auch Reiner Wolf (Allianz), der ihnen sogar mit Blick auf das angestrebte Wissensmanagement noch eine steigende Bedeutung zuerkennt. Auch Klaus Schönfeld (Linde) möchte diesen schnellen Weg der Mitarbeiterkommunikation nicht missen. Er eröffnet weltweite Handlungsoptionen, die früher verschlossen waren.

Svenja Broda (Heidelberger Druckmaschinen) betont: „Sehr aktuelle Informationen werden weltweit per E-Mail versandt und stehen auch im Intranet. Mitarbeiter erfahren so Neuigkeiten nicht erst aus der Zeitung." Allerdings geht die Schnelligkeit oft zulasten der Genauigkeit. Darunter leiden Sprachstil und Rechtschreibung, was einige Unternehmen (u. a. Degussa-Hüls) bedauern.

Kampf gegen die Informationsflut

Neben der Aufholjagd durch Einsatz von E-Mail und Intranet gehen die meisten Unternehmen auch noch gegen die Informationsflut vor. Dies wollen sie durch zielgruppengenaue Adressierung von verteilten Nachrichten und ein übersichtliches und klar strukturiertes Intranet erreichen. Deshalb verfährt z. B. SAP nach dem Motto „Maximum an Information, Minimum an Zeit" und setzt zur Selektion und Bündelung der Informationen auf professionelle Redaktionen. Diese arbeiten nach dem Newsroom-Prinzip, d. h. mit speziell ausgebildeten Kräften und nicht mit Mitarbeitern aus anderen Bereichen, die diese Aufgabe nebenbei erledigen.

Ein Großteil der Informationsflut in den Unternehmen ist hausgemacht, wenn interne Medienprodukte ohne exakten Adressatenbezug verfasst und verteilt werden. Gleiches gilt für die elektronischen Speicher, die in der ersten Euphoriephase gefüllt wurden, ohne dass folgendes Mediengesetz beachtet wurde: Medien sind nur dann nützlich, wenn sie ihrer Zielgruppe das bieten, was diese wünscht und braucht, und wenn der Prozess des Suchens angenehm und erfolgreich gleichermaßen ist.

Derzeit laufen daher in vielen Unternehmen die Arbeiten an einer einheitlichen und nutzerfreundlichen, klar strukturierten Intranet-Plattform.

One voice policy – Kommunikation als verbindendes Nervensystem

Besondere Herausforderungen für die interne Kommunikation liegen in der Dezentralisierung der Unternehmen, die zuehmend noch im Ausland tätig sind. Werden – wie im Fall DaimlerChrysler oder Aventis – noch internationale Firmen fusioniert, bildet die Binnenkommunikation das verbindende Nervensystem eines solchen Gebildes und muss unterschiedliche Kulturen und Sprachen überbrücken. Siegfried Gutermann, Deutsche Bank, betont, dass „die Kommunikationsabteilung angesichts der immer stärker werdenden Divisionalisierung eine Klammer für den gesamten Konzern darstellen und leben muss". Sie sei somit für einen Teil der Corporate Identity verantwortlich. Ziel ist – wie auch SAP bekräftigt – ein international einheitliches Vorgehen, d.h. „mit einer Stimme sprechen".

Wie das Wirtschaftsgeschehen ist auch die interne Kommunikation international geworden. Elektronische Medien wie E-Mail und Intranet bieten hierzu schnelle Dienste an. Durch die internationale Expansion eines Unternehmens wie SIXT stieg dort das Intranet zum wichtigsten Medium auf, in dem alle Hausinformationen aus den Abteilungen, interne Mitteilungen u. a. gespeichert werden. Das Unternehmen betont: „Der Vorteil ist, dass auch die Mitarbeiter außerhalb der Zentrale – z. B.

auf den Sixt-Stationen und auch im Ausland – Zugriff auf alle
Informationen haben."

Aber auch herkömmliche Kommunikationsformen wie
Hauszeitschriften überschreiten nationale Grenzen. Ein farbi-
ges Beispiel für eine Mitarbeiterzeitung, die mit ihrem Unternehmen international wurde, ist die „Schnellpresse" der Heidelberger Druckmaschinen AG. Sie wurde bis Mitte der 90er
Jahre ausschließlich an Mitarbeiter in Deutschland geschickt.
Die jetzige „Heidelberg-Post" erscheint mit einem internationalen Teil für die gesamte Belegschaft, der ins Französische und
Englische übersetzt wird, und einem länderspezifischen Teil,
der vor Ort produziert wird. Alle Mitarbeiter weltweit bekommen die Zeitung nach Hause geschickt.

Wie im Geschäftsleben rückt auch in der internen Kommunikation die englische Sprache unaufhaltsam vor. Bei DaimlerChrysler bieten fast alle Medien – von der Presse über das
Intranet bis zur elektronischen Mitarbeiterinformation – Texte
in englischer und deutscher Sprache. SAP veranstaltet seit März
1999 ein weltweites Mitarbeiterfernsehen nur in englischer
Sprache mit Beiträgen aus den Regionen Europa, Amerika und
Asien. Viele Mitarbeiterzeitschriften werden ohnehin seit län-
gerem ins Englische übersetzt (z. B. bei Siemens, Wella) oder
erscheinen zweisprachig (z. B. Varta).

Offenheit und Transparenz als ehrgeizige Ziele

Trotz aller Verbesserungen in der medialen Infrastruktur eines
Unternehmens bleibt die Frage der Kommunikationspraxis im
Alltag. „Offenheit und Transparenz zeichnen erfolgreiche Unternehmen aus", betont der Vorstandsvorsitzende von Siemens,
Heinrich v. Pierer. Um eine solche partizipative Kommunikationslandschaft zu schaffen und dennoch die ökonomischen Ziele
nicht aus den Augen zu verlieren, haben in den letzten Jahren
viele Unternehmen (z. B. Bankgesellschaft Berlin, BHW Holding, Bewag) Leitbilder formuliert. Wichtig ist, wie Siemens be-

tont, dass solche Leitbilder „nicht als Kopfgeburten der Zentrale" entstehen, sondern aus der Belegschaft heraus entwickelt werden. Leitbilder dienen als Orientierung und selbst der Prozess ihrer Generierung stiftet Konsens und hebt auf jeden Fall Gemeinsamkeiten stärker ins Bewusstsein. Diese Zielvorstellungen wurden meist mit aufwendigen Veranstaltungen in die Mitarbeiterschaft hineingetragen, z. B. bei Hochtief mit dem Motto „Wir beziehen Position – vom Baumeister zum Systemführer". Die Douglas Holding ging noch einem Schritt weiter und erarbeitete spezielle „Leitsätze der Kommunikation". Dort steht z. B. kurz und knapp: „Ich spreche mit jemandem, nicht über ihn."

Es bleibt jedoch die harte Nuss der Umsetzung dieser ehrgeizigen Ziele, die über die Kommunikation hinaus in die Personal- und Führungspolitik eines Unternehmens reichen. Der Sprecher des Vorstands der Dresdner Bank, Bernhard Walter, fordert: „Der Schlüssel ist der offene, konstruktive Dialog, die aktive Kommunikation über alle Hierarchien, Bereichs-, Abteilungs- und Ländergrenzen hinweg." Hierzu hat die Bank seit 1998 in mehreren Stufen ein aufwändiges Programm gestartet. Dazu gehören Aussprachen mit Vorstandsmitgliedern, Self-auditing-Verfahren mit den verschiedenen Führungsebenen, Mitarbeiterbefragungen und diverse andere Maßnahmen.

Ähnliche Wege gingen auch andere Unternehmen, z. B. die Deutsche Bank. Die Wissen-ist-Macht-Haltung ist also „out" und der freie Informationsaustausch „in". Wichtige Informationen, die früher – und meist auch noch jetzt – nur mit erheblicher Verzögerung, bruchstückhaft und wohl dosiert durch die Managementschichten zu den Mitarbeitern vordrangen, sollen nun möglichst schnell allen Beschäftigten zur Verfügung stehen. Herrschaftswissen einzelner Führungskräfte und Ebenen wird abgebaut, ein Prozess, der die gewohnte Informationskaskade auf den Kopf stellt. Dieser Lernprozess ist langwierig. Die „lernenden" Unternehmen gehen erste Schritte in diese Richtung und machen die Erfahrung, dass es auch mal „konstruktiv knirschen" kann, wie Gabriele Eick, Dresdner Bank, zugibt.

Intranet auf dem Weg zur Nummer eins der internen Medien

Die Umfrage hat ergeben, dass das Intranet sich zum internen Medium Nummer eins entwickelt, das die interne Kommunikation nachhaltig verändert und damit die Arbeitsprozesse verbessert. Die Ziele – Aktualität, Bewältigung von Informationsmengen, Zugriff von verschiedenen Orten und letztlich Transparenz, was im Unternehmen an Wissen vorhanden ist – fördern seine Karriere. Hinzu kommt, dass dieses technische Medium sich den speziellen Wünschen einer Firma anpasst, von Angeboten mit klarem Schwerpunkt auf aufgabenbezogene Informationen (z. B. Krones) über Anwendungen mit Fortbildungs- und Schulungsprogrammen (z. B. ERGO-Versicherungsgruppe) bis zu Netzen mit zulassungsbeschränkten Sektoren, z. B. zur Kommunikation unter Führungskräften (z. B. VEBA).

Trends der internen Unternehmenskommunikation
1. Intranet als zentrale, interne Kommunikationsplattform
2. Business TV – auch als Medium für den Mittelstand
3. Gedruckte Medien erhalten neue Aufgaben

Folgende Trends beim derzeitigen Einsatz des Intranets lassen sich beobachten:

● Während anfänglich die puren Nachrichten über das Geschehen im Unternehmen im Vordergrund standen, wird das Augenmerk nunmehr verstärkt auf die aufgabenbezogenen Informationen gelegt.

● Die ursprüngliche Freiheit – jeder Bereich einer Firma kann nach Belieben ins Netz einspeisen – wird durch das Bemühen um einheitliche Strukturen und Spielregeln abgelöst. Ansonsten kann das Medium seine volle Leistungskraft nicht entfalten.

● Die meisten Unternehmen stellen Dokumentationen (z. B. Geschäftsberichte, Reden, Vorträge, Broschüren u. a.) und Pressemitteilungen ins Netz, viele auch Stellenausschreibungen bzw. richtige Stellenbörsen.

● Auch wenn erst einige Unternehmen Schulungsprogramme anbieten, sehen viele andere Firmen einen attraktiven Weg darin, Mitarbeiter nahe am Arbeitsplatz zu qualifizieren und Kosten zu verringern.

Business TV baut sich als Zukunftsmedium auf

Einige wenige Firmen wie DaimlerChrysler, HypoVereinsbank oder Deutsche Bank haben langjährige Erfahrungen mit Business TV. Die Umfrage hat ergeben, dass viele andere, auch kleinere Unternehmen dieses Medium durchaus gerne einsetzen wollen, es aber aus Kostengründen zurückstellen. Die klassische Broadcasting-Technik ist vielen Betrieben zu aufwendig und vor allem zu teuer. Sie hoffen auf die Internet-Technik.

Steht eine leistungsfähige und kostengünstige Technik zur Verfügung, kann auch diesem Medium ein steiler Aufstieg prognostiziert werden. Die HypoVereinsbank z. B. bekräftigt, dass bei immer größer werdenden Gruppen, die immer schneller und zielgenau erreicht werden müssen, eigentlich nur zwei Medien infrage kommen: das Intranet und die Kanäle des Business TV. Letztere eignen sich eher für die emotionale Ansprache der Belegschaft und die Vermittlung von Hintergrundinformationen. Die Dresdner Bank vertritt die Auffassung, das Fernsehen am Arbeitsplatz sei ein „Schlüsselmedium auf dem Weg zu einer offenen, transparenten und aktuellen Informationskultur". Eine ideale Kombination aus der Sicht der Unternehmen wäre also Business TV via Intranet.

Spielregeln der Medien halten Einzug in Betriebe

Die Kommunikationslandschaft in den Betrieben ist längst keine Medienwüste mehr, in der Hauszeitschriften und Broschüren das Feld abstecken. Auch wenn alle befragten Unternehmen den Mitarbeiterzeitschriften ein langes Leben prognostizieren, haben sich elektronische Konkurrenten etabliert, die im Falle des Fernsehens auf eine hohe Akzeptanz hoffen können oder wie das Intranet weit in das Leistungsspektrum der gedruckten Medien reichen.

Mit der Vielfalt der Medien treten auch deren Spielregeln auf die Tagesordnung der betrieblichen Kommunikationspraxis. Zielgruppen wollen exakt definiert und angesprochen werden. Online-Auftritte unterliegen anderen Gesetzen als gedruckte Schriften. Business TV wird die Ansprüche an eine professionelle Aufbereitung der Informationen nochmals steigern, denn die Mitarbeiter sind durch das Fernsehen nach Feierabend auch bei der Vermittlung von Wirtschaftsnachrichten verwöhnt. Gleiches gilt für die Mitarbeiterzeitschriften, die mit professionell gemachten Wirtschaftsmagazinen konkurrieren. Sie sind verloren, wenn sie nur gut gemeint, aber nicht gut gemacht sind.

Kein Wunder, dass sich die Hauszeitschriften ihrem Medienumfeld angepasst haben. Viele sind sowohl als gedruckte wie auch als Online-Ausgaben (z. B. Bankgesellschaft Berlin, SAP) oder gar als Video (z. B. AXA Colonia) verfügbar, haben Inhalt und Layout verändert (z. B. Varta, Preussag) und sind international geworden (z. B. Heidelberger Druckmaschinen). Der Trend geht zur Aufmachung als Magazin, einer – wenn möglich – online-gerechten Einstellung ins Netz sowie zur Mehrsprachigkeit.

Trotz aller Innovationen schwören viele Unternehmen auf die „zentrale Rolle" der gedruckten Zeitschriften (z. B. Buderus, DBV-Winterthur-Versicherung), da die Verbreitung der modernen Kommunikationsinfrastruktur bei vielen Partnern noch gering sei.

Eine Herausforderung für die interne Kommunikation liegt nun in der Planung und dem aktuellen Handling des Medien-Mix. Welche Rolle spielen die einzelnen Medien? Wie können sie vernetzt werden? Was bedeutet es, wenn Mitarbeiter aus Zufall im Intranet auf eine wichtige Information stoßen, die sie eigentlich von ihren Vorgesetzten erhalten müssten? Ulrike Dönitz, HypoVereinsbank, warnt zu Recht: „Information, Dialog und Schnelligkeit allein sind keine hinreichenden Erfolgsfaktoren mehr. Erst deren Verknüpfung eröffnet einen Vorsprung im Wettbewerb." Siegfried Gutermann, Deutsche Bank, erläutert den Medien-Mix: „Hot News werden nicht mehr über das Mitarbeitermagazin, sondern das Intranet und – wenn Emotionen eine Rolle spielen – über Business TV verteilt und aufgenommen. Vertiefung findet über die Zeitschrift und das Fernsehen statt."

Spätestens wenn Manager im Business TV auftreten, wird klar, dass sie dafür entsprechende Fähigkeiten und mediales Geschick benötigen, weil auch sie den Gesetzen der Medien unterliegen, denen sie bald nicht mehr entrinnen können. Sind sie sich bewusst, dass die neuen Medien die internen Kommunikationsabläufe revolutionieren? Können sie die kniffligen Fragen beantworten, die angesichts des hierarchiefreien Zugangs zu Informationen gestellt werden? Wenn Mitarbeiter lernen, sich selbstständig in einem breit gefächerten Informationsangebot zu orientieren und Wissen abzurufen, auf welche Weise stärken Führungskräfte ihre Kompetenzen im Umgang mit diesen schlauer gewordenen Betriebsangehörigen und diesen neuen Kommunikationssystemen? Die neuen Medien setzen das Management jedenfalls gewaltig unter Druck.

Zusammenfassung

1. *Trotz Intranet bleiben alte Medien wie die Hauszeitschrift in Ehren, verändern jedoch ihr Outfit.*
2. *Hauptversammlungen, Pressekonferenzen oder Messeauftritte werden den Mitarbeitern übers Intranet zugänglich gemacht.*
3. *Medien sind nur dann nützlich, wenn sie ihrer Zielgruppe das bieten, was diese wünscht und braucht, und wenn der Prozess des Suchens angenehm und erfolgreich gleichermaßen ist.*
4. *Fusionieren – wie im Fall DaimlerChrysler oder Aventis – internationale Firmen, bildet die Binnenkommunikation das verbindende Nervensystem eines solchen Gebildes und muss unterschiedliche Kulturen und Sprachen überbrücken.*
5. *Um eine partizipative Kommunikationslandschaft zu schaffen und dennoch die ökonomischen Ziele nicht aus den Augen zu verlieren, haben in den letzten Jahren viele Unternehmen Leitbilder formuliert.*
6. *Die Wissen-ist-Macht-Haltung ist „out" und der freie Informationsaustausch „in".*
7. *Die ursprüngliche Freiheit – jeder Bereich einer Firma kann nach Belieben ins Netz einspeisen – wird durch das Bemühen um einheitliche Strukturen und Spielregeln abgelöst.*
8. *Mitarbeiterzeitschriften, die mit professionell gemachten Wirtschaftsmagazinen konkurrieren, sind verloren, wenn sie nur gut gemeint, aber nicht gut gemacht sind.*
9. *Hot News werden nicht mehr über das Mitarbeitermagazin, sondern das Intranet und – wenn Emotionen eine Rolle spielen – über Business TV verteilt und aufgenommen.*

10. Spätestens wenn Manager im Business TV auftreten, wird klar, dass sie dafür entsprechende Fähigkeiten und mediales Geschick benötigen, weil auch sie den Gesetzen der Medien unterliegen.

11 Fusionen –
den Mitarbeitern erklären

Monika Blaes (HypoVereinsbank, München)

Die Shareholder-Value-Orientierung im globalen Wettbewerb um Kapital zwingt die Unternehmen zu immer mehr Ertrag. Im Mittelpunkt steht dabei die Steigerung der Wettbewerbsfähigkeit durch geringere Produktionskosten, höhere Effizienz in den Abläufen, die Nutzung von Synergieeffekten, breitere Marktpräsenz in speziellen Segmenten oder die Schärfung der strategischen Ausrichtung. Beinahe täglich wird von Fusionen in allen möglichen Branchen berichtet. Dabei entstehen Unternehmen mit gigantischen Ausmaßen. Nicht nur in der Presse, auch im eigenen Unternehmen wird darüber diskutiert und spekuliert, wer sich wohl als Nächstes mit wem zusammentut – in welcher rechtlichen Konstruktion auch immer.

Der erste Schock

Trotzdem trifft die Fusionsankündigung die Mitarbeiter im Unternehmen oft unvorbereitet, fast wie ein Schock. Der Termin und der Partner waren schließlich bis zuletzt nur einer Handvoll Mitarbeitern bekannt. Das Wertpapierhandelsgesetz schreibt den Aktiengesellschaften vor, kursrelevante Nachrichten in einem formalisierten Prozess zuerst der Öffentlichkeit mitzuteilen, bevor die Informationen innerhalb des Unternehmens bekannt gemacht werden. Daher wird der Kreis der Eingeweihten möglichst klein gehalten. Weder Sekretärinnen noch die Partner der Manager dürfen Verdacht schöpfen, so dass der eine oder andere Zahnarzttermine oder die Krankheit eines nahen Angehörigen erfindet, um die längere Abwesenheit aus dem Büro erklären zu können.

Sobald die Nachricht „am Markt" und der erste Schock überwunden ist, ergeben sich seitens der Mitarbeiter eine Menge Fragen: Was wird aus mir? Wie verändert sich die Entwicklung unseres Hauses? Werden Unternehmensteile abgespalten und verkauft? Wie viele Mitarbeiter verlieren ihren Arbeitsplatz?

Jeder versucht, durch Interpretation der Fakten die Geschichte hinter den Fakten zu entdecken. Die Gerüchteküche kocht. Wieso wird das eine Unternehmen auf das andere verschmolzen und nicht umgekehrt? Wieso ist das Aktien-Umtauschverhältnis genau so groß? Stehen damit die Verlierer der Fusion schon fest? Und aus jeder Antwort ergeben sich wieder eine Menge neuer Fragen.

Das Management beschäftigen ganz andere Fragen: Wie kann der Verschmelzungsprozess beider Belegschaften möglichst reibungslos vonstatten gehen? Wie können wir die Leistungsträger auch für das neue Unternehmen gewinnen? Wie können Synergien genutzt werden? Welche technische Plattform setzt das neue Unternehmen ein? Wie wird die räumliche Zusammenlegung organisiert?

Nicht jeder im Unternehmen begrüßt die großen Veränderungen, die ihre Schatten vorauswerfen. Die ersten Mitarbeiter ziehen sich innerlich zurück und sind nicht mehr besonders motiviert. Sie kündigen und suchen sich einen neuen Arbeitgeber. Nun braucht das Unternehmen für die zu bewältigende Arbeitsmenge jede fähige Frau und jeden fähigen Mann und kann trotzdem keinem von ihnen versprechen, im neu entstehenden Unternehmen weiterhin eine – mehr oder weniger – wichtige Rolle zu spielen.

Die Mitarbeitermotivation ist auf jeden Fall einer der Schlüsselfaktoren des Fusionserfolgs. Die interne Kommunikation hat hierbei eine wichtige Funktion. Sie ist strategischer Wettbewerbsfaktor bei der Information und Motivation der Mitarbeiter. In ganz besonderem Maße gilt dies für Dienstleistungsunternehmen.

Die Phasen des Fusionsprozesses

Euphorie, Katerstimmung, gefolgt von neuem Selbstbewusstsein: Das sind die typischen Phasen eines Fusionsprozesses. Auf die Fusionsankündigung folgt meist eine Hochstimmung an den Märkten und im Unternehmen: Der Aktienkurs des Unternehmens zeigt in der Regel steil nach oben, wovon auch die Belegschaftsaktionäre profitieren. Die Presse berichtet über das neue Unternehmen, wenn die Voraussetzungen und die Strategie stimmen, ziemlich positiv. Es tut sich was, endlich ist die große Unsicherheit zu Ende – und es geht los. Und man ist selbst mitten drin. Erfolg macht erfolgreich. Die Erwartungen an das neue Unternehmen wachsen.

Danach macht sich allerdings erst einmal Katerstimmung breit: Neugier mischt sich mit Angst, die ersten Sieger werden gekürt und lassen Kollegen als Verlierer zurück, erste Unklarheiten oder Widersprüche in unternehmerischen Entscheidungen werden entdeckt und verunsichern Belegschaft und Öffentlichkeit. Die Stunde der Wahrheit ist gekommen.

Die Presseberichte über den Fusionsprozess werden kritischer. Die Führungskräfte setzen alles daran, ihre Macht und ihren Einfluss im neuen Unternehmen zu sichern. Eine neue Vorsicht macht sich breit. Solange nicht klar ist, wer „das Rennen macht", mag niemand eine unpopuläre Entscheidung treffen und damit möglicherweise die eigene Position im Wettbewerb um seine Stellung im neuen Unternehmen gefährden. Mit zunehmender operativer Umsetzung der Fusion jedenfalls, die mit Personalentscheidungen einhergeht, steigt wieder das Selbstbewusstsein des neuen Unternehmens und seiner Mitarbeiter. Das Tal der Tränen ist durchschritten. Man ist bereit, neu anzugreifen – mit neuen Produkten, auf neuen Märkten und mit neuen Technologien.

Personalentscheidungen als Kernthema

Wie schnell werden die Führungspositionen des neuen Unternehmens besetzt? Dies ist eine der Kernfragen im gesamten Fusionsprozess, denn je früher diese Stellen besetzt werden, umso eher erlangt das Unternehmen seine Entscheidungsfähigkeit zurück. Und umso eher hat jeder Einzelne die Möglichkeit, die Realität zu verarbeiten und sich auf die veränderte Umwelt einzustellen.

Besonders wichtig sind dabei die Fairness und Transparenz im Stellenbesetzungsverfahren. In der HypoVereinsbank musste sich beispielsweise jeder Mitarbeiter auf eine neue Stelle in der Organisation bewerben. Bei der Personalauswahl für Fach- und Führungsstellen wurde dabei auf strukturierte Interviews und Entwicklungsseminare (Methode der Assessment-Center) gesetzt.

Trotzdem sind Mitarbeiter manchmal skeptisch. Nach Bekanntgabe der Personalentscheidungen errechnen sie nicht selten Quoten, wie viele der Positionen des neuen Unternehmens mit eigenen Kollegen besetzt wurden bzw. mit Mitarbeitern des Fusionspartners. Dies war natürlich auch bei der Fusion von Bayerischer Vereinsbank und Hypo-Bank zu beobachten.

Aus diesen Quoten wird dann versucht abzuleiten, wie die nächste Ebene besetzt wird: Raum für viel Spekulation und vielleicht auch Unzufriedenheit, die weiterhin das Unternehmen in seiner Entscheidungsfreudigkeit bremst.

Bedürfnisse und Zielgruppen identifizieren

In den Phasen des Fusionsprozesses lassen sich Mitarbeitergruppen mit ganz unterschiedlichen Bedürfnissen identifizieren: hoch Qualifizierte und weniger Qualifizierte, Generalisten und Spezialisten, Mitarbeiter der Profit-Center und Mitarbeiter der Cost-Center, Mitarbeiter der verschiedenen Unterneh-

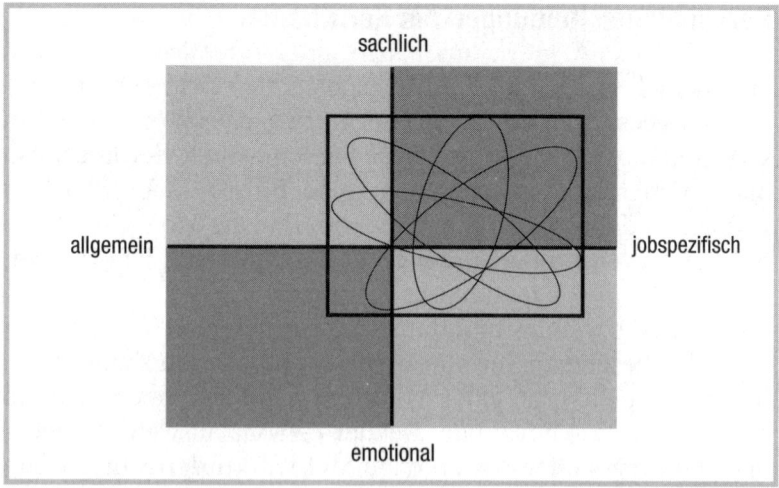

Abb. 31: Mitarbeiterbedürfnisse

mensbereiche, Führungskräfte und Fachkräfte, die sich Informationen mit unterschiedlichem Detaillierungs- bzw. Abstraktionsgrad wünschen. Und weil der Mitarbeiter nicht nur Homo oeconomicus ist, sondern auch eine Menge sozialer und emotionaler Bedürfnisse hat, ist nicht nur die rein sachliche Ebene einer Information für den Mitarbeiter interessant. Abbildung 31 verdeutlicht den Zusammenhang zwischen emotionalen und den sachlichen Bedürfnissen.

Die Kommunikation muss alle Ebenen umfassen und dabei nicht nur informieren, sondern auch Ängste nehmen, Mitarbeiter für die neuen Aufgaben gewinnen und für das neu entstehende Unternehmen begeistern. Vor allem aber muss das Management den Mitarbeitern Sicherheit geben durch einen straffen Zeitplan für die Umsetzung der Fusion, der unbedingt eingehalten werden sollte. Dies betrifft vorrangig die Personalentscheidungen.

Neben den verschiedenen Ebenen der Informationsbedürfnisse gibt es eine Vervielfachung der internen Zielgruppen. Je genauer diese Zielgruppen bekannt sind, umso effizienter kann die Kommunikation gesteuert werden. Triviale Voraussetzung dafür ist, diese Zielgruppen auch adressieren zu können. Gerade wenn zwei Unternehmen sehr unterschiedliche Organisationsformen hatten, ist die Festlegung und Einhaltung von identischen Kommunikationskaskaden kein triviales Problem mehr. Jede der internen Zielgruppen hat ihre eigenen Erwartungen und Bedürfnisse im Zusammenhang mit der Fusion (vgl. Abbildung 32).

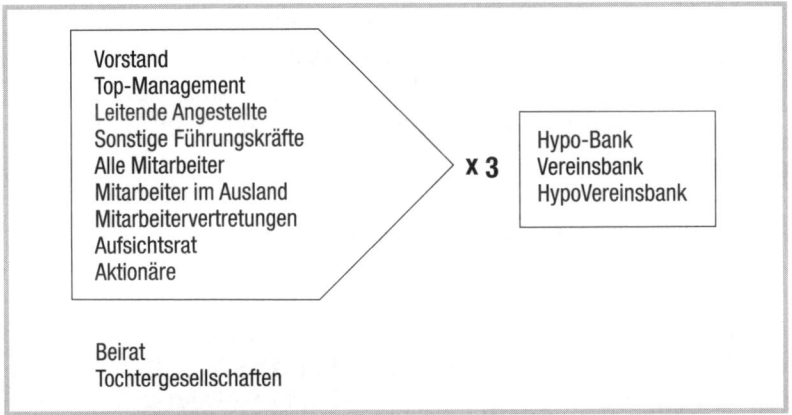

Abb. 32: Zielgruppenvermehrung

Medien haben Funktionen

Nicht nur die Zielgruppen der Informationen vervielfachen sich. Auch die unterschiedlichen internen Medien der beiden Unternehmen sind mit denselben Informationen zum selben Zeitpunkt zu füttern. Parallel dazu explodiert die Informationsmenge.

Die Aufgabe der Zentrale ist in erster Linie, den operativen Fusionsprozess vorzubereiten und durchzuführen. Erst in zweiter Linie sind die zentralen Abteilungen darauf spezialisiert, die Mitarbeiter über die Veränderungen zu informieren, die sie erarbeitet haben. Leider lässt die Informationsaufbereitung in der Praxis oft zu wünschen übrig. So konnte man auch in der Hypo-

Vereinsbank beobachten, dass die Mitarbeiter der Projekte ihre Informationen an die Verantwortlichen für die internen Medien zeitgleich und in einheitlicher Form (z.B. als Präsentationsfolien oder ausführliche Konzepte) mit der Bitte um Veröffentlichung weitergaben. In der Regel bereiteten sie ihre Informationen jedoch nicht zielgruppen- und medienspezifisch auf, was zugegebenermaßen auch relativ aufwendig ist – zumal im Fusionsprozess ohnehin schon genug zu tun ist.

Dies ist Aufgabe der Abteilung für interne Kommunikation: Sie muss dafür sorgen, dass die verschiedenen Zielgruppen zum richtigen Zeitpunkt mithilfe der internen Medien über die relevanten Informationen verfügen können, die zielgruppenspezifisch aufbereitet werden.

In der HypoVereinsbank haben wir zu Beginn des Fusionsprozesses eine zentrale Redaktionskonferenz installiert. Mitglieder dieser 14-tägig stattfindenden Runde sind die Verantwortlichen für die interne Kommunikation aus allen Unternehmens- und Dienstleistungsbereichen, moderiert durch die Einheit aus der Zentrale. Ihre Aufgabe ist,

- sich über die Situation im Unternehmen auszutauschen,
- den Informationsfluss von bankweit relevanten Themen anhand von Kommunikationsplänen in die internen Medien zu steuern und
- das Informationscontrolling durchzuführen.

Dieses Netzwerk von Mitarbeitern und Informationen über das ganze Unternehmen hinweg war für uns besonders im Jahr der Filialmigration (= Prozess, alle Kunden- und Produktdaten auf ein gemeinsames neues EDV-System zu übertragen) von hohem Nutzen.

Wie kann man nun mit der Explosion der Informationen und Zielgruppen umgehen? Jedes der beiden fusionierenden Unternehmen muss für eine Übergangszeit seine internen Medien ganz konsequent entsprechend seinen originären Funktionen weiter nutzen wie bisher. Einen Überblick über die Medien, ihre Funktion und Zielgruppen gibt Abbildung 33.

Medien	Funktionen	Zielgruppe
Intranet	Aktuelle Infos, Archiv	Alle Mitarbeiter
Mitarbeitermagazin	Orientierung, Emotion	Alle Mitarbeiter
Arbeitsanweisungen	Handlungsanweisung	Diverse Zielgruppen
Rundschreiben	Vertiefende Info	Spezielle Zielgruppen
Ticker für Vertrieb	Vertiefende Info Vertrieb	Spezielle Zielgruppen
Business TV	Aktuelle Infos, Emotion, Motivation	Mitarbeiter in Unternehmens- und Dienstleistungsbereichen
Führungsinfo	Aktuelle Infos zur Erfüllung der Führungsaufgabe	Führungskräfte 1. bis 4. Ebene (ca. 2 700)

Abb. 33: Einsatz der Medien

Obwohl die Informationen nicht optimal mediengerecht aufbereitet wurden, waren sie trotzdem in der Regel mit den Verantwortlichen aus den Projekten oder Abteilungen bereits abgestimmt und freigegeben. Daher war die Phase der mediengerechten Aufbereitung bzw. Nachbearbeitung der Informationen nicht immer ganz einfach. Hier kam es hin und wieder auch zu längeren Diskussionen mit Führungskräften, denen der Nutzen der mediengerechten Aufbereitung im Einzelnen erst einmal dargestellt werden musste: Eine Fusion ist eben keine Routineaufgabe, die im Vorbeigehen erledigt wird – auch nicht von erfolgreichen Führungskräften.

Zudem kommt die große Herausforderung hinzu, in der schwierigen und arbeitsreichen Phase einer Fusion auch noch Fingerspitzengefühl für die ideale Form der Kommunikation zu entwickeln, um die Mitarbeiter auf allen Ebenen der verschiedensten Bedürfnisse zu motivieren.

Für jede unternehmensweit relevante Information muss es einen Kommunikationsplan geben, der die internen Medien zum richtigen Zeitpunkt mit dem richtigen Aspekt der Informa-

Thema: „Verteilung der Notebooks und der Lernsoftware an die Mitarbeiter im Vertrieb und in vertriebsnahen Bereichen"

Medium	Timing	Inhalt/Ziel
Führungsinfo	X* – 6 Wochen	Vorankündigung des Verteilungs-Zeitplans; Aufforderung an die Führungskräfte, den vorgeschlagenen Verteiler für Notebooks und Software zu überprüfen; Termine, wann das Thema in den weiteren internen Medien präsentiert wird; Ansprechpartner für die Aktion
Arbeitsanweisung	X – 3 Wochen	Sie regelt verbindlich, welche Inhalte die Mitarbeiter bis wann lernen müssen und wie die Arbeitsabläufe nach Einführung der neuen EDV in der Bank sind.
Mitarbeitermagazin „DAS BESTE"	X – 2 Wochen	Hintergründe: Warum machen wir das so und nicht anders? Wer hat mitgearbeitet, wie steht der Betriebsrat zu dem Thema? Wie geht es weiter?
Business TV	Tag X	Talk mit Verantwortlichen aus den Projekten sowie Führungskräften und Mitarbeitern im Vertrieb: Wie läuft die Aktion ab? Warum machen wir das so? Wo sehen wir Probleme? Welche Hilfsmittel (Unterlagen, Lernpatenschaften etc.) stehen dem Mitarbeiter für die Lernaktion zur Verfügung? Verweis auf andere interne Medien
Intranet	laufend	Laufend aktualisierter, detaillierter Zeitplan über die Verteilung, Archiv mit den Unterlagen zur gesamten Aktion
Intranet-Homepage für die Gesamtbank	Tag X	Gewinnspiel: Wie macht das Lernen am meisten Spaß?
Business TV	X + 2 Wochen	Wie läuft's vor Ort? Von anderen lernen: Reportage über Tipps von Mitarbeitern und Führungskräften aus dem Vertrieb
Mitarbeitermagazin „DAS BESTE"	X + 6 Wochen	Reportage über die ersten Filialen, die die Lernaktion bereits abgeschlossen haben und auf die neue EDV umgestellt werden

* kennzeichnet den Beginn der Verteil- bzw. Lernaktion in der HypoVereinsbank, die sich über einen Zeitraum von etwa acht Wochen erstreckt hat

Abb. 34: Kommunikationsplan

tion „bespielt". Das Beispiel eines solchen Kommunikations-
plans zeigt Abbildung 34.

Durch die *Führungsinfo* (Printmedium) oder in Meetings
können den Führungskräften beispielsweise Informationen mit
einem zeitlichen Vorsprung vor ihren Mitarbeitern gegeben
werden. Der zeitliche Vorsprung versetzt sie in die Lage, die Information erst einmal selbst zu verarbeiten, um sie dann persönlich an ihre Mitarbeiter weiterzugeben.

Das *Business TV* hingegen ist gut geeignet, die verschiedenen Aspekte einer Entscheidung oder eines Problems mehrdi-
mensional darzustellen. In Diskussionsrunden können Entscheidungsträger und Betroffene ihre Positionen offen legen
und somit mehr an die Zuschauer transportieren als Fakten.
Dabei sollten die Mitarbeiter am Ende der Sendung ein möglichst umfassendes Bild über die Entscheidung oder das Problem haben. Zwar werden Einstellungen nicht durch nüchterne
Informationen allein verändert, sie sind aber eine ordentliche
Basis.

Das *Intranet* als neues Kommunikationswerkzeug erfüllt drei
wichtige Funktionen: die aktuellen News zu transportieren, die
Informationen zu archivieren und die Mitarbeiter zum Feedback anzuregen.

Face-to-Face-Informationen sind entscheidend

Im Fusionsprozess oder im Prozess großer Veränderungen ganz
allgemein wünschen sich die Mitarbeiter, möglichst frühzeitig
und möglichst umfassend informiert zu werden. Diese so genannte Prozesskommunikation stößt trotz des verständlichen
Wunschs der Mitarbeiter relativ schnell an ihre Grenzen. Ist
beispielsweise die Phase der Analysen noch nicht abgeschlossen
oder sind wichtige strategische Entscheidungen in den Gremien
des Unternehmens noch nicht getroffen, kann eine Prozesskommunikation die Mitarbeiter eher verwirren als präzise Antworten auf ihre Fragen geben.

Eine besondere Verantwortung bei der Information über den Fusionsprozess und seine Auswirkungen tragen die Führungskräfte der beiden fusionierenden Unternehmen. Sie müssen, stärker als bisher und soweit es möglich ist, offen und breit informieren, Informationen verarbeiten, ihre Teams zusammenhalten und für die vor ihnen liegenden Aufgaben begeistern.

Die Führungskräfte sind aber nicht nur Ausführende, sondern auch gleichzeitig Betroffene der veränderten Situation im Unternehmen. Um ihre Teams zu motivieren, müssen sie selbst auch motiviert sein. Viele, vor allem größere Unternehmen investieren hohe Summen in die Aus- und Weiterbildung ihrer Mitarbeiter und bereiten sie auf die Übernahme von Führungsverantwortung umfassend und langfristig vor. Aber nicht jeder Transfer des im Führungsseminar Erlernten in die Praxis gelingt. Auch in der HypoVereinsbank gab es in einzelnen Bereichen Defizite.

Wichtig ist, den Mitarbeitern im gesamten Veränderungsprozess Gelegenheit zu geben, sich Face-to-Face-Informationen zu holen. Auf dem so genannten „Strategie-Tag" sind die leitenden Angestellten (insgesamt rund 1 000) vom Vorstand der HypoVereinsbank über die Strategie der neuen Bank informiert worden. Anschließend konnten sich alle über den Status quo in den Unternehmens- und Dienstleistungsbereichen informieren. Dazu wurde in kongressartiger Atmosphäre all das präsentiert und gezeigt, was bis zu dem Zeitpunkt schon beschlossene Sache bzw. in der Diskussion war. Das informelle „Get together" am Vorabend ermöglichte die Vertiefung der persönlichen Kontakte.

Auf die Face-to-Face-Information wurde gerade im Umsetzungsjahr großer Wert gelegt. Rechtzeitig vor der Filialmigration wurden von den Unternehmensbereichen (Privat- und Geschäftskunden, Firmenkunden, Immobilien u. a.) beispielsweise ein- bis zweitägige Informationsveranstaltungen organisiert, zu denen die mit der tatsächlichen Umsetzung betrauten Mitarbeiter eingeladen wurden. Im Mittelpunkt stand neben der Information auch die Diskussion der Veränderungen, die Nutzung neuer Medien (beispielsweise spezieller Lernsoftware, mit der die Mitarbeiter sich auf die Veränderungen bei der Kundenbetreuung durch die optimierte EDV vorbereiten konnten), aber auch das gegenseitige Kennenlernen. Schließlich muss jeder Mitarbeiter sein Netzwerk neu knüpfen und die handelnden Personen kennen lernen.

Erfolg kontrollieren

In dem Fusions- und Veränderungsprozess ist es besonders wichtig, zu überprüfen, wo man steht. In regelmäßigen Abständen haben wir daher verschiedene repräsentative Mitarbeiter- und Kundengruppen befragt. Hier einige Beispiele:

- „Woher beziehen Sie Ihre Informationen?"
- „Wie gut fühlen Sie sich informiert?"
- „Wie zufrieden sind Sie mit dem Fusionsfortschritt?"
- „Wie schätzen Sie die neue Bank im Vergleich zu den beiden Vorgängerbanken ein?"
- „Würden Sie die neue Bank weiterempfehlen?"

Wir haben die Auswertung so konzipiert, dass wir Rückschlüsse auf unterschiedliche Einstellungen, die Mediennutzung, Zufriedenheit und vieles mehr von Führungskräften und Mitarbeitern ziehen konnten. Darüber hinaus war es uns möglich, die Daten nach den verschiedenen Regionen der HypoVereinsbank auszuwerten und frühzeitig Maßnahmen zu ergreifen, um unerwünschten Entwicklungen entgegenzusteuern.

Das Unternehmen

*Die HypoVereinsbank ist die zweitgrößte deutsche Geschäfts-
bank mit einer Bilanzsumme von 519,7 Milliarden Euro
(31.3.2000) und rund 5 Millionen Privatkunden. Sie ist am 1.
September 1998 im Rahmen einer Fusion aus den beiden Vor-
gängerinstituten Bayerische Hypotheken- und Wechsel-Bank
AG und Bayerische Vereinsbank AG hervorgegangen.*

*Als fokussierte Universalbank strebt die HypoVereinsbank
die Marktführerschaft in definierten Bereichen des Privat- und
Firmenkundengeschäfts an. Dabei konzentriert sich das Institut gemäß seinem Slogan „Leben Sie. Wir kümmern uns um
die Details" auf die Kernkompetenzen Privatkundengeschäft,
Immobilienfinanzierung, strukturierte Finanzierungen, ausgewählte Treasury- und Equity-Produkte sowie Asset Management. Im Investment Banking orientiert sich die HypoVereinsbank an den Bedürfnissen der zumeist mittelständisch
geprägten Firmenkunden.*

Die Autorin

*Dipl.-Oekonomin Monika Blaes ist seit 1997 im Bereich Kom-
munikation und Volkswirtschaft der HypoVereinsbank (München) tätig und war an der internen Kommunikation zur Fusion der Bayerischen Vereinsbank AG mit der Bayerischen
Hypotheken- und Wechsel-Bank AG von Beginn an beteiligt.
Der Schwerpunkt ihrer Aufgaben in der internen Kommunikation liegt in der Kommunikationsberatung unterschiedlicher
Bereiche sowie in der operativen Umsetzung. Zuvor arbeitete
sie im Personalmarketing und im Bereich Konzern-Personal-
politik der Bayerischen Vereinsbank.*

12 Grenzen überschreiten – Internationalisierung der Mitarbeiterkommunikation

Thilo Neidhart (SAP AG, Walldorf)

Wovon Politiker noch reden, das ist in der Wirtschaft bereits praktizierter Alltag: Statt in nationalstaatlichem Denken zu verharren, orientieren sich die Firmenlenker des 21. Jahrhunderts an Wirtschaftsregionen, Absatzmärkten und internationalen Standards. Schlagworte für diese Entwicklung sind Globalisierung, Fusionen oder auch organisches Wachstum.

Dabei darf die SAP AG mit Fug und Recht als Paradebeispiel und Ausnahme in der deutschen Wirtschaftslandschaft bezeichnet werden: Hat sie es doch geschafft, sich durch ständige Expansion einen festen Platz in der Software-Branche – die über Jahre hinweg von amerikanischen Firmen dominiert wurde – zu sichern. Mit der Konsequenz, dass Ende 1999 von insgesamt knapp 22 000 Mitarbeitern nur noch rund 9 000 in Deutschland gezählt wurden. Das sind 41 % der Beschäftigten (vgl. Abbildung 35).

Die multinationale Geschäftspolitik hat auch ein Umdenken in der Mitarbeiterkommunikation erfordert. Mitarbeiter verschiedenster Kulturen mussten und müssen unter einem Markendach zusammengebracht werden. Neue Formen der Kommunikation wie Videokonferenzen, Online-Übertragungen von Veranstaltungen oder weltweite Mitarbeiterumfragen im Firmennetz (Intranet) helfen, räumliche, zeitliche und kulturelle Barrieren zu überschreiten. Die dabei gemachten Erfahrungen sollen im Folgenden unter fünf Stichworten zusammengefasst werden und abschließend anhand dreier konkreter Beispiele (Firmenfernsehen/SAP TV, Intranet/SAPNet, Mitarbeiterzeitung SAP World) veranschaulicht werden.

Die Zahlen verdeutlichen die frühzeitige Ausrichtung der Firma auf internationale Märkte. Bereits 1996 saßen 53 % aller Mitarbeiter außerhalb Deutschlands, Ende 1999 waren es 59 %.

	1999	1996
Gesamt	21 699	9 202
davon:		
Deutschland	8 912	4 345
Amerika	6 005	2 302
Europa	4 162	1 419
(ohne Deutschland)		
Region Asien-Pazifik	2 620	1 039

Stand: 31.12.1999/31.12.1996

Abb. 35: Mitarbeiterstruktur SAP AG

Macht

Wissen ist Macht, ergo ist Kommunikation, d.h. die Sammlung, Selektion und Weitergabe von Wissen, potenzierte Macht. Dementsprechend sollte von vornherein klar sein, wer welche Kompetenzen im Rahmen der Unternehmenskommunikation weltweit wahrnimmt. Das enge Zusammenspiel – sowohl im übertragenen als auch im räumlichen Sinne – von Kommunikations- und Geschäftsleitung wird vorausgesetzt.

Die Kunst der Kooperation von Kollegen unterschiedlicher Länder, Regionen und Geschäftsstellen liegt in der richtigen Mischung aus Delegation, gemeinsamem Vorgehen und – falls notwendig – selbstständigem Handeln. Beziehen Sie andere bereits in der Ideenphase und im Rahmen der Entscheidungsfindung mit ein, aber seien Sie auch dazu bereit, schnelle Entscheidungen bei Bedarf ohne größere Absprachen zu treffen (was im Übrigen wohl in den wenigsten Fällen bedeutet, dass damit die Weichen für die nächsten 30 Jahre gestellt sind).

Kontrollzwang macht verrückt. Glauben Sie nicht, es ließe sich etwa überprüfen, wer wo in den USA TV-Geräte aufstellt und einschaltet, damit das firmeneigene Fernsehprogramm dort empfangen werden kann, oder ob die Mitarbeiterzeitung auch wirklich bei den Mitarbeitern anderer Länder ankommt. Das ist ja schon am eigenen Standort in der Regel nur schwer zu überprüfen.

Was hilft: Überzeugen Sie die Kollegen im Ausland von Strategie und Inhalten Ihrer Medien, indem Sie sie mit einbeziehen. Und: Geben Sie dem lokalen Geschehen seinen Platz in der internen Kommunikation. (Die höchsten Abgriffzahlen im Intranet fallen – neben Strategie und Geschäftsreports – immer noch auf „mitarbeiterzentrierte" Themen wie „Bonus-Programme" oder „Maßnahmen gegen den Verkehrsstau".) Gehen Sie dazu nach dem Lange-Leine-Prinzip vor: Schaffen Sie Freiräume, dort wo es Sinn macht, aber lassen Sie keinen Zweifel daran, dass Entscheiderthemen auch intern nur nach Absprache mit der Kommunikationszentrale verbreitet werden dürfen. Und planen Sie – falls möglich – genügend Zeit für Abstimmungsprozesse ein bzw. schaffen Sie ein länderübergreifendes, schlagkräftiges Kommunikationsnetzwerk für Notfälle und kurzfristigen Handlungsbedarf. Damit beugen Sie – intern wie extern – der Gefahr von Gerüchten vor.

Persönlicher Draht

Nach wie vor stellen die Geschäftsführung und die Kommunikationszentrale eines Unternehmens ihre Auslandsniederlassungen gerne vor vollendete Tatsachen, frei nach dem Motto „Denn wir wissen schon, was wir tun", um später dann mit Verwunderung und Unverständnis festzustellen, dass die Kollegen in Bombay, Singapur oder New York nicht so recht mitziehen. Deshalb: Holen Sie von Beginn an die Landes- bzw. Regionenvertreter mit ins Boot (was natürlich voraussetzt, dass man an den einzelnen „Stützpunkten" auch eigene Kommunikationsfachleute mit entsprechendem kulturellen Background einsetzt).

Wer ständig von der Eigenverantwortlichkeit der Mitarbeiter predigt, der muss auch die entsprechenden Rahmenbedingungen schaffen.

Ein weltweites Kommunikationsnetzwerk sollte Leitlinien gemeinsam erarbeiten, den ständigen Kontakt pflegen und regelmäßige Treffen vereinbaren, um Wünsche und Anregungen von der Mitarbeiter-„Basis" weiterzugeben. Ein kurzer Seitenhieb auf das Medium E-Mail sei hier erlaubt: So werden dort Dinge erfahrungsgemäß leichter zugesagt, aber auch schneller wieder verworfen; auch traut man sich – im Negativen – vieles zu, was man sich im direkten Gespräch wohl zwei- oder dreimal überlegen würde. Nichtsdestotrotz bieten die neuen elektronischen Möglichkeiten sehr gute Bedingungen, um über Zeitzonen und Breitengrade hinweg kurz und schnell Absprachen zu treffen. So können mit Hilfe von E-Mail-Programmen auch Konferenzen organisiert oder die Terminkalender der Kollegen eingesehen werden. Moderne Videotechnik erlaubt darüber hinaus, Meeting-Teilnehmer verschiedener Standorte audiovisuell zu verbinden.

Local Hero

Die alte Regel des Lokaljournalisten, wonach das Medieninteresse zunimmt, je stärker sich die Beiträge vor der eigenen Haustür abspielen, kann auf internationale Kommunikation nur bedingt angewendet werden. Ohne Lokalkolorit freilich dürften die Medien in den Augen der Mitarbeiter zu bloßen Verlautbarungsinstrumenten verkommen (vgl. Abbildung 36). Darüber hinaus erfolgt die Bindung der Mitarbeiter an ihre Medien hauptsächlich durch das Ablichten bzw. Abbilden von Kollegen, Neuigkeiten aus der Klatsch- und Tratschecke oder das jährliche Tennisturnier (Stichwort Infotainment).

Insofern muss auch von reinen Holding-Medien für eine breitere Mitarbeiterschaft – ohne Lokalbezug – weitgehend abgeraten werden. Solche übergeordneten Kommunikations-

Typische Mitarbeiterthemen wie Verkehr, Reisen und das Vergütungsprogramm STAR, aber auch Strategie und Geschäft führen das Ranking an.

Themen	Leser
Entlastung in der Rushhour	3 685
Änderungen bei Geschäftsreisen	3 073
STAR-Berechnung läuft ab Montag	2 852
Aktionäre stimmen neuem Optionsplan zu	2 365
Neue Regelung bei Flugreisen	2 105
SAP stellt vorläufige Zahlen für 1999 vor	1 990
SAP auf der CeBIT 2000	1 909
Neuerungen beim STAR 2000	1 827
SAP ist Managers Liebling	1 601
Mannesmann verdreifacht seine Investitionen in R/3	1 132

Basis: Januar bis März 2000

Abb. 36: Top-Ten-Inhalte auf der deutschen SAP-News-Seite im Intranet

instrumente können allenfalls für einen begrenzten internen Kreis eingesetzt werden (wie etwa Entscheider, Geschäftsleitung, Top-Management).

Andererseits dürfen sich die Medien der internen Kommunikation auf keinen Fall auf eine Funktion als Klatsch & Tratsch-Postillen oder verlängerte Sprachrohre der internen „schwarzen Bretter" beschränken. Die firmenübergreifenden Informationen erinnern die Kollegen daran, dass sie in einem Weltkonzern arbeiten, und helfen, Ängste und Barrieren abzubauen. Im Übrigen sind die internen Medien auch hervorragende Helfer, wenn es darum geht, kulturelle Eigenheiten aufzubereiten (Berichte über Geschäftspraktiken in Fernost oder ein Geschäftsreise-Service mit Tipps und Tricks) und das Verständnis für das Verhalten der Kollegen nah und fern zu stärken – und umgekehrt, selbstverständlich.

Infrastruktur

Eine funktionierende Infrastruktur ermöglicht den Erfolg der kommunikativen Ideen und Konzepte. Das gilt national wie international. Firmeninterne Netze, so genannte Intranets, die Minuten brauchen, um eine Information am Bildschirm anzuzeigen, können ganze Konzepte innerhalb kürzester Zeit zunichte machen. Die Regel „Wer einmal enttäuscht wird, kommt oft nie wieder" gilt gleichermaßen für Internet und Intranet. Eine schnelle, komfortable und leicht zu bedienende Infrastruktur sowie eine interessante inhaltliche Aufbereitung der Themen sollten es dem Medienkonsumenten leicht machen.

Auch hier müssen kulturelle Unterschiede berücksichtigt werden: So konsumieren etwa Amerikaner Unternehmensinfos sehr viel stärker nach „Personality"-Aspekten. Eine leichtere, buntere Aufmachung der Themen ist Pflicht; „Spiegel"- oder „Zeit"-Schreibe werden mit Missachtung „belohnt".

Länderspezifische Formate müssen bereits in der Konzeptionsphase mit eingeplant werden. Die konkrete technische Abwicklung, wie der Druck von Mitarbeitermagazinen oder die Ausstrahlung von firmeneigenen TV-Programmen, sollte vor Ort erfolgen. Trotz internationaler Normen sind die Unterschiede – angefangen bei Textformatierungen auf dem PC – nach wie vor enorm.

Infrastrukturen, die PR-Inhalte betreffen, halten die Kollegen der einzelnen Kommunikationsabteilungen auf dem Laufenden und schaffen zusätzliche Verwertungswege. Dazu zählen zum einen monatlich oder quartalsweise aktualisierte PR-Pläne mit Themen, Erscheinungsdaten der Medien und Extrainfos wie etwa die Herausgabe eines Specials zu einem konkreten Thema. Profitieren können die Länderverantwortlichen auch von Web-Sites oder speziellen Server-Verzeichnissen, in denen fertig gestellte, eventuell auch bereits übersetzte Beiträge hinterlegt und zur weiteren Verwertung freigegeben werden.

Sprache

Mag es auch lapidar klingen, so vergessen die Verantwortlichen angesichts des großen internationalen Wurfs oftmals, dass ohne die sprachliche Verständigung Kommunikation über Grenzen hinweg im Keim erstickt wird (daran ändern – vorläufig – auch die Ansätze von Systemen, die Gesprochenes direkt übersetzen, nichts). Dabei gibt es durchaus simple Möglichkeiten, um dem Sprachenwirrwarr Herr zu werden:

● Mitarbeiter in englischer Sprache – als Weltgeschäftssprache Nummer eins und Standard fürs Internet – schulen.

● Bei Neueinstellungen gerade auch im Kommunikationsbereich auf Fremdsprachenfähigkeit als wichtiges Kriterium achten. Wobei es ja nicht immer gleich der „Native Speaker" sein muss – auch wenn der natürlich optimal ist etwa für den Einsatz als Moderator beim Firmenfernsehen.

● Überlegen, ob bzw. wann sich zusätzliche englisch- oder anderssprachige Ausgaben der einzelnen Medien lohnen; was ab einer Größe von 5 000 Mitarbeitern pro Land bzw. Geschäftsstelle durchaus gewährleistet ist. Vorsicht ist bei paralleler Zweisprachigkeit in Printmedien angebracht: Darunter leidet nicht nur der Lesefluss, auch Optik und Layout fordern ihren Tribut. Denkbar dagegen sind Fernsehübertragungen im Zweikanalton. Diese aber sind insbesondere für den Empfang am Computer technisch nur mit höchstem Aufwand – wenn überhaupt – zu realisieren.

SAP konkret

Anhand der drei Kommunikationsmedien Business TV, Intranet und Mitarbeitermagazin soll verdeutlicht werden, wie internationale Mitarbeiterkommunikation bei SAP funktioniert:

Business TV

Fernsehen für Mitarbeiter gibt es bei der SAP seit eineinhalb Jahren: In Live-Berichten zu Hauptversammlungen, Pressekonferenzen, Mitarbeiterversammlungen oder Kundenmessen werden die Mitarbeiter über die neuesten Entwicklungen in der SAP informiert. Einmal pro Monat erscheint das Magazin SAP TV/Insight (ca. 20 Minuten). Neben einem länderübergreifenden Teil erhalten dort die Regionen Amerika, Europa und Asien jeweils rund fünf Minuten Zeit, um die Top-Ereignisse visuell aufbereitet allen Mitarbeitern zur Verfügung zu stellen (vgl. Abbildung 37). SAP TV arbeitet eng mit dem Online-Nachrichten-Team zusammen und liefert aktuelle Kurzbeiträge zu geschriebenen Berichten, die im Intranet der SAP veröffentlicht sind.

Neben länderübergreifenden Beiträgen sendet SAP TV/Insight auch Highlights aus den einzelnen Regionen.

Abb. 37: SAP Business TV

Empfangen werden kann SAP TV weltweit über Computer (via Intranet) und über großformatige Fernsehgeräte, die in Geschäftsstellen und internationalen Niederlassungen strategisch platziert sind (Eingangsbereich, Kaffee-Ecken etc.). Die Übertragung erfolgt mittels Satellit. Die Gesamtleitung der Sendungen sitzt in Deutschland. Regionale Redaktionen arbeiten von Asien und Amerika aus zu. Für die filmische Durchführung der europäischen Beiträge sind deutsche Produktionsfirmen zuständig; Amerika und Asien setzen eigene Teams ein. Technisch erreicht das Firmenfernsehen mit visuellen Beiträgen und Botschaften aus der ganzen SAP-Welt fast alle Mitarbeiter. Genaue Messzahlen über die Einschaltquoten sind nicht verfügbar, da ein beträchtlicher Teil der Mitarbeiter direkt an den aufgestellten Fernsehapparaten zuschaut.

Intranet

Im Zentrum der internen Kommunikationsoffensive steht das SAPNet (Intranet). Tag und Nacht werden hier Informationen aus der ganzen Welt eingespeist und abgerufen. Ein Koordinationsteam pflegt die Strukturen und wacht über Berechtigungen und Inhalte. Mittlerweile gibt es knapp zwei Millionen einzelne Objekte (html-Dateien, Powerpoint-Präsentationen, Bilddateien etc.), die abgerufen werden können, pro Werktag kommen ca. 4 000 neue Objekte hinzu.

Auf der Homepage, dem Einstiegsportal des SAPNet, erscheinen sowohl die SAP News International als auch die News der jeweiligen Landesgesellschaft oder Region (vgl. Abbildung 38). Der internationale Bereich befasst sich ausschließlich mit Meldungen und Nachrichten, die für den gesamten Konzern relevant sind, so etwa die Quartalsergebnisse oder wichtige Personaländerungen. Dieser Service wird direkt von der Zentrale aus angeboten und durchgeführt. In den größeren Ländergesellschaften wiederum arbeiten Mitarbeiter an den Landes-News. Über den persönlichen Assistenten kann die News-Seite je nach Geschmack und Informationsbedarf eingerichtet wer-

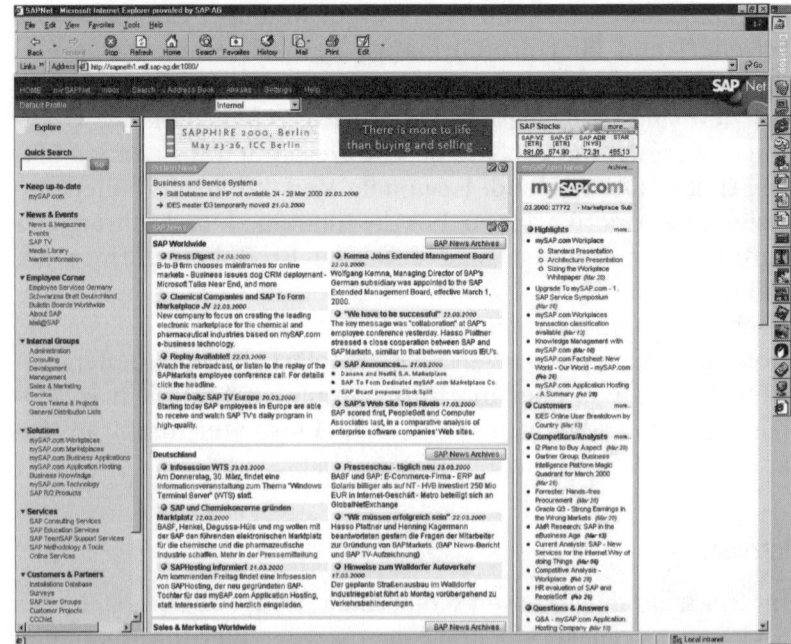

Die Homepage des SAP-eigenen Intranet (SAPNet): Internationale Nachrichten in englischer Sprache sowie ein nationaler Bereich ergänzen einander.

Abb. 38: SAP-Intranet

den. Auch in der übrigen Struktur wird zwischen den jeweiligen Länderinformationen unterschieden. So erhalten die Kollegen in Deutschland maßgeschneiderte spezielle Services etwa zu Abflugzeiten am Flughafen Frankfurt oder zum Ablauf lokaler Veranstaltungen.

Mitarbeitermagazin „SAP World"

Brandaktuell ist ein Projekt, das im Frühjahr 2000 für sämtliche gedruckten SAP-Mitarbeitermagazine ins Leben gerufen wurde. Ziel der Aktion ist ein weltweit einheitliches Layout für die bereits existierenden (insgesamt elf Titel) sowie für weitere neue Magazine. Während man sich zunächst auf einen gemein-

Entwurf für ein weltweit einheitliches Mitarbeiterzeitschriften-Layout. Bei der Titelfindung wurden die Mitarbeiter aufgefordert, Vorschläge abzugeben – über 200 Ideen wurden eingereicht!

Abb. 39: SAP-Mitarbeitermagazin „SAP World"

samen Titel geeinigt hat („SAP World"), werden nun konkrete Vorschläge für die Ausgestaltung des Layouts gemacht (vgl. Abbildung 39). Mithilfe dieser Maßnahme wird der Anspruch auf ein einheitliches Auftreten, eine einheitliche Markengestaltung und Firmenkultur (Corporate Identity) unterstrichen. Sowohl Titel- als auch Layoutentscheid folgten in enger Abstimmung mit den beteiligten Redaktionen, der internen Kommunikation in der Walldorfer SAP-Zentrale und dem Marken-Team. Die technische Betreuung sowie das Zur-Verfügung-Stellen von Druckvorlagen, Schriftendateien und anderem übernahm eine externe Agentur.

Das Unternehmen

Die SAP AG mit Sitz im badischen Walldorf ist der weltweit führende Anbieter von Softwarelösungen, die Geschäftsprozesse über Unternehmensgrenzen hinweg steuern. 1972 gegründet, setzt das Unternehmen mittlerweile über 5 Milliarden Euro um und beschäftigt mehr als 22 000 Mitarbeiter weltweit. 1999 fand die Neuausrichtung des Unternehmens unter der Internet-Offensive „mySAP.com" statt. „mySAP.com" ermöglicht es Unternehmen aller Größenordnungen und Branchen, ihre Mitarbeiter, Kunden und Partner in vollem Umfang von der Geschäftsabwicklung über das Internet profitieren zu lassen.

Der Autor

Thilo Neidhart, 37, arbeitet seit über zwei Jahren im Team der internen Kommunikation der SAP AG. Nach einem Aufbaustudium Public Relations schrieb er vor seinem Wechsel in die Industrie fünf Jahre lang als Magazinjournalist unter anderem für „Focus", „Zeit" und „DM".

13 Von den roten in die schwarzen Zahlen – wie sich interne Kommunikation auszahlt

Wolfgang Orians (Rütgers AG, Essen)

Eine Rückblende: Die Rütgerswerke AG, ein fast 150 Jahre altes traditionsreiches Unternehmen, gerät Anfang der 90er Jahre in eine schwere wirtschaftliche Krise. Schuld sind die beginnende Globalisierung, radikale Veränderungen auf den angestammten Märkten und Managementfehler. Schnell ist das Unternehmen der Insolvenz näher als einer erfolgreichen Zukunft – 15 000 Arbeitsplätze sind in Gefahr. Jetzt ist eine schnelle, durchgreifende Sanierung gefragt.

Eine Momentaufnahme: Das Unternehmen, inzwischen in Rütgers AG umfirmiert, hat 1999 das erfolgreichste Jahr in seiner Geschichte hinter sich, das Ergebnis vor Ertragsteuern war so hoch wie nie. In 77 Werken weltweit arbeiten knapp 13 000 Menschen, der Umsatz liegt bei 5 Milliarden DM. In den nächsten vier bis fünf Jahren sollen Umsatz und Ergebnis weiter kräftig gesteigert werden.

Das Intro: Das klingt nach einer Erfolgsstory, an der viele Menschen mitgearbeitet haben. Aber was hat das Ganze mit interner Kommunikation zu tun? Weit mehr, als es auf den ersten Blick erscheint. Den Erfolg brachten eine strategische Neuausrichtung des Unternehmens, die Trennung von unrentablen Geschäftsfeldern, die Einführung eines effizienten Controllingsystems und Kommunikation.

Kommunikation als wichtigster Bestandteil des lernenden Unternehmens

Der Turnaround und das nachhaltige Wachstum waren nicht allein oder vielleicht noch nicht einmal in erster Linie Ergebnisse betriebswirtschaftlicher Vorgänge. Entscheidenden Anteil hatte eine neue Unternehmenskultur, die Kommunikation als wichtigsten Bestandteil hat. Der 1995 neu ins Unternehmen gekommene Vorstandsvorsitzende, Eberhard von Perfall, hatte die Sanierung mit den notwendigen harten Schritten eingeleitet und gleichzeitig das Konzept des lernenden Unternehmens eingeführt.

Die Grundidee dieses Konzepts ist, dass Erfolg an Menschen gebunden ist. Nur wer flexible, lernbereite und engagierte Mitarbeiter hat, kann auch dauerhaft gute Geschäfte machen.

Das Storyboard: Aber was ist ein lernendes Unternehmen? Wenn man jung ist, lernt man bekanntlich fürs Leben, später, sich in Geduld zu üben, und manche lernen es nie, sagt der Volksmund. Aber was lernt ein Unternehmen? Wohl kaum Vokabeln, Rechenarten oder Managementtheorien. Denn „Lernendes Unternehmen" ist ein grundlegendes Konzept und nicht eine Form der Aneignung von Wissen. Man erkennt ein lernendes Unternehmen an der Art seiner Kommunikation, seiner Philosophie, seiner Kultur, seiner Organisation und der Fähigkeit seiner Mitarbeiter, Lernprozesse zu initiieren. Auf diese Weise wird es befähigt, die sich ständig ändernden Herausforderungen der Weltgesellschaft zu meistern. Doch was steckt hinter diesen wohlfeilen Worten?

Ein Unternehmen ist nichts anderes als eine Organisation, die einen bestimmten Zweck erfüllen soll und darum in einer bestimmten Art und Weise aufgebaut ist. In der Marktwirtschaft ist der Zweck schnell gefunden: Ein Unternehmen stellt Produkte oder Dienstleistungen her, um sie profitabel zu verkaufen. Wer dies besonders gut, schnell und effizient kann, hat Erfolg. Was besser, schneller und effizienter ist, entscheidet sich im Wettbewerb. Der wiederum findet nicht im luftleeren Raum statt, sondern wird durch sein Umfeld geprägt. Mit der Erfindung der Dampfmaschine und später der Elektrizität ließen sich Produkte maschinell in großen Stückzahlen herstellen. Der Produktionsvorgang wurde in einzelne Arbeitsschritte zerlegt und jeweils von Spezialisten erledigt. In der arbeitsteiligen Industriegesellschaft waren straff und hierarchisch organisierte Unternehmen erfolgreich.

Die Barrieren einer weltweiten Kommunikation sind auf einen Bruchteil geschrumpft

Am Beginn des dritten Jahrtausends stehen wir wieder vor einem grundlegenden Wandel der Gesellschaft. Neue Technologien haben Raum und Zeit als Barrieren einer weltweiten Kommunikation auf einen Bruchteil ihrer bisherigen Bedeutung schrumpfen lassen. Aus der Welt ist ein Dorf geworden. Es ist heute möglich, in Echtzeit Zeuge eines Ereignisses am anderen Ende des Globus zu werden oder riesige Datenmengen in Sekundenschnelle um die Welt zu schicken. Aus vielen einzelnen Gesellschaften entwickelt sich eine Weltgesellschaft, in der technologische Vorsprünge nur von kurzer Dauer sind und der Wandel als einzige Konstante bleibt.

Um in dieser neuen Gesellschaft erfolgreich zu bleiben, muss ein Unternehmen selbst in hohem Maße veränderungsfähig sein. Die ungeheure Menge an verfügbaren Informationen schafft die Notwendigkeit eines Wissensmanagements und die Fähigkeit, selbst neues Wissen zu schaffen. Dies erfordert ein Umfeld, in dem Lernprozesse Bestandteil des Unternehmensalltags sind.

Das Unternehmen muss als System fungieren, das Kommunikations- und Lernprozesse erzeugt, die Entscheidungen produzieren und dadurch wieder neue Kommunikations- und Lernprozesse auslösen, die wiederum zu Entscheidungen führen und so weiter. Kommunikation ist also das wichtigste Werkzeug im Lernunternehmen. Sie übernimmt die Aufgabe des Nervensystems im menschlichen Körper. Das gesamte Unternehmen muss kommunikativ ausgelegt sein, d. h., „miteinander reden" darf in der Firmenkultur nicht als ein Abhalten von der Arbeit gesehen werden, die Architektur und die Organisation müssen Kommunikation fördern. Kommunikation und Information dürfen nicht als Machtinstrumente missbraucht werden, Kommunikation muss demokratisch stattfinden. Den Chef, dessen Tür nur nach vorheriger zäher Terminabsprache mit der Chefsekretärin offen steht, gibt es im Lernunternehmen nicht.

Ein einheitliches Bild von der Außenwelt bei allen Einheiten schaffen

Eine herkömmliche Organisationsform, die sich in hierarchischen Organigrammen widerspiegelt, ist für ein Lernunternehmen nicht geeignet. Es geht zwar nicht darum, Hierarchien gänzlich abzuschaffen, sie sollen aber auf das Notwendige begrenzt und durch Projektgruppen, Task Forces und Integrationsteams verstärkt werden.

Wo es möglich ist, werden autonome Einheiten in Form von Profit-Centern geschaffen, die als Teile in das Ganze integriert werden. Dabei kommt es darauf an, dass alle Einheiten ein gleiches Bild von der Außenwelt haben. Dies entsteht durch gemeinsame Reflexion und Diskussion.

Wichtiger Bestandteil der Unternehmenskultur im lernenden Unternehmen ist die regelmäßige Anwendung der Selbstreflexion, d. h., sich selbst und sein Tun zu hinterfragen. Es muss jederzeit und für jeden Mitarbeiter möglich sein, auf die Meta-Ebene zu gehen. Gespräche und Diskussionen werden also nicht nur zu bestimmten Inhalten geführt, sondern es wird auch über das Gespräch selbst, den Umgang miteinander, die Abläufe und den Zustand des Unternehmens gesprochen. Es wird auch gefragt: Wie ist die Diskussion gelaufen? Wie fühlen wir uns? Warum sind wir nicht weitergekommen? Häufig stellt sich dabei heraus, dass gerade die unausgesprochenen Themen die wirklich wichtigen sind.

Eine Kultur des „lonely rider", der allein gegen den Rest der Welt kämpft, ist im Lernunternehmen nicht möglich. Da jedes Teilsystem zum Ganzen gehört, ist es nur dann erfolgreich, wenn auch die anderen Teilsysteme erfolgreich sind. „Anderen geeignete Umwelt sein" ist eine entscheidende Norm.

Die Realisation: Die Rütgers AG wurde von einer großen zentralen Gesellschaft in eine Management-Holding umgewandelt. Die Werke wurden zu eigenständigen Unternehmen, die das operative Geschäft im Rahmen der von der Konzernzentrale vorgegebenen Strategie selbstständig betreiben.

Als die Konzernzentrale von Frankfurt nach Essen umzog, war dies mehr als ein Ortswechsel. Das neue Gebäude in Essen demonstriert schon durch seine Innenarchitektur Offenheit und Kommunikationsbereitschaft. Hierarchien werden nicht durch die Anzahl der „Achsen" (sprich Fenster) ausgedrückt, die Büros haben Glaswände und die Schreibtische stehen in offenen Bereichen, in jeder Etage gibt es freie Flächen, auf denen sich Teams spontan zusammenfinden können oder in denen man sich zu einem kurzen Plausch setzen kann.

Meinungsbildner im Unternehmen gezielt ansprechen

Als Motor für die Unternehmensentwicklung wurde die Rütgers-Akademie eingerichtet. Sie bietet aufeinander abgestimmte Module zur Managemententwicklung. Der Schwerpunkt liegt dabei auf bedarfsorientierten Führungsseminaren und praxisbezogenen Trainings von Schlüsselqualifikationen. Im Rahmen des Rütgers-Akademie-Dialogs setzen sich Führungs- und Führungsnachwuchskräfte mit aktuellen, konzernrelevanten Fragestellungen auseinander, die über ihr unmittelbares berufliches Aufgabengebiet hinausgehen.

Managementzirkel ermöglichen, durch regelmäßige Reflexion der beruflichen Praxis neue Handlungsmöglichkeiten zu entwickeln, die zu veränderten Herausforderungen passen. Durch ein Förderkreissystem werden entwicklungsfähige Führungs-

und Führungsnachwuchskräfte identifiziert und systematisch gefördert.

Zur Entwicklung einer „gleichartigen Sichtweise der Außenwelt" wurde ein hochwertiges Konzernmagazin entwickelt, das die Meinungsbildner im Unternehmen ansprechen will. Es steht nicht in Konkurrenz zu den Mitarbeiterzeitungen der einzelnen Gesellschaften, denn es berichtet inhaltlich und optisch anspruchsvoll über unternehmenskulturelle und übergeordnete Themen. Es wird nicht automatisch an alle Mitarbeiter verteilt, sondern kann kostenlos abonniert werden. Auf diese Weise erreicht die Zeitschrift nur die wirklich interessierten Meinungsbildner, die die Informationen als Multiplikatoren weitergeben. Das Magazin erscheint in den vier wichtigsten Sprachen des Konzerns, in Deutsch, Englisch, Italienisch und Spanisch.

Kommunikation steigt zum gleichwertigen Produktionsfaktor neben Kapital und Arbeit auf

Technisches Rückgrat der Konzernkommunikation ist das Intranet. Es erlaubt zum einen die schnelle, weltweite Information der Mitarbeiter (für Beschäftigte ohne Computer werden Terminals in den Sozialräumen aufgestellt) und ist andererseits die Basis für ein Wissensmanagementsystem, mit dessen Hilfe Wissen generiert, gespeichert und für alle verfügbar gemacht wird.

Der Abspann: In der wissensbasierten Informationsgesellschaft der Zukunft steigt Kommunikation zum gleichwertigen Produktionsfaktor neben Kapital und Arbeit auf. Wer nicht frühzeitig neben den technischen Kanälen auch die mentale Basis für offene Kommunikation in seinem Unternehmen schafft, wird zu den Zuspätgekommenen gehören.

Für den Turnaround des Rütgers-Konzerns leistete die Kommunikationskultur einen unverzichtbaren, wenn auch im Einzelnen nicht quantifizierbaren Beitrag.

Das Unternehmen

Die Rütgers AG ist ein internationaler Konzern mit Aktivitäten in den Arbeitsgebieten Chemie und Kunststoffe. Das operative Geschäft wird von sechs selbstständigen Tochterunternehmen geleistet, die weltweit Spitzenstellungen beispielsweise bei Basismaterialien für Leiterplatten, bei Kunststofffensterprofilen und bei duroplastischen Kunststoffen einnehmen.

Das Unternehmen wurde 1849 als Imprägnieranstalt für Eisenbahnschwellen gegründet und entwickelte sich zum Pionier in der Produktion von chemischen Grundstoffen, Kunststoffen und in der Kunststoffverarbeitung. Bis Ende der 80er Jahre lag der Schwerpunkt des Unternehmens in der Teerverarbeitung. Als sich die Rahmenbedingungen dieses Geschäfts Anfang der 90er Jahre änderten, geriet der gesamte Konzern in eine Schieflage. Den Turnaround innerhalb kurzer Zeit zu schaffen und den Unternehmenserfolg auf ein stabiles Fundament zu stellen war nur durch ein Konzept möglich, das der Kommunikation einen zentralen Stellenwert im Unternehmensalltag einräumt.

Der Autor

Wolfgang Orians hat Sozialpädagogik in Mannheim und Journalismus an der Universität Hohenheim (Stuttgart) studiert. Nach verschiedenen Stationen im Journalismus, bei einem Verband und in der Industrie kam er 1998 als Leiter Kommunikation zu Rütgers. Dort hat er u. a. die interne Kommunikation unter den neuen Bedingungen eines dezentralen Unternehmens aufgebaut und zur Weiterentwicklung des Konzepts des „Lernenden Unternehmens" bei Rütgers beigetragen.

14 Eine Mitarbeiterzeitschrift wird international – aus der Sicht eines mittelständischen Unternehmens

Detlef May (Webasto AG, Stockdorf)

Die Mitarbeiterzeitschrift hat auch im Zeitalter von Intranet und Internet nichts an Bedeutung verloren. In gewisser Weise ist sie sogar eine unbedingt notwendige Ergänzung zu modernen Medien, sei es für die, die keinen Zugang zu elektronischen Kommunikationsmitteln haben, sei es für die, die zusätzlich gedruckte Informationen nach Hause tragen wollen.

Die Mitarbeiterzeitschrift erfüllt eine um so wichtigere Rolle im Unternehmen, je besser sie gepflegt wird. Letztlich verhalten sich Mitarbeiter, wenn sie „ihre" Zeitung und Zeitschrift lesen, nicht anders, als wenn sie andere Zeitschriften lesen: Ist der angebotene Stoff ihrer Erwartungshaltung nicht adäquat oder bietet er keine Überraschungen zur Kompensation von nicht erfüllten Erwartungen, wird er beiseite gelegt. Hat die Zeitung oder Zeitschrift hingegen das Interesse der Leser geweckt, lassen sich Botschaften transportieren, für die es sonst kaum eine Plattform gibt. Dabei ist durchaus nicht nur an Botschaften der Geschäftsleitung gedacht.

Kontinuität oder Änderung?

Eine Mitarbeiterzeitschrift stellt ein sehr spezifisches Angebot an die Mitarbeiter dar. Dieses Angebot ist nicht beliebig veränderbar, schon gar nicht einfach rückgängig zu machen. Zusatzangebote werden natürlich gern in Kauf genommen, in seltenen

Fällen kommentiert, aber (fast) nie honoriert. Ganz anders ist die Situation, wenn lieb gewonnene Angebote reduziert werden. Dann häufen sich die Leseranfragen, vorzugsweise der Pensionäre des Unternehmens. Das heißt, in der Unternehmenskommunikation ist eher Kontinuität denn Änderung angesagt. Da jedwede Änderung auch Aufwand an Zeit, Manpower und Geld bedeutet, sollten – erst recht vor einer internationalen Ausrichtung in der Kommunikation – folgende Fragen beantwortet werden (Anmerkung: Für diese Überlegungen wird der Einfachheit halber unterstellt, es gäbe bereits eine deutsche Mitarbeiterzeitschrift, die die Zentrale herausgibt):

1. Was soll erreicht werden?
2. Was heißt international?
3. Warum international?
4. Wann international?
5. Warum wir?

Diese Fragen stellen in der Praxis die Basis aller Überlegungen dar. Erst wenn darauf Antworten gefunden wurden, lohnen sich weitere Fragen, etwa die nach konkreten Kosten, Aufwand und Umsetzung. Auch wenn kein Unternehmen dem anderen gleicht, gibt es Gemeinsamkeiten, die einen Erfahrungsaustausch in diesen Punkten sinnvoll erscheinen lassen.

Was soll erreicht werden?

Überlegungen, die Mitarbeiterzeitung zu internationalisieren, setzen eine internationale Ausrichtung des Unternehmens voraus. Zumindest gibt es Gründe, dies als existent oder als beabsichtigt zu zeigen. Ein weiteres Land, in dem die Firma, außer an ihrem Stammsitz, aktiv ist, kann durchaus schon eine eigene Kommunikation dort rechtfertigen. Ziel könnte also sein, die Internationalität des Unternehmens mit einer Zeitung im Ausland zu dokumentieren. Das Ziel könnte aber auch sehr pragmatisch sein und darin bestehen, die Information der Mitarbeiter zu verbessern, um sie stärker an das Unternehmen zu binden.

Große oder kleine Lösungen

Die Methoden, um diese Ziele zu erreichen, sind vielfältig und müssen vorher festgelegt werden. Es ist z. B. zu entscheiden, ob nicht bereits der Versand der deutschen Ausgabe ins Ausland ausreicht, um die Kriterien nach Internationalisierung in einem ersten Schritt zu erfüllen. Falls erforderlich, würden sich die ausländischen Partner um die Übersetzung selbst kümmern. Der nächste Schritt könnte dann in der Übersetzung einzelner wichtiger Beiträge durch den Herausgeber (in der Regel die Zentrale) bestehen, mit dem Vorteil (aus Sicht der Zentrale), Einfluss auf die Auswahl der Übersetzungen nehmen zu können. Ist die Entscheidung zugunsten einer „echten" Auslandsausgabe gefallen, d. h., es wird komplett in Landessprache informiert, geht es um die Inhalte.

Im einfachsten Fall wird der komplette Inhalt der deutschen Ausgabe in Übersetzung an die ausländischen Mitarbeiter geliefert. Der Nachteil liegt auf der Hand: Auch für das Ausland unbrauchbare Themen, wie der Aufruf, am nächsten Volleyballturnier teilzunehmen, oder Geburtstagswünsche für eine Person aus der Zentrale, die außerhalb niemand kennt, werden transportiert. Ein Ausweg kann in einer um solche Themen gekürzten Ausgabe liegen. Dafür könnte sie mit landesspezifischen Themen, wie z. B. Informationen über das Unternehmen vor Ort, angereichert werden. Was fehlt, sind dann die eher privaten Inhalte der unmittelbaren Kollegen, die eine Mitarbeiterzeitung für ihre Leser erst interessant machen. Um an solche Themen zu kommen, wäre ein Ansprechpartner vor Ort erforderlich, der die entsprechenden Inhalte an die Redaktion in der Zentrale weiterleitet. Dort würden sie aufbereitet, gewichtet und für die Auslandsnummer freigegeben. Oder es gibt die „große" Lösung. Eine eigene Redaktion im Ausland gestaltet (in Absprache mit der Zentrale) die lokale Ausgabe. Je nach Engagement der Firma im Ausland kann es für jede der Varianten gute Gründe geben.

Probleme in der Praxis stellen oft nicht nur die inhaltlichen Unterschiede der deutschen gegenüber einer ausländischen Ausgabe dar, sondern auch die Verbreitung der Information. Oder anders ausgedrückt: Welche Botschaft erreicht wen und wann? Denn natürlich macht es einen großen Unterschied, ob nur Entscheidungsträger erreicht werden (sollen) oder ob alle Mitarbeiter zur Zielgruppe gehören.

An dieser Stelle muss darauf hingewiesen werden, dass eine Mitarbeiterzeitung *immer* auch außerhalb des Unternehmens wahrgenommen wird. Das heißt einerseits, dass vertrauliche Botschaften nicht vertraulich bleiben, und heißt andererseits, dass man Inhalte transportieren kann, die auf diesem Weg erst die nötige Aufmerksamkeit bekommen. Denn nichts ist (für einen Außenstehenden) so spannend wie der vermeintliche Blick hinter die Kulissen. Für die Kommunikation aus der Zentrale ins Ausland erfordert dies zusätzliche Aufmerksamkeit. Nicht alles, was hier vertraut ist und selbstverständlich nach außen gegeben werden kann, wird im Ausland genauso gesehen.

Was heißt international?

In jedem Fall wird darunter die Präsenz des Unternehmens in mindestens einem anderen Sprachkreis verstanden. Sehr viel häufiger beschreibt man damit umfangreiche Aktivitäten in unterschiedlichen Kulturkreisen. Wofür ist diese Differenzierung wichtig? Je internationaler ein Unternehmen agiert, also auch kommunizieren will oder muss, desto schneller gerät man mit nur einer Fremdsprache an die Grenzen. Andererseits potenzieren sich die Probleme mit jeder zusätzlichen Ausgabe. Denn natürlich können durch weitere Übersetzungen einer Ausgabe nicht alle Mängel ausgeglichen werden. Länderspezifische Informationen würden nur zufällig stattfinden. Eben nur immer dann, wenn die Standortthemen gerade Gegenstand der „normalen" Berichterstattung sind.

Es ist denkbar, in der Mitarbeiterzeitung jedem Sprachraum bzw. Kulturkreis eigene Kapitel in Landessprache zu widmen. Die Einschränkungen für das Heft liegen auf der Hand. Inhaltlich muss auf das begrenzte Platzangebot Rücksicht genommen werden und gleichzeitig wird Platz gebraucht, um auch die anderen Sprachen zu Wort kommen zu lassen. Eine Lösung kann darin bestehen, eigens gestaltete Länderkapitel einer übergeordneten, allgemeinen Information beizulegen. So besteht die Möglichkeit, unterschiedliche Ausgaben mit teilweise spezifischen Inhalten zu schaffen. In die entsprechenden Verteiler gelangen dann nur die jeweils anders zusammengestellten Ausgaben. Das Prinzip entspricht den überregionalen Zeitungen mit ihren lokalen Beilagen.

Warum international?

Für viele Firmen ist es ab einer gewissen Größe selbstverständlich, auf dem internationalen Markt geschäftlich aktiv zu sein. Internationale Kommunikation schafft in diesem Zusammenhang den wichtigen Austausch von Informationen und Meinungen. Zur Marktpräsenz entsteht ein Informationsnetz, das auch auf quasi privater Ebene, von Mitarbeiter zu Mitarbeiter, Verbindungen knüpft, die dem Geschäft direkt nützen. Wer in „seiner" Mitarbeiterzeitung Angaben über Kollegen findet, hat oft nicht nur Interesse, diese einmal kennen zu lernen, sondern dieses gegenseitige Kennenlernen kann auf Dauer auch ein sehr nachhaltiges Wir-Gefühl erzeugen. Verstärken lässt sich dieser Effekt beispielsweise noch durch internationale Wettbewerbe, zu deren Teilnahme in der Mitarbeiterzeitung aufgerufen wird und über deren Ergebnisse dann natürlich auch berichtet wird. Wer sich persönlich kennt und nicht nur per E-Mail, kann auch geschäftliche Informationen schneller und effizienter austauschen.

Wann international?

Sobald von Mitarbeitern Wünsche in dieser Richtung laut werden, ist der beste Zeitpunkt der aktiven Strategie schon fast verpasst. Einen größeren Effekt erzielt der, der sein „Angebot" frei von jedem Druck gestalten kann. Die Antwort kann also nur lauten, die Internationalisierung so bald wie möglich zu initiieren. Das gilt erst recht vor dem Hintergrund der wachsenden Durchdringung mit elektronischen Medien. Die Mitarbeiterzeitung kann zwar nie deren Bedeutung relativieren, aber sie sollte in Ergänzung dazu nicht schlechter sein als jede andere Zeitung auch. Sie erfüllt einen ähnlichen Zweck wie eine Special-Interest-Zeitung.

Mit der internationalen Kommunikation wird im Idealfall schon begonnen, bevor die Geschäftsleitung bei einzelnen Mitarbeitern deren Bereitschaft für einen potenziellen Auslandsaufenthalt abfragt.

Wenn also die Absicht besteht, im Ausland zu investieren und dazu ein Mitarbeiteraufbau ansteht, ist eine „vorauseilende" Berichterstattung über die Vorzüge und Chancen des angepeilten Standorts für den Tag X sehr wertvoll. Spätestens dann, wenn die Mannschaft im Ausland ein Drittel aller Mitarbeiter ausmacht, ist sie eine wichtige Minderheit. Mit den besonderen Problemen der Entfernung zum Mutterhaus wäre für diese Mitarbeiter eine „eigene" Zeitung oft viel wichtiger als für die Kollegen am Stammsitz.

Warum wir?

Diese Frage stellt sich eigentlich nur, wenn die Notwendigkeit für eine internationale Mitarbeiterzeitung erkannt ist, aber die Mittel dafür knapp sind. Eventuell auch dann, wenn über einen langen Zeitraum bereits international gewirtschaftet wurde, man aber bisher auch (gut) ohne ein solches Instrument auskam. Oder – wenn sich niemand dieser Aufgabe gestellt hat.

Bei Webasto arbeiten von über 4000 Mitarbeitern deutlich mehr als 50 % im Ausland, insgesamt in ca. 40 Ländern. Es ist sicherlich nicht möglich, alle Sprachen zu bedienen. In der Konsequenz gilt Englisch als Konzernsprache. Das erleichtert in jedem Fall die Entscheidung, welche Sprache nicht oder nur unzureichend berücksichtigt wird. Trotzdem war die Mitarbeiterzeitung, die „Webast Welt", lange Zeit eine deutsche Angelegenheit. Über interessante Themen, die im Ausland spielten, wurde in deutscher Sprache berichtet. Den wichtigsten ausländischen Vertretungen wurden einzelne Exemplare per Post zugesandt. Jede Anfrage wurde mit der deutschen Ausgabe bedient. Die vier Ausgaben pro Jahr enthalten inhaltlich naturgemäß mehr Beiträge, die in Deutschland oder im Umfeld der Zentrale (Nähe München) spielen, als Berichte über Ereignisse aus irgendeinem der Länder, in denen Webasto (auch) tätig ist.

Bei Einführung der ersten übersetzten Beiträge zeigten sich sofort die Schwierigkeiten, die symptomatisch sind. Die Fachsprache, derer sich die Automobilzulieferer bedienen, ist mit einer Standardübersetzung nicht zu erfassen. Nach einer ersten vorläufigen englischen Version musste ein erneuter Abgleich mit den Fachleuten erfolgen, die festzustellen hatten, ob der Inhalt sachlich korrekt wiedergegeben wurde. Das bedeutet für die Experten, nach dem Aufwand für die Texterstellung oder die sachliche Freigabe, ein zweites Mal Zeit in eine Sache zu investieren, die ohnehin nicht ihr Metier ist. Da in jeder Ausgabe der Zeitung auch solche fachspezifischen Themen Platz finden sollen, bleibt diese Mühe den wichtigsten Experten des Hauses auch in Zukunft nicht erspart.

Aktuell werden in der eigentlich deutschen Ausgabe zunehmend mehr Beiträge durch kurze englische Zusammenfassungen ergänzt. Wenn es um Inhalte geht, die international von Interesse sind, werden die Artikel von vornherein in Englisch verfasst. Zu ihnen gehört dann eine Zusammenfassung in Deutsch. Um speziell den nicht Deutsch sprechenden Kollegen einen schnellen Überblick über den gesamten Inhalt des Heftes zu geben, ist auch das Inhaltsverzeichnis in englischer Sprache gehalten. So hat jeder die Chance, sich um die Übersetzung eines Beitrags zu kümmern, der ihn interessiert, für den aber keine englische Kurzfassung existiert. Um die englischen Texte hervorzuheben, sind sie farbig hinterlegt.

Der erste Schritt zu einer internationalen Zeitung wurde zwei Ausgaben lang stillschweigend akzeptiert. Dann kamen Anregungen von Kollegen, doch auch andere Texte zu übersetzen und über dies und jenes aus ihrem Umfeld zu berichten. Diese Reaktionen werden gesammelt und für die jeweils nächste Ausgabe vorbereitet. Da es sich dabei eher um Vorschläge aus dem privaten Umfeld der Mitarbeiter handelt, werden sich keine Übersetzungsprobleme ergeben. Inzwischen sind im Übrigen auch zwei Kollegen „verpflichtet" worden, in Zukunft die Übersetzungen auf Konsistenz der Inhalte hin zu überprüfen.

Ein Mittel, das (immer) hilft, Schwierigkeiten der genannten Art zu lindern, ist der vermehrte Einsatz von Bildmaterial. Da dies grundsätzlich im Trend liegt, macht man mit viel Illustration nie einen Fehler. Wir von Webasto haben jedenfalls den Ehrgeiz, alle Kollegen, auch die ausländischen, in Zukunft intensiv am Geschehen in und um unser Unternehmen zu beteiligen. Das sind wir uns nach 100 Jahren Firmengeschichte wert!

Das Unternehmen

Die Webasto AG, Stockdorf, ist ein international tätiger Zulieferer für Dach- und Thermosysteme der Automobilindustrie (Schiebedächer und Standheizungen). Das Unternehmen wurde 1901 gegründet, beschäftigt zur Zeit über 4300 Mitarbeiter weltweit und erzielte 1999 einen Umsatz von ca. 1,8 Milliarden DM. Die Webasto AG befindet sich im Besitz der Gründerfamilie Baier. Der Firmenname setzt sich aus den Anfangsbuchstaben von Wilhelm Baier und Stockdorf zusammen.

Praktisch alle Automobilhersteller weltweit sind Kunde bei Webasto, entweder für Schiebedächer oder für Heiz- bzw. bei Nutzfahrzeugen auch für Klimaanlagen. Eines der aktuellsten Neuprodukte aus dem Geschäftsbereich Thermosysteme stellt eine Standklimaanlage für Lkws dar. Das neueste „Dachprodukt" ist das Cabriodach für den Smart von DaimlerChrysler. Zum Produktprogramm der Webasto AG gehören u. a. aber auch Solarpaneele und Bus-Türen.

Der Autor

Detlef May ist Leiter der Unternehmenskommunikation der Webasto AG. Zuvor war er einige Jahre in der aktuellen Redaktion (Hörfunk) des Südwestfunks (heute SWR) tätig und wechselte dann auf die andere Seite des Schreibtischs. Von 1993 bis 1999 leitete er die Abteilung Wirtschaftspresse bei DaimlerChrysler in Stuttgart und erlebte in dieser Zeit den Wandel des Unternehmens zur Mercedes Benz AG, die Rückwandlung zur Daimler Benz AG und schließlich die Verschmelzung mit Chrysler zur DaimlerChrysler AG. Über mehrere Jahre hatte er einen Lehrauftrag für Öffentlichkeitsarbeit an der Universität Hohenheim (Stuttgart) inne.

Literaturhinweise

Ahrens, R./Scherer, H./Zerfaß, A. (Hrsg.) (1995): Integriertes Kommunikationsmanagement. Ein Handbuch für die Öffentlichkeitsarbeit, Marketing, Personal- und Organisationsentwicklung. Frankfurt a. M.: IMK

Amberger, S./Geiger, T./Jancker, B. (1999): Business TV. Strategie und Umsetzung im Medien-Mix. Frankfurt a. M.: FAZ-Institut

Appel, W. (1997): Strategisches Informationsmanagement: die Erfolgsfaktoren interne und externe Kommunikation [14. InnoVatio Zukunftswerkstatt]. Bern, Bonn, Leipzig: InnoVatio

Armbrecht, W. (1992): Innerbetriebliche Public Relations. Grundlage eines situativen Gestaltungskonzepts. Opladen: Westdeutscher Verlag

Arnold, A. (1997): Kommunikation und unternehmerischer Wandel. Wiesbaden: DUV Deutscher Universitäts Verlag

Bartsch, E. (Hrsg.) (1994): Sprechen, Führen, Kooperieren in Betrieb und Verwaltung. Kommunikation in Unternehmen. München: Reinhardt

Beger, R./Gärtner, H. D./Mathes, R. (1989): Unternehmenskommunikation: Grundlagen, Strategien, Instrumente. Wiesbaden: Gabler

Bennis, W./Nanus, B. (1985): Leaders: The Strategies for Taking Charge. New York: Harper & Row

Bentele, G./Rolke, L. (Hrsg.) (1998): Konflikte, Krisen und Kommunikationschancen in der Mediengesellschaft. Casestudies aus der PR-Praxis, Serie Öffentlichkeitsarbeit, Public Relations und Kommunikationsmanagement. Berlin: Vistas

Bentele, G./Steinmann, H./Zerfaß, A. (Hrsg.) (1996): Dialogorientierte Unternehmenskommunikation. Grundlagen – Praxiserfahrungen – Perspektiven. Berlin: Vistas

Beyer, H. (1996): Information, Kommunikation und Partizipation im Unternehmen. Gütersloh: Bertelsmann Stiftung

Birker, K. (1998): Betriebliche Kommunikation. Berlin: Cornelsen

Bitt, A. (1997): Vertrauen durch kommunikationsintendiertes Handeln. Wiesbaden: Gabler

Borchardt H.-J./Harms, H. (1998): Strategisches Kommunikationsmanagement. Integrierte Kommunikation systematisieren und optimieren. Heidelberg: Sauer Verlag

Bork, B. (1999): Business TV. Neue Wege in der Unternehmenskommunikation [Hrsg.: Bundesministerium für Wirtschaft und Technologie]. Bonn: BMWi

Bromann, P./Piwinger, M. (1992): Gestaltung der Unternehmenskultur. Strategie und Kommunikation. Stuttgart: Schäffer-Poeschel

Bronner, R. (1996): Entscheidungsprozesse in Video-Konferenzen. Frankfurt a. M. u. a.: Lang

Bruhn, M./Boenigk, M. (1999): Integrierte Kommunikation: Entwicklungsstand in Unternehmen. Wiesbaden: Gabler

Bruhn, M./Dahlhoff H. D. (Hrsg.) (1993): Effizientes Kommunikationsmanagement. Stuttgart: Schäffer-Poeschel

Bruhn, M. (1995): Integrierte Unternehmenskommunikation. Ansatzpunkte für eine strategische und operative Umsetzung integrierter Kommunikationsarbeit. 2. Aufl., Stuttgart: Schäffer-Poeschel

Bruhn, M. (1997): Kommunikationspolitik. Bedeutung – Strategien – Instrumente. München: Vahlen

Bullinger, H.-J./Berres, A. (1999): Innovative Unternehmenskommunikation. Vorsprung im Wettbewerb durch neue Technologien. 2. Aufl., Heidelberg: Springer

Bullinger, H.-J./Broßmann, M. (Hrsg.) (1997): Business Television. Beginn einer neuen Informationskultur in den Unternehmen. Stuttgart: Schäffer-Poeschel

Bullinger, H.-J. (1996): Erfolgsfaktor Mitarbeiter: Motivation – Kreativität – Innovation. Stuttgart: Teubner

Bundesministerium für Wirtschaft und Technologie (1999): Business TV. Neue Wege in der Unternehmenskommunikation. Bonn: BMWi

Bungarten, T. (Hrsg.) (1994): Kommunikationsprobleme in und von Unternehmungen. Tostedt: Attikon

Clampitt, P. G. (1991): Communicating for Managerial Effectiveness. Newbury Park: Sage

Daniels, T. D./Spiker, B. K./Papa, M. J. (1997): Perspectives on organizational communication, 4. ed., Boston: McGraw Hill

Deekeling, E./Fiebig, N. (1999): Interne Kommunikation: Erfolgsfaktor im Corporate Change. Frankfurt a. M., Wiesbaden: FAZ-Verlag

Derieth, A. (1995): Unternehmenskommunikation. Eine Analyse zur Kommunikationsqualität von Wirtschaftsorganisationen. Opladen: Westdeutscher Verlag

Doppler, K./Lauterburg, C. (1998): Change-Management: den Unternehmenswandel gestalten. 7. Aufl., Frankfurt a. M.: Campus

Egner, C. (1995): Interne und externe Kommunikation. Bonn: Dt. Sparkassen- u. Giroverband e. V.

Förster, H.-P. (1999): Der E-Mail-Kompass. Vom richtigen Umgang mit der elektronischen Post. Frankfurt a. M.: FAZ-Institut

Frey, H. (1999): E-Mail: Revolution im Unternehmen. Wie sich Motivation, Kommunikation und Innovationsgeist der Mitarbeiter wandeln. Neuwied/Kriftel: Luchterhand

Gareis, R. (Hrsg.) (1994): Erfolgsfaktor Krise. Konstruktionen, Methoden, Fallstudien zum Krisenmanagement. Wien: Signum

Goecke, R. (1997): Kommunikation von Führungskräften: Fallstudien zur Medienanwendung im oberen Management. Wiesbaden: DUV

Goldhaber, G. M. (1993): Organizational communication. Dubuque/Iowa: Brown & Benchmark

Hanke, G. (1996): Vom Chaos zum Konsens. Unternehmenskommunikation optimieren. Wiesbaden: Gabler

Heller, S. (1998): Handbuch der Unternehmenskommunikation. München: Bruckmann

Herbst, D. (1999): Krisen meistern durch PR. Ein Leitfaden für Kommunikationspraktiker. Neuwied: Luchterhand

Herbst, D. (1999): Interne Kommunikation. Berlin: Cornelsen

Himstreet, W. C./Baty, W. M./Lehmann, C. M. (1993): Business Communications. 10. Aufl., Belmont, California: Wadsworth Publishing

Holland, G. (1998): Electronic Mail in der Arbeitswelt. Die Implementierung, soziale Aneignung und Nutzung eines neuen, interaktiven Mediums. Frankfurt a. M.: Peter Lang

Hommerich, B./Maus, M./Creusen, U. C. (1994): Die Chance Innovation: wie Sie Wandel mit Mitarbeitern leben und gestalten. 2. Aufl., Wiesbaden: Gabler

Hooff, B. J. van den (1997): Incorporation Electronic Mail: Adoption, Use and Effects of Electronic Mail in Organizations. Amsterdam: Cramwinckel

Jablin, F. M. (1987): Handbook of Organizational Communication: an Interdisciplinary Perspective. Newbury Park: Sage

Jäger, W. (Hrsg.) (1999): Unternehmenskommunikation durch Business TV. Strategien, Technikkonzepte, Praxisbeispiele. Wiesbaden: Gabler

Jahnke, R. (1996): Wirtschaftlichkeitsaspekte interkultureller Kommunikation. Interkulturelle Kommunikation in international tätigen Unternehmen unter besonderer Berücksichtigung von Führungskräften. Sternenfels: Verlag Wissenschaft & Praxis

Jungbeck, K./Ritter, S./Goedhart, Jan P. (1998): Business-TV in Deutschland. Marktpotentiale und Perspektiven. Starnberg: Schulz

Jungermann, H./Tohrmann, B./Wiedemann, P. M. (Hrsg.) (1991): Risikokontroversen. Konzepte, Konflikte, Kommunikation. Berlin, Heidelberg: Springer

Kalmus, M. (1998): Praxis der internen Kommunikation. Vom Schwarzen Brett zum Intranet. Essen: Stamm

Kepplinger, H. M./Hartung, U. (1995): Störfall-Fieber. Wie ein Unfall zum Schlüsselereignis einer Unfallserie wird. Freiburg, München: Alber

Kieser, A./Hegele, C. (1998): Kommunikation im organisatorischen Wandel. Stuttgart: Schäffer-Poeschel

Klöfer, F. (1999): Erfolgreich durch interne Kommunikation.

Mitarbeiter besser informieren, motivieren, aktivieren. Neuwied: Luchterhand

Klöfer, F. (1996): Mitarbeiterkommunikation 1996. Auf der Grundlage einer Erhebung bei Unternehmen mit mehr als 500 Mitarbeitern. Mainz: Fachhochschule Mainz

Kobi, J.-M. (1996): Management des Wandels: die weichen und harten Bausteine erfolgreicher Veränderung. 2. überarb. Aufl., Bern, Stuttgart: Haupt

Körner, M. (1993): Corporate Identity und Unternehmenskultur: ganzheitliche Strategie der Unternehmensführung. 3. Aufl., Stuttgart: Deutscher Sparkassenverlag

Krzeminski, M./Zerfaß, A. (Hrsg.) (1998): Interaktive Unternehmenskommunikation: Internet, Intranet, Datenbanken, Online-Dienste und Business TV als Bausteine erfolgreicher Öffentlichkeitsarbeit. Frankfurt a. M.: IMK

Kühl, S. (1994): Wenn die Affen den Zoo regieren. Die Tücken der flachen Hierarchien. Frankfurt: Campus

Kunczik, M./Heintzel, A./Zipfel, A. (1995): Krisen-PR. Unternehmensstrategien im umweltsensiblen Bereich. Köln: Böhlau

Leavitt, H. J. (1986): Corporate Pathfinder. Homewood, Ill.: Dow Jones-Irwin; deutsche Übersetzung (1986): Der Manager als Pionier im Unternehmen. Landsberg: verlag moderne industrie

LeMar, B. (1997): Kommunikative Kompetenz. Der Weg zum innovativen Unternehmen. Berlin u. a.: Springer

Loenhoff, J. (1992): Interkulturelle Verständigung. Zum Problem grenzüberschreitender Kommunikation. Opladen: Westdeutscher Verlag

Lurgi AG: Effiziente Besprechungen. Broschüre o.O., o.J.

Maletzke, G. (1996): Interkulturelle Kommunikation. Zur Interaktion zwischen Menschen verschiedener Kulturen. Opladen: Westdeutscher Verlag

Marra, R. (1999): Interne Kommunikation. Die ersten 100 Tage seit Ankündigung der Fusion zur USB AG. Bern: Haupt

Mast, C. (1999): Wirtschaftsjournalismus. Grundlagen und neue Konzepte für die Presse. Opladen: Westdeutscher Verlag

Mast, C. (1999): Fernsehen im Unternehmen? Entwicklungs-trends der Kommunikation im Betrieb. In: Jäger, W. (Hrsg.) (1999): Unternehmenskommunikation durch Business TV. Wiesbaden: Gabler, S. 21-36

Mast, C. (1999): Berufsziel Journalismus. Aufgaben, Anforde-rungen und Ansprechpartner. Opladen: Westdeutscher Verlag

Mast, C. (1999): Gesetze der Medien halten Einzug in die Dax-Firmen. In: Handelsblatt 11.10.1999, S. 31

Mast, C. (1999): Wirtschaft hautnah. In: Journalist Heft 11, 1999, S. 34–36

Mast, C. (1999): Innovationen in der Wirtschaftsberichterstat-tung – Herausforderungen für Unternehmen. In: IW-Medien-spiegel Nr. 43 vom 25.10.1999

Mast, C. (Hrsg.) (1998): ABC des Journalismus. Ein Leitfaden für die Redaktionsarbeit. 8. überarb. Aufl., Konstanz: UVK Medien

Mast, C./Fünfgeld, H. (Hrsg.) (1997): Massenkommunikation. Ergebnisse und Perspektiven. Opladen: Westdeutscher Verlag

McCathrin, E. Z. (1989): Beyond employee publications: Making the personal connection. Public Relations Journal 45/1989

Meier, C. (1997): Arbeitbesprechungen: Interaktionsstruktu-ren, Interaktionsdynamik und Konsequenzen einer sozialen Form. Opladen: Westdeutscher Verlag

Meisert, H. (1993): Mitarbeiter besser informieren. Theorie und Praxis der Unternehmenspublizistik. Frankfurt a. M.: IMK

Merk, R. (1993): Kommunikatives Management. Berlin: Luch-terhand

Merten, K./Zimmermann, R. (1998): Das Handbuch der Unter-nehmenskommunikation. Köln: Luchterhand

Mintzberg, H. (1973): The nature of managerial work. New York: HarperCollins

Mohr, N. (1997): Kommunikation und organisatorischer Wan-del: Ein Ansatz für ein effizientes Kommunikationsmanage-ment im Veränderungsprozeß. Wiesbaden: Gabler

Mohr, N./Woehe, J. M. (1998): Widerstand erfolgreich managen. Professionelle Kommunikation in Veränderungsprojekten. Wie aus Mitarbeitern engagierte Mitstreiter werden. Frankfurt a. M.: Campus

Nanus, B. (1992): Visionary Leadership: Creating a Compelling Sense of Direction for Your Organization. San Francisco: Jossey-Bass

Neuberger, O. (1998): Das Mitarbeitergespräch: praktische Grundlagen für erfolgreiche Führungsarbeit. 4. bearb. Aufl., Leonberg: Rosenberger Fachverlag

Neumann, P. (1993): Das Mitarbeitergespräch. In: Rosenstiel, L. v. (Hrsg.): Führung von Mitarbeitern. Handbuch für erfolgreiches Personalmanagement. Stuttgart: Schäffer-Poeschel (= USW-Schriften für Führungskräfte, Bd. 20)

Nimsdorf, U. (1997): Handbuch Mitarbeiter-Zeitschriften. Praxisratgeber für Unternehmensredakteure. Starnberg: IfU

Noer, D. M. (1998): Die vier Lerntypen. Reaktionen auf Veränderungen im Unternehmen. Stuttgart: Klett-Cotta

Noll, N. (1996): Gestaltungsperspektiven interner Kommunikation. Wiesbaden: Gabler

Oliver, S. (1997): Corporate Communication: Principles, Techniques and Strategies. London: Kogan Page

Panse, W./Stegmann, W. (1996): Kostenfaktor Angst. Landsberg: verlag moderne industrie

Peterson, G. L. (1999): Communicating in Organizations: A Casebook. 2. ed., Boston u. a.: Allyn and Bacon

Pflaum, D./Pieper, W. (Hrsg.) (1995): Lexikon der Public Relations. Landsberg: verlag moderne industrie

Pieper, W./Koch, R. (Hrsg.) (1991): Dokumentation Krise und PR. Pforzheim: Institut für Öffentlichkeitsarbeit der Wirtschaft an der Fachhochschule Wirtschaft, Pforzheim

Piwinger, M. (Hrsg.) (1997): Stimmungen, Skandale, Vorurteile. Formen symbolischer und emotionaler Kommunikation. Frankfurt a. M.: IMK

Pribilla, P./Reichwald, R./Goecke, M. (1996): Telekommunikation im Management. Strategien für den globalen Wettbewerb. Stuttgart: Schäffer-Poeschel

Pümpin, C./Prange, J. (1991): Management der Unternehmensentwicklung: phasengerechte Führung und der Umgang mit Krisen. Frankfurt a. M.: Campus

Reineke, W./Gollup, W./Schunk, C. (1997): Gesamtkommunikation. Konzeption und Fallbeispiele. Heidelberg: Saur

Reineke, W. (1997): Krisenmanagement: richtiger Umgang mit den Medien. Krisensituationen, Ursachen – Verhalten – Strategien – Techniken, ein Leitfaden. Essen: Stamm

Reiß, M./Rosenstiel, L. von/Lanz, A. (Hrsg.) (1997): Change Management. Programme, Projekte, Prozesse. Stuttgart: Schäffer-Poeschel

Richter, G. (1996): Führungsinstrument Kommunikation. Die sozialen Beziehungen im Unternehmen partnerschaftlich gestalten. Wiesbaden: Gabler

Rosenstiel, L. u. a. (Hrsg.) (1993): Führung von Mitarbeitern. Handbuch für erfolgreiches Personalmanagement. 2. Aufl., Stuttgart: Schäffer-Poeschel

Rothkegel, T. (1996): Wie Information verständlich wird. Stuttgart: Sparkassenverlag

Salem, P. J. (1999): Organizational Communication and Change. Cresshil: Hampton Press

Schmidtchen, G. (1996): Lebenssinn und Arbeitswelt. Orientierung im Unternehmen. Gütersloh: Bertelsmann Stiftung

Schotes, E. (1999): Guide to Internal Communication Methods. Aldershot: Gower

Seidler, D. (1997): Unternehmenskultur, Unternehmenskommunikation & Unternehmenskulturmanagement. Tostedt: Attikon (Beiträge zur Wirtschaftskommunikation, Bd. 17)

Stohl, C. (1995): Organizational Communication. Connectedness in Action. Thousand Oaks/California: Sage

Terharn, J. (1996): Innerbetriebliche Informationsbarrieren: eine empirische Erfassung und Analyse der Ursachen im Controlling von Industrieunternehmen. Frankfurt a. M., Berlin: Lang

Thommen, A. (1981): Innerbetriebliche Information. Kompendium der betrieblichen Kommunikation. Bern: Haupt

Töpfer, A. (1999): Plötzliche Unternehmenskrisen, Gefahr oder Chance? Grundlagen des Krisenmanagements, Praxisfälle, Grundsätze zur Krisenvorsorge. Neuwied/Kriftel: Luchterhand

Weidner, L. (Hrsg.) (1994): Die Kommunikationspraxis. Landsberg: verlag moderne industrie

Wever, U./Besig, H.-M. (1995): Unternehmenskommunikation als Lernprozeß. Dem Erfolg auf der Spur. Das Beispiel der Hypo-Bank. Frankfurt, New York: Campus

Wiedemann, H. (1991): Mitarbeiter richtig führen: Motivation – Partizipation – Kommunikation. 3. Aufl., Ludwigshafen: Kiehl

Wiedemann, P. M. (1993): Krisenkommunikation. Ein Leitfaden für das Management bei Problemfällen. Eschborn: RKW

Wigand, R./Picot, A./Reichwald, R. (1997): Information, Organization and Management: Expanding Markets and Corporate Bounderies. Chichester: Wiley

Winterstein, H. (1996): Mitarbeiterinformation. Informationsmaßnahmen und erlebte Transparenz in Organisationen. München: Hampp

Witt, F.-J. (Hrsg.) (1993): Managerkommunikation. Stuttgart: Schäffer-Poeschel

Zander, E. (1982): Mitarbeiter informieren. Information als Führungsaufgabe. 3. Aufl., Heidelberg: Saur

Zerfaß, A. (1996): Unternehmensführung und Öffentlichkeitsarbeit: Grundlegung einer Theorie der Unternehmenskommunikation und Public Relations. Opladen: Westdeutscher Verlag

Stichwortverzeichnis